全国中等职业学校汽车类专业通用教材
全国技工院校汽车类专业通用教材（中级技能层级）

汽车驾驶技术

（第四版）

人力资源社会保障部教材办公室　组织编写

中国劳动社会保障出版社

简介

本书主要内容包括汽车驾驶基础知识、汽车基础知识、安全驾驶与文明行车、紧急情况的应急处置知识、汽车维护保养。

本书由张大年主编，申琳、付亚楠、吕功君、鲍银娟、王书勤参加编写；魏华典主审。

图书在版编目（CIP）数据

汽车驾驶技术 / 人力资源社会保障部教材办公室组织编写．-- 4 版．-- 北京：中国劳动社会保障出版社，2022

全国中等职业学校汽车类专业通用教材　全国技工院校汽车类专业通用教材．中级技能层级

ISBN 978-7-5167-5546-4

Ⅰ．①汽…　Ⅱ．①人…　Ⅲ．①汽车驾驶 - 中等专业学校 - 教材　Ⅳ．①U471.1

中国版本图书馆 CIP 数据核字（2022）第 202970 号

中国劳动社会保障出版社出版发行

（北京市惠新东街 1 号　邮政编码：100029）

*

北京市白帆印务有限公司印刷装订　　新华书店经销

787 毫米 × 1092 毫米　16 开本　14.5 印张　284 千字

2022 年 12 月第 4 版　　2025 年 11 月第 5 次印刷

定价：38.00 元

营销中心电话：400-606-6496

出版社网址：http://www.class.com.cn

http://jg.class.com.cn

前　言

为了更好地适应中等职业学校汽车类专业教学要求，全面提升教学质量，人力资源社会保障部教材办公室组织有关学校的骨干教师和行业、企业专家，在充分调研企业生产和学校教学情况、广泛听取教材用户反馈意见的基础上，对全国中等职业学校汽车类专业通用教材进行了修订。本次修订的教材包括：《汽车文化（第二版）》《英语（第三版）》《机械识图（第四版）》《机械基础（第四版）》《电工与电子技术基础（第四版）》《汽车材料（第四版）》《钳工技能训练（第四版）》《汽车驾驶技术（第四版）》《汽车维修企业管理（第二版）》等。

本次教材修订工作的重点主要体现在以下几个方面：

第一，贯彻最新教学计划、教学大纲及国家职业技能标准。

根据人力资源社会保障部颁发的《技工院校汽车维修专业教学计划和教学大纲（2015）》《技工院校汽车电器维修专业教学计划和教学大纲（2015）》《汽车修理工国家职业技能标准（2014年修订）》对相关内容进行了修订。

第二，根据岗位需求和科学技术发展，合理更新教材内容。

根据汽车类专业毕业生所从事岗位的实际需要和教学实际情况的变化，合理确定学习目标，对教材内容的深度、难度做了适当调整，同时注重综合职业能力的培养。根据相关专业领域的最新发展，在教材中充实新知识、新技术、新材料、新工艺等方面的内容，体现教材的先进性；采用最新国家技术标准，使教材更加科学和规范。

第三，具备鲜明的汽车专业特色，创新教材表现形式。

教材编写以汽车及其零部件为载体或选取汽车行业案例，充分体现专业特色，增加了实操内容在教材中的比重。为了增强教材的表现效果，激发学生的学习兴趣，教材中使用了大量高质量的实物图片，多数教材采用四色印刷，图文并茂，提高了教材的可读性。

第四，开发多种教学资源，提供优质教学服务。

为方便教师教学和学生学习，教材配套提供了电子课件、教案示例、习题册参考答案等教学资源，可通过技工教育网（http://jg.class.com.cn）下载使用。除此之外，在部分教材中还借助二维码技术，针对教材中的重点、难点内容，开发制作了微视频，可使用移动设备扫描书中二维码在线观看。

本次教材修订工作得到了北京、河北、江苏、山东、广东等省（直辖市）人力资源社会保障厅（局）及有关学校的大力支持，在此表示诚挚的谢意。

人力资源社会保障部教材办公室

2021 年 12 月

目录

第一章 汽车驾驶基础知识

§1–1 道路交通安全法律、法规和规章

学习目标

1. 掌握《中华人民共和国道路交通安全法》《中华人民共和国道路交通安全法实施条例》的相关内容。

2. 了解违法处理的相关规定、道路交通事故的现场处置及简单处理程序。

3. 了解机动车驾驶证申领和使用的规定、驾驶员考试内容和要求。

4. 了解刑法、民法典、道路运输条例、机动车交通事故责任强制保险条例的相关内容。

一、《中华人民共和国道路交通安全法》相关内容

《中华人民共和国道路交通安全法》(以下简称《道路交通安全法》)经2003年10月28日第十届全国人民代表大会常务委员会第五次会议通过，自2004年5月1日起施行。此后，2007年12月29日、2011年4月22日、2021年4月29日分别进行了三次修正。

《道路交通安全法》的立法目的是维护道路交通秩序，预防和减少交通事故，保护人身安全，保护公民、法人和其他组织的财产安全及其他合法权益，提高通行效率。

《道路交通安全法》的适用对象包括中华人民共和国境内的车辆驾驶人、行人、乘车人以及与道路交通活动有关的单位和个人。

道路交通安全工作，应遵循依法管理、方便群众的原则，保障道路交通有序、安全、畅通。

国务院公安部门负责全国道路交通安全管理工作。县级以上地方各级人民政府公安机关交通管理部门负责本行政区域内的道路交通安全管理工作。

《道路交通安全法》第一百一十九条对以下相关用语的含义进行了解释。

“道路”，是指公路、城市道路和虽在单位管辖范围但允许社会机动车通行的地方，包括广场、公共停车场等用于公众通行的场所。

“车辆”，是指机动车和非机动车。

“机动车”，是指以动力装置驱动或牵引，上道路行驶的供人员乘用或用于运送物品以及进行工程专项作业的轮式车辆。

“非机动车”，是指以人力或畜力驱动，上道路行驶的交通工具，以及虽有动力装置驱动但设计最高时速、空车质量、外形尺寸符合有关国家标准的残疾人机动轮椅车、电动自行车等交通工具。

“交通事故”，是指车辆在道路上因过错或意外造成人身伤亡或财产损失的事件。

（一）机动车

1. 国家对机动车实行登记制度。机动车经公安机关交通管理部门登记后，方可上道路行驶。

尚未登记的机动车，需要临时上道路行驶的，应取得临时通行牌证。机动车所有人向公安机关交通管理部门申请临时通行牌证，符合规定条件即可取得临时行驶车号牌，如图 1–1–1 所示。

2. 申请机动车登记，应提交以下证明、凭证。

（1）机动车所有人的身份证明。

（2）机动车来历证明。

（3）机动车整车出厂合格证明或进口机动车进口凭证。

（4）车辆购置税的完税证明或免税凭证。

（5）法律、行政法规规定应在机动车登记时提交的其他证明、凭证。

公安机关交通管理部门应自受理申请之日起 5 个工作日内完成机动车登记审查工作，对符合规定条件的，应发放机动车登记证书、号牌和行驶证；对不符合规定条件的，应向申请人说明不予登记的理由。

3. 驾驶机动车上道路行驶，应悬挂机动车号牌，放置检验合格标志、保险标志，并随车携带机动车行驶证。机动车号牌应按照规定悬挂并保持清晰、完整，不得故意遮挡、污损。任何单位和个人不得收缴、扣留机动车号牌。机动车号牌如图 1–1–2 所示。

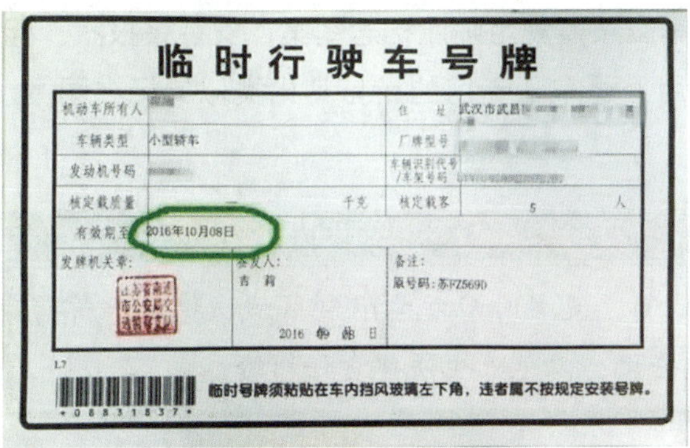

图 1-1-1　临时行驶车号牌

图 1-1-2　机动车号牌

4. 有下列情形之一的，应办理相应的登记。

（1）机动车所有权发生转移的。

（2）机动车登记内容变更的。

（3）机动车用作抵押的。

（4）机动车报废的。

5. 对登记后上道路行驶的机动车，应依照法律、行政法规的规定，根据车辆用途、载客载货数量、使用年限等不同情况，定期进行安全技术检验。对提供机动车行驶证和机动车第三者责任强制保险单的，机动车安全技术检验机构应予以检验，任何单位不得附加其他条件。对符合机动车国家安全技术标准的，公安机关交通管理部门应发给检验合格标志。

6. 国家实行机动车强制报废制度，根据机动车的安全技术状况和不同用途，规定了不同的报废标准。应报废的机动车必须及时办理注销登记。达到报废标准的机动车不得上道路行驶。机动车强制报废年限标准见表 1-1-1。

表 1-1-1　　机动车强制报废年限标准

车型	使用年限	车型	使用年限
小、微型出租载客汽车	8 年	其他大、中型营运载客汽车	15 年
中型出租载客汽车	10 年	大、中型非营运载客汽车	20 年
大型出租载客汽车	12 年	三轮汽车	9 年
租赁载客汽车	15 年	装用单缸发动机的低速货车	9 年
小、微型教练载客汽车	10 年	装用多缸发动机的低速货车以及微型载货汽车	12 年
中型教练载客汽车	12 年	半挂牵引汽车、全挂牵引汽车	15 年
大型教练载客汽车	15 年	全挂车	10 年
公交客运汽车、无轨电车	13 年	半挂车、中置轴挂车	15 年
大型旅游、公路客运汽车	15 年	正三轮摩托车	10 ~ 12 年
其他小、微型营运载客汽车	8 年	其他摩托车	11 ~ 13 年

7. 警车、消防车、救护车、工程救险车应按照规定喷涂标志图案，安装警报器、标志灯具。其他机动车不得喷涂、安装、使用上述车辆专用的或与其相类似的标志图案、警报器或标志灯具。

小提示：

机动车临时通行牌证均有行驶区域限制，使用时应注意限制区域；机动车所有权发生转移的，一定要及时办理车辆过户登记，以免产生法律责任纠纷。

（二）机动车驾驶人

1. 驾驶机动车，应依法取得机动车驾驶证。

申请机动车驾驶证，应符合国务院公安部门规定的驾驶许可条件；经考试合格后，由公安机关交通管理部门发给相应类别的机动车驾驶证。持有境外机动车驾驶证的人，符合国务院公安部门规定的驾驶许可条件，经公安机关交通管理部门考核合格的，可以发给中国的机动车驾驶证。

2. 驾驶人应按照驾驶证载明的准驾车型驾驶机动车；驾驶机动车时，应随身携带机动车驾驶证。公安机关交通管理部门以外的任何单位或个人，不得收缴、扣留机动车驾驶证。

3. 驾驶人驾驶机动车上道路行驶前，应对机动车的安全技术性能进行认真检查；不得驾驶安全设施不全或机件不符合技术标准等具有安全隐患的机动车。

4. 机动车驾驶人应遵守道路交通安全法律、法规的规定，按照操作规范安全驾驶、文明驾驶。

5. 饮酒、服用国家管制的精神药品或麻醉药品，或患有妨碍安全驾驶机动车的疾病，或过度疲劳影响安全驾驶的，不得驾驶机动车。任何人不得强迫、指使、纵容驾驶人违反道路交通安全法律、法规和机动车安全驾驶要求驾驶机动车。

6. 公安机关交通管理部门对机动车驾驶人违反道路交通安全法律、法规的行为，除依法给予行政处罚外，实行累积记分制度。公安机关交通管理部门对累积记分达到规定分值的机动车驾驶人，扣留机动车驾驶证，对其进行道路交通安全法律、法规教育，重新考试，考试合格的，发还其机动车驾驶证。对遵守道路交通安全法律、法规，在一年内无累积记分的机动车驾驶人，可以延长机动车驾驶证的审验期。

小提示：

机动车驾驶证应随身携带，机动车行驶证应随车携带；不带驾驶证和行驶证驾车是违法行为；出车前一定要认真检查车辆的技术状况，减少交通安全隐患。

（三）道路通行条件

1. 全国实行统一的道路交通信号。交通信号包括交通信号灯、交通标志、交通标线和交通警察的指挥。

2. 交通信号灯由红灯、绿灯、黄灯组成。红灯表示禁止通行，绿灯表示准许通行，黄灯表示警示。

（四）道路通行规定

1. 机动车、非机动车实行右侧通行。

2. 根据道路条件和通行需要，道路划分为机动车道、非机动车道和人行道的，机动车、非机动车、行人实行分道通行。没有划分机动车道、非机动车道和人行道的，机动车在道路中间通行，非机动车和行人在道路两侧通行。

3. 道路划设专用车道的，在专用车道内，只准许规定的车辆通行，其他车辆不得进入专用车道内行驶。

4. 车辆、行人应按照交通信号通行；遇有交通警察现场指挥时，应按照交通警察的指挥通行；在没有交通信号的道路上，应在确保安全、畅通的原则下通行。

5. 公安机关交通管理部门根据道路和交通流量的具体情况，可以对机动车、非机动车、行人采取疏导、限制通行、禁止通行等措施。遇有大型群众性活动、大范围施工等情况，需要采取限制交通的措施或作出与公众的道路交通活动直接有关的决定，应提前向社会公告。

6. 遇有自然灾害、恶劣气象条件或重大交通事故等严重影响交通安全的情形，采取其他措施难以保证交通安全时，公安机关交通管理部门可以实行交通管制。

（五）机动车通行规定

1. 机动车上道路行驶，不得超过限速标志标明的最高时速。在没有限速标志的路段，应保持安全车速。夜间行驶或在容易发生危险的路段行驶，以及遇有沙尘、冰雹、雨、雪、雾、结冰等气象条件时，应降低行驶速度。

2. 同车道行驶的机动车，后车应与前车保持足以采取紧急制动措施的安全距离。有下列情形之一的，不得超车。

（1）前车正在左转弯、掉头、超车的。

（2）与对面来车有会车可能的。

（3）前车为执行紧急任务的警车、消防车、救护车、工程救险车的。

（4）行经铁路道口、交叉路口、窄桥、弯道、陡坡、隧道、人行横道、市区交通流量大的路段等没有超车条件的。

3. 机动车通过交叉路口，应按照交通信号灯、交通标志、交通标线或交通警察的指挥通过；通过没有交通信号灯、交通标志、交通标线或交通警察指挥的交叉路口时，应

减速慢行，并让行人和优先通行的车辆先行。

4. 机动车遇有前方车辆停车排队等候或缓慢行驶时，不得借道超车或占用对面车道，不得穿插等候的车辆。在车道减少的路段、路口，或在没有交通信号灯、交通标志、交通标线、交通警察指挥的交叉路口，遇到停车排队等候或缓慢行驶时，机动车应依次交替通行。

5. 机动车通过铁路道口时，应按照交通信号或管理人员的指挥通行；没有交通信号或管理人员的，应减速或停车，在确认安全后通过。

6. 机动车行经人行横道时，应减速行驶；遇行人正在通过人行横道，应停车让行。机动车行经没有交通信号的道路时，遇行人横过道路，应避让。

7. 机动车行驶时，驾驶人、乘坐人员应按规定使用安全带，摩托车驾驶人及乘坐人员应按规定戴安全头盔。

8. 机动车在道路上发生故障，需要停车排除故障时，驾驶人应立即开启危险报警闪光灯，将机动车移至不妨碍交通的地方停放；难以移动的，应持续开启危险报警闪光灯，并在来车方向设置警告标志等措施扩大示警距离，必要时迅速报警。

9. 警车、消防车、救护车、工程救险车执行紧急任务时，可以使用警报器、标志灯具；在确保安全的前提下，不受行驶路线、行驶方向、行驶速度和信号灯的限制，其他车辆和行人应让行。警车、消防车、救护车、工程救险车非执行紧急任务时，不得使用警报器、标志灯具，不享有上述的道路优先通行权。

10. 道路养护车、工程作业车进行作业时，在不影响过往车辆通行的前提下，其行驶路线和行驶方向不受交通标志、交通标线的限制，过往车辆和人员应注意避让。

11. 机动车应在规定地点停放。禁止在人行道上停放机动车；但是，依照法律规定施划的停车泊位除外。在道路上临时停车的，不得妨碍其他车辆和行人通行。

（六）高速公路的特别规定

高速公路是指经国家公路主管部门验收认定，符合高速公路工程技术标准，并设置完善的交通安全设施和服务设施，专供机动车高速行驶的公路。

1. 行人、非机动车、拖拉机、轮式专用机械车、铰接式客车、全挂拖斗车以及其他设计最高车速低于 70 km/h 的机动车，不得进入高速公路。高速公路限速标志标明的最高车速不得超过 120 km/h。

2. 机动车在高速公路上发生故障时，警告标志应设置在故障车来车方向 150 m 以外，车上人员应迅速转移到右侧路肩上或应急车道内，并迅速报警。

3. 机动车在高速公路上发生故障或交通事故，无法正常行驶的，应由救援车、清障车拖曳、牵引。

4. 任何单位、个人不得在高速公路上拦截检查行驶的车辆，公安机关的人民警察依法执行紧急公务除外。

（七）交通事故处理

1. 在道路上发生交通事故，车辆驾驶人应立即停车，保护现场；造成人身伤亡的，车辆驾驶人应立即抢救受伤人员，并迅速报告执勤的交通警察或公安机关交通管理部门。因抢救受伤人员变动现场的，应标明位置。乘车人、过往车辆驾驶人、过往行人应予以协助。

2. 在道路上发生交通事故，未造成人身伤亡，当事人对事实及成因无争议的，可以即行撤离现场，恢复交通，自行协商处理损害赔偿事宜；不即行撤离现场的，应迅速报告执勤的交通警察或公安机关交通管理部门。在道路上发生交通事故，仅造成轻微财产损失，且基本事实清楚的，当事人应先撤离现场再进行协商处理。

3. 车辆发生交通事故后逃逸的，事故现场目击人员和其他知情人员应向公安机关交通管理部门或交通警察举报。

4. 对交通事故损害赔偿的争议，当事人可以请求公安机关交通管理部门调解，也可以直接向人民法院提起民事诉讼。经公安机关交通管理部门调解，当事人未达成协议或调解书生效后不履行的，当事人可以向人民法院提起民事诉讼。

5. 机动车发生交通事故造成人身伤亡、财产损失的，由保险公司在机动车第三者责任强制保险责任限额范围内予以赔偿。超过责任限额的部分，按照下列方式承担赔偿责任。

（1）机动车之间发生交通事故的，由有过错的一方承担赔偿责任；双方都有过错的，按照各自过错的比例分担责任。

（2）机动车与非机动车驾驶人、行人之间发生交通事故，非机动车驾驶人、行人没有过错的，由机动车一方承担赔偿责任；有证据证明非机动车驾驶人、行人有过错的，根据过错程度适当减轻机动车一方的赔偿责任；机动车一方没有过错的，承担不超过10% 的赔偿责任。交通事故的损失是由非机动车驾驶人、行人故意碰撞机动车造成的，机动车一方不承担赔偿责任。

（八）法律责任

提高安全意识，了解法律责任，保障行车安全。根据 2021 年 4 月 29 日第三次修正的《道路交通安全法》相关规定，公安机关交通管理部门及其交通警察应依据事实和有关规定对道路交通安全违法行为予以处罚，处罚种类包括警告、罚款、暂扣或吊销机动车驾驶证、拘留，见表 1–1–2。

表 1–1–2　　对道路交通安全违法行为的处罚

违法行为	处罚
情节轻微，未影响道路通行	指出违法行为，给予口头警告后放行
机动车驾驶人违反道路交通安全法律、法规关于道路通行的规定	处警告或 20 元以上 200 元以下罚款
饮酒后驾驶机动车	处暂扣 6 个月机动车驾驶证，并处 1 000 元以上 2 000 元以下罚款

续表

违法行为	处罚
因饮酒后驾驶机动车被处罚，再次饮酒后驾驶机动车	处 10 日以下拘留，并处 1 000 元以上 2 000 元以下罚款，吊销机动车驾驶证
醉酒驾驶机动车	由公安机关交通管理部门约束至酒醒，吊销机动车驾驶证，依法追究刑事责任，5 年内不得重新取得机动车驾驶证
饮酒后驾驶营运机动车	处 15 日拘留，并处 5 000 元罚款，吊销机动车驾驶证，5 年内不得重新取得机动车驾驶证
醉酒驾驶营运机动车	由公安机关交通管理部门约束至酒醒，吊销机动车驾驶证，依法追究刑事责任；10 年内不得重新取得机动车驾驶证，重新取得机动车驾驶证后，不得驾驶营运机动车
饮酒后或醉酒驾驶机动车发生重大交通事故，构成犯罪	依法追究刑事责任，并由公安机关交通管理部门吊销机动车驾驶证，终生不得重新取得机动车驾驶证
违反规定停放车辆，机动车驾驶人不在现场或虽在现场但拒绝立即驶离，妨碍其他车辆、行人通行	处 20 元以上 200 元以下罚款，并可以将该机动车拖移至不妨碍交通的地点或公安机关交通管理部门指定的地点停放
上道路行驶的机动车未悬挂机动车号牌，未放置检验合格标志、保险标志，或未随车携带行驶证、驾驶证	公安机关交通管理部门应扣留该机动车，通知当事人提供相应的牌证、标志或补办相应手续，并可以处警告或 20 元以上 200 元以下罚款；当事人提供相应的牌证、标志或补办相应手续的，应及时退还机动车
故意遮挡、污损或不按规定安装机动车号牌	处警告或 20 元以上 200 元以下罚款
伪造、变造或使用伪造、变造的机动车登记证书、号牌、行驶证、驾驶证	由公安机关交通管理部门予以收缴，扣留该机动车，处 15 日以下拘留，并处 2 000 元以上 5 000 元以下罚款；构成犯罪的，依法追究刑事责任
伪造、变造或使用伪造、变造的检验合格标志、保险标志	由公安机关交通管理部门予以收缴，扣留该机动车，处 10 日以下拘留，并处 1 000 元以上 3 000 元以下罚款；构成犯罪的，依法追究刑事责任
使用其他车辆的机动车登记证书、号牌、行驶证、检验合格标志、保险标志	由公安机关交通管理部门予以收缴，扣留该机动车，处 2 000 元以上 5 000 元以下罚款
非法安装警报器、标志灯具	由公安机关交通管理部门强制拆除，予以收缴，并处 200 元以上 2 000 元以下罚款
未取得机动车驾驶证、机动车驾驶证被吊销或机动车驾驶证被暂扣期间驾驶机动车	由公安机关交通管理部门处 200 元以上 2 000 元以下罚款，可以并处 15 日以下拘留

续表

违法行为	处罚
将机动车交由未取得机动车驾驶证或机动车驾驶证被吊销、暂扣的人驾驶	由公安机关交通管理部门处 200 元以上 2 000 元以下罚款，可以并处吊销机动车驾驶证
造成交通事故后逃逸，尚未构成犯罪	由公安机关交通管理部门处 200 元以上 2 000 元以下罚款，可以并处 15 日以下拘留
机动车行驶超过规定时速 50%	由公安机关交通管理部门处 200 元以上 2 000 元以下罚款，可以并处吊销机动车驾驶证
违反交通管制的规定强制通行，不听劝阻	由公安机关交通管理部门处 200 元以上 2 000 元以下罚款，可以并处 15 日以下拘留
故意损毁、移动、涂改交通设施，造成危害后果，尚不构成犯罪	由公安机关交通管理部门处 200 元以上 2 000 元以下罚款，可以并处 15 日以下拘留
驾驶拼装的机动车或已达到报废标准的机动车上道路行驶	公安机关交通管理部门予以收缴，强制报废，处 200 元以上 2 000 元以下罚款，并吊销机动车驾驶证
出售已达到报废标准的机动车	没收违法所得，处销售金额等额的罚款，对该机动车予以收缴，强制报废
当事人逾期不履行行政处罚决定	到期不缴纳罚款的，每日按罚款数额的 3% 加处罚款；做出行政处罚决定的行政机关可以申请人民法院强制执行
违反道路交通安全法律、法规的规定，发生重大交通事故，构成犯罪	依法追究刑事责任，并由公安机关交通管理部门吊销机动车驾驶证
造成交通事故后逃逸	由公安机关交通管理部门吊销机动车驾驶证，且终生不得重新取得机动车驾驶证

执行职务的交通警察认为应对道路交通违法行为人给予暂扣或吊销机动车驾驶证处罚的，可以先予扣留机动车驾驶证，道路交通违法行为人应在 15 日内到公安机关交通管理部门接受处理。无正当理由逾期未接受处理的，吊销机动车驾驶证。

二、《中华人民共和国道路交通安全法实施条例》相关内容

（一）机动车

1. 机动车的登记，分为注册登记、变更登记、转移登记、抵押登记和注销登记。

2. 初次申领机动车号牌、行驶证的，应向机动车所有人住所地的公安机关交通管理部门申请注册登记。申请机动车注册登记，应交验机动车，并提交以下证明、凭证。

（1）机动车所有人的身份证明。

（2）购车发票等机动车来历证明。

（3）机动车整车出厂合格证明或进口机动车进口凭证。

（4）车辆购置税完税证明或免税凭证。

（5）机动车第三者责任强制保险凭证。

（6）法律、行政法规规定应在机动车注册登记时提交的其他证明、凭证。不属于国务院机动车产品主管部门规定免予安全技术检验的车型的，还应提供机动车安全技术检验合格证明。

3. 已注册登记的机动车有下列情形之一的，机动车所有人应向登记该机动车的公安机关交通管理部门申请变更登记。

（1）改变机动车车身颜色的。

（2）更换发动机的。

（3）更换车身或车架的。

（4）因质量有问题，制造厂更换整车的。

（5）营运机动车改为非营运机动车或非营运机动车改为营运机动车的。

（6）机动车所有人的住所迁出或迁入公安机关交通管理部门管辖区域的。

机动车所有人的住所在公安机关交通管理部门管辖区域内迁移、机动车所有人的姓名（单位名称）或联系方式变更的，应向登记该机动车的公安机关交通管理部门备案。

4. 机动车号牌应悬挂在车前、车后指定位置，保持清晰、完整。重型、中型载货汽车及其挂车，拖拉机及其挂车的车身或车厢后部应喷涂放大的牌号，字样应端正并保持清晰。机动车喷涂、粘贴标识或车身广告的，不得影响安全驾驶。

5. 机动车应从注册登记之日起，按照下列期限进行安全技术检验。

（1）营运载客汽车 5 年以内每年检验 1 次；超过 5 年的，每 6 个月检验 1 次。

（2）载货汽车和大型、中型非营运载客汽车 10 年以内每年检验 1 次；超过 10 年的，每 6 个月检验 1 次。

（3）小型、微型非营运载客汽车 6 年以内每 2 年检验 1 次；超过 6 年的，每年检验 1 次；超过 15 年的，每 6 个月检验 1 次。

6. 已注册登记的机动车进行安全技术检验时，机动车行驶证记载的登记内容与该机动车的有关情况不符，或未按照规定提供机动车第三者责任强制保险凭证的，不予通过检验。

（二）机动车驾驶人

1. 符合国务院公安部门规定的驾驶许可条件的人，可以向公安机关交通管理部门申请机动车驾驶证。机动车驾驶证有效期分为 6 年、10 年和长期。

2. 学习机动车驾驶，应先学习道路交通安全法律、法规和相关知识，考试合格后，再学习机动车驾驶技能。在道路上学习驾驶，应按照公安机关交通管理部门指定的路线、时间进行。在道路上学习机动车驾驶技能应使用教练车，在教练员随车指导下进行，与教学无关的人员不得乘坐教练车。学员在学习驾驶中有道路交通安全违法行为或造成交通事故的，由教练员承担责任。

3. 机动车驾驶人初次申领机动车驾驶证后的 12 个月为实习期。在实习期内驾驶机动车的，应在车身后部粘贴或悬挂统一式样的实习标志。机动车驾驶人在实习期内不得驾驶公共汽车、营运客车或执行任务的警车、消防车、救护车、工程救险车以及载有爆炸物品、易燃易爆化学物品、剧毒或放射性等危险物品的机动车；驾驶的机动车不得牵引挂车。

4. 公安机关交通管理部门对机动车驾驶人的道路交通安全违法行为除给予行政处罚外，实行道路交通安全违法行为累积记分制度，记分周期为 12 个月。

5. 在一个记分周期内记分达到 12 分的，由公安机关交通管理部门扣留其机动车驾驶证，该机动车驾驶人应按照规定参加道路交通安全法律、法规的学习并接受考试。考试合格的，记分予以清除，发还机动车驾驶证；考试不合格的，继续参加学习和考试。

机动车驾驶人记分达到 12 分，拒不参加公安机关交通管理部门通知的学习，也不接受考试的，由公安机关交通管理部门公告其机动车驾驶证停止使用。

6. 机动车驾驶证丢失、损毁，机动车驾驶人申请补发的，应向公安机关交通管理部门提交本人身份证明和申请材料。

7. 机动车驾驶人在机动车驾驶证丢失、损毁、超过有效期或被依法扣留、暂扣期间以及记分达到 12 分的，不得驾驶机动车。

（三）机动车通行规定

1. 在道路同方向划有 2 条以上机动车道的，左侧为快速车道，右侧为慢速车道。在快速车道行驶的机动车应按照快速车道规定的速度行驶，未达到快速车道规定的行驶速度的，应在慢速车道行驶。摩托车应在最右侧车道行驶。有交通标志标明行驶速度的，按照标明的行驶速度行驶。慢速车道内的机动车超越前车时，可以借用快速车道行驶。

2. 机动车在道路上行驶不得超过限速标志、标线标明的速度。在没有限速标志、标线的道路上，机动车不得超过下列最高行驶速度。

（1）没有道路中心线的道路，城市道路为 30 km/h，公路为 40 km/h。

（2）同方向只有 1 条机动车道的道路，城市道路为 50 km/h，公路为 70 km/h。

3. 机动车行驶中遇有下列情形之一的，最高行驶速度不得超过 30 km/h。

（1）进出非机动车道，通过铁路道口、急弯路、窄路、窄桥时。

（2）掉头、转弯、下陡坡时。

（3）遇雾、雨、雪、沙尘、冰雹，能见度在 50 m 以内时。

（4）在冰雪、泥泞的道路上行驶时。

（5）牵引发生故障的机动车时。

4. 在没有中心隔离设施或没有中心线的道路上，机动车遇相对方向来车时应遵守下列规定。

（1）减速靠右行驶，并与其他车辆、行人保持必要的安全距离。

（2）在有障碍的路段，无障碍的一方先行；但有障碍的一方已驶入障碍路段而无障碍的一方未驶入时，有障碍的一方先行。

（3）在狭窄的坡路，上坡的一方先行；但下坡的一方已行至中途而上坡的一方未上坡时，下坡的一方先行。

（4）在狭窄的山路，不靠山体的一方先行。

（5）夜间会车应在距相对方向来车 150 m 以外改用近光灯，在窄路、窄桥与非机动车会车时应使用近光灯。

5. 驾驶机动车不得有下列行为。

（1）在车门、车厢没有关好时行车。

（2）在机动车驾驶室的前、后窗范围内悬挂、放置妨碍驾驶人视线的物品。

（3）拨打、接听手持电话或观看电视等妨碍安全驾驶的行为。

（4）下陡坡时熄火或空挡滑行。

（5）向道路上抛撒物品。

（6）驾驶摩托车手离车把或在车把上悬挂物品。

（7）连续驾驶机动车超过 4 h 未停车休息或停车休息时间少于 20 min。

（8）在禁止鸣喇叭的区域或路段鸣喇叭。

6. 机动车在道路上临时停车，应遵守下列规定。

（1）在设有禁停标志、标线的路段，在机动车道与非机动车道、人行道之间设有隔离设施的路段以及人行横道、施工地段，不得停车。

（2）交叉路口、铁路道口、急弯路、宽度不足 4 m 的窄路、桥梁、陡坡、隧道以及距离上述地点 50 m 以内的路段，不得停车。

（3）公共汽车站、急救站、加油站、消防栓或消防队（站）门前以及距离上述地点 30 m 以内的路段，除使用上述设施的以外，不得停车。

（4）车辆停稳前不得开车门和上、下人员，开、关车门不得妨碍其他车辆和行人通行。

（5）路边停车应紧靠道路右侧，机动车驾驶人不得离车，上、下人员或装、卸物品后，立即驶离。

（四）高速公路的特别规定

1. 高速公路应标明车道的行驶速度，最高车速不得超过 120 km/h，最低车速不得低于 60 km/h。

2. 同方向有 2 条车道的，左侧车道的最低车速为 100 km/h；同方向有 3 条以上车道的，最左侧车道的最低车速为 110 km/h，中间车道的最低车速为 90 km/h。道路限速标志标明的车速与上述车道行驶车速的规定不一致的，按照道路限速标志标明的车速行驶。

3. 机动车在高速公路上行驶，车速超过 100 km/h 时，应与同车道前车保持 100 m 以上的距离；车速低于 100 km/h 时，与同车道前车的距离可以适当缩短，但最小距离不得少于 50 m。

4. 机动车在高速公路上行驶，不得有下列行为。

（1）倒车、逆行、穿越中央分隔带掉头或在车道内停车。

（2）在匝道、加速车道或减速车道上超车。

（3）骑、轧车行道分界线或在路肩上行驶。

（4）非紧急情况时在应急车道行驶或停车。

（5）试车或学习驾驶机动车。

（五）交通事故处理

1. 机动车与机动车、机动车与非机动车在道路上发生未造成人身伤亡的交通事故，当事人对事实及成因无争议的，在记录交通事故的时间、地点、对方当事人的姓名和联系方式、机动车牌号、驾驶证号、保险凭证号、碰撞部位，并共同签名后，撤离现场，自行协商损害赔偿事宜。当事人对交通事故事实及成因有争议的，应迅速报警。

2. 机动车发生交通事故，造成道路、供电、通讯等设施损毁的，驾驶人应报警等候处理，不得驶离。机动车可以移动的，应将机动车移至不妨碍交通的地点。公安机关交通管理部门应将事故有关情况通知有关部门。

3. 发生交通事故后当事人逃逸的，逃逸的当事人承担全部责任。但是，有证据证明对方当事人也有过错的，可以减轻责任。当事人故意破坏现场、伪造现场、毁灭证据的，承担全部责任。

4. 当事人对交通事故损害赔偿有争议，各方当事人一致请求公安机关交通管理部门调解的，应在收到交通事故认定书之日起 10 日内提出书面调解申请。

5. 对交通事故损害赔偿的争议，当事人向人民法院提起民事诉讼的，公安机关交通管理部门不再受理调解申请。公安机关交通管理部门调解期间，当事人向人民法院提起民事诉讼的，调解终止。

（六）法律责任

1. 以欺骗、贿赂等不正当手段取得机动车登记或驾驶许可的，收缴机动车登记证书、号牌、行驶证或机动车驾驶证，撤销机动车登记或机动车驾驶许可；申请人在 3 年内不得申请机动车登记或机动车驾驶许可。

2. 机动车驾驶人有下列行为之一，又无其他机动车驾驶人即时替代驾驶的，公安机关交通管理部门除依法给予处罚外，可以将其驾驶的机动车移至不妨碍交通的地点或有关部门指定的地点停放。

（1）不能出示本人有效驾驶证的。

（2）驾驶的机动车与驾驶证载明的准驾车型不符的。

（3）饮酒、服用国家管制的精神药品或麻醉药品、患有妨碍安全驾驶的疾病，或过度疲劳仍继续驾驶的。

（4）学习驾驶人员没有教练人员随车指导单独驾驶的。

3. 被扣留的机动车，驾驶人或所有人、管理人 30 日内没有提供被扣留机动车的合法证明，没有补办相应手续，或不前来接受处理，经公安机关交通管理部门通知并经公告 3 个月仍不前来接受处理的，由公安机关交通管理部门将该机动车送交有资格的拍卖机构拍卖，所得价款上缴国库；非法拼装的机动车予以拆除；达到报废标准的机动车予以报废；机动车涉及其他违法犯罪行为的，移交有关部门处理。

4. 境外机动车入境行驶，应向入境地的公安机关交通管理部门申请临时通行号牌、行驶证。临时通行号牌、行驶证应根据行驶需要，载明有效日期和允许行驶的区域。

三、《机动车驾驶证申领和使用规定》与《道路交通安全违法行为记分管理办法》相关内容

《机动车驾驶证申领和使用规定》与《道路交通安全违法行为记分管理办法》经公安部 2021 年 12 月 4 日第 8 次部务会议审议通过，自 2022 年 4 月 1 日起施行。

（一）申请、考试和发证

1. 驾驶机动车，应依法取得机动车驾驶证。机动车驾驶人准予驾驶的车型顺序依次分为：大型客车、重型牵引挂车、城市公交车、中型客车、大型货车、小型汽车、小型自动挡汽车、低速载货汽车、三轮汽车、残疾人专用小型自动挡载客汽车、轻型牵引挂车、普通三轮摩托车、普通二轮摩托车、轻便摩托车、轮式专用机械车、无轨电车和有轨电车。

2. 机动车驾驶证有效期分为 6 年、10 年和长期。

3. 申领机动车驾驶证的人，按照下列规定向车辆管理所提出申请。

（1）在户籍所在地居住的，应在户籍所在地提出申请。

（2）在户籍所在地以外居住的，可以在居住地提出申请。

（3）现役军人（含武警），应在部队驻地提出申请。

（4）境外人员，应在居留地或居住地提出申请。

（5）申请增加准驾车型的，应在所持机动车驾驶证核发地提出申请。

（6）接受全日制驾驶职业教育，申请增加大型客车、重型牵引挂车准驾车型的，应在接受教育地提出申请。

4. 申请机动车驾驶证，应确认申请信息，并提交以下证明。

（1）申请人的身份证明。

（2）医疗机构出具的有关身体条件的证明。

5. 机动车驾驶人考试内容包括道路交通安全法律、法规和相关知识考试科目（科目一），场地驾驶技能考试科目（科目二），道路驾驶技能和安全文明驾驶常识考试科目（科目三）。

6. 申请人在场地和道路上学习驾驶，应按规定取得学习驾驶证明。学习驾驶证明的有效期为 3 年，但有效期截止日期不得超过申请年龄条件上限。申请人应在有效期内完成科目二和科目三考试。未在有效期内完成考试的，已考试合格的科目成绩作废。

7. 每个科目考试 1 次，考试不合格的，可以补考 1 次。不参加补考或补考仍不合格的，本次考试终止，申请人应重新预约考试，但科目二、科目三考试应在 10 日后预约。科目三安全文明驾驶常识考试不合格的，已通过的道路驾驶技能考试成绩有效。

在学习驾驶证明有效期内，科目二和科目三道路驾驶技能考试预约考试的次数分别不得超过 5 次。第 5 次考试仍不合格的，已考试合格的其他科目成绩作废。

8. 申请人考试合格后，应接受不少于 30 min 的交通安全文明驾驶常识和交通事故案例警示教育，并参加领证宣誓仪式。

车辆管理所应在申请人参加领证宣誓仪式的当日核发机动车驾驶证。

9. 机动车驾驶人初次取得汽车类准驾车型或初次取得摩托车类准驾车型后的 12 个月为实习期。在实习期内驾驶机动车的，应在车身后部粘贴或悬挂统一式样的实习标志。

10. 驾驶人在实习期内驾驶机动车上高速公路行驶，应由持相应或包含其准驾车型驾驶证 3 年以上的驾驶人陪同。

（二）记分和审验

1. 公安机关交通管理部门对机动车驾驶人的交通违法行为，除依法给予行政处罚外，实行累积记分制度。记分周期为 12 个月，满分为 12 分。记分周期自机动车驾驶人初次领取机动车驾驶证之日起连续计算，或自初次取得临时机动车驾驶许可之日起累积计算。根据交通违法行为的严重程度，一次记分的分值为 12 分、9 分、6 分、3 分、1 分。

2. 公安机关交通管理部门对机动车驾驶人的交通违法行为，在作出行政处罚决定的同时予以记分。机动车驾驶人有两起以上交通违法行为应予以记分的，记分分值累积计算。

3. 机动车驾驶人在一个记分周期期限届满，累积记分未满 12 分的，该记分周期内的记分予以清除；累积记分虽未满 12 分，但有罚款逾期未缴纳的，该记分周期内尚未缴纳罚款的交通违法行为记分分值转入下一记分周期。

4. 机动车驾驶人在一个记分周期内累积记分满 12 分的，公安机关交通管理部门应扣留其机动车驾驶证，开具强制措施凭证，并送达满分教育通知书，通知机动车驾驶人参加满分学习、考试。机动车驾驶人应参加为期 7 天的道路交通安全法律、法规和相关知识学习。其中，大型客车、重型牵引挂车、城市公交车、中型客车、大型货车驾驶人应参加为期 30 天的道路交通安全法律、法规和相关知识学习。机动车驾驶人参加学习后，可以预约参加道路交通安全法律、法规和相关知识考试。考试不合格的，10 日后预约重新考试。

5. 机动车驾驶人在一个记分周期内 2 次累积记分满 12 分或累积记分满 24 分未满 36 分的，应在道路交通安全法律、法规和相关知识考试合格后，按照规定预约参加道路驾驶技能考试。考试不合格的，10 日后预约重新考试。

机动车驾驶人在一个记分周期内 3 次以上累积记分满 12 分或累积记分满 36 分的，应在道路交通安全法律、法规和相关知识考试合格后，按照规定预约参加场地驾驶技能和道路驾驶技能考试。考试不合格的，10 日后预约重新考试。

6. 机动车驾驶人经满分学习、考试合格且罚款已缴纳的，记分予以清除，发还机动车驾驶证。机动车驾驶人同时被处以暂扣机动车驾驶证的，在暂扣期限届满后发还机动车驾驶证。

7. 机动车驾驶人应按照法律、行政法规的规定，定期到公安机关交通管理部门接受审验。持有大型客车、重型牵引挂车、城市公交车、中型客车、大型货车驾驶证的驾驶人，应在每个记分周期结束后 30 日内到公安机关交通管理部门接受审验。但在一个记分周期内没有记分记录的，免予本记分周期审验。

机动车驾驶人可以在机动车驾驶证核发地或核发地以外的地方参加审验、提交身体条件证明。

8. 机动车驾驶证审验以下内容。

（1）道路交通安全违法行为、交通事故处理情况。

（2）身体条件情况。

（3）道路交通安全违法行为记分及记满 12 分后参加学习和考试情况。

（三）换证和补证

1. 机动车驾驶人在机动车驾驶证的 6 年有效期内，每个记分周期均未记满 12 分的，换发 10 年有效期的机动车驾驶证；在机动车驾驶证的 10 年有效期内，每个记分周期均未记满 12 分的，换发长期有效的机动车驾驶证。

2. 机动车驾驶人应于机动车驾驶证有效期满前 90 日内，向机动车驾驶证核发地或核发地以外的车辆管理所申请换证。申请时应确认申请信息，并提交以下证明、凭证。

（1）机动车驾驶人的身份证明。

（2）医疗机构出具的有关身体条件的证明。

3. 机动车驾驶人户籍迁出原车辆管理所管辖区的，应向迁入地车辆管理所申请换证。机动车驾驶人在核发地车辆管理所管辖区以外居住的，可以向居住地车辆管理所申请换证。申请时应确认申请信息，提交机动车驾驶人的身份证明和机动车驾驶证，并申报身体条件情况。

4. 有下列情形之一的，机动车驾驶人应在30日内到机动车驾驶证核发地或核发地以外的车辆管理所申请换证。

（1）在车辆管理所管辖区域内，机动车驾驶证记载的机动车驾驶人信息发生变化的。

（2）机动车驾驶证损毁无法辨认的。

5. 机动车驾驶证遗失的，机动车驾驶人应向机动车驾驶证核发地或核发地以外的车辆管理所申请补发。申请时应确认申请信息，并提交机动车驾驶人的身份证明。

机动车驾驶人补领机动车驾驶证后，原机动车驾驶证作废，不得继续使用。

机动车驾驶证被依法扣押、扣留或暂扣期间，机动车驾驶人不得申请补发。

四、其他相关法律、法规

（一）《中华人民共和国刑法》相关内容

交通肇事罪：违反交通运输管理法规，因而发生重大事故，致人重伤、死亡或者使公私财产遭受重大损失的，处三年以下有期徒刑或者拘役；交通运输肇事后逃逸或者有其他特别恶劣情节的，处三年以上七年以下有期徒刑；因逃逸致人死亡的，处七年以上有期徒刑。

危险驾驶罪：在道路上驾驶机动车，有下列情形之一的，处拘役，并处罚金。

（1）追逐竞驶，情节恶劣的。

（2）醉酒驾驶机动车的。

（3）从事校车业务或旅客运输，严重超过额定乘员载客，或严重超过规定时速行驶的。

（4）违反危险化学品安全管理规定运输危险化学品，危及公共安全的。

（二）《中华人民共和国民法典》相关内容

1. 行为人因过错侵害他人民事权益造成损害的，应承担侵权责任。依照法律规定推定行为人有过错，其不能证明自己没有过错的，应承担侵权责任。行为人造成他人民事权益损害，不论行为人有无过错，法律规定应承担侵权责任的，依照其规定。

2. 因紧急避险造成损害的，由引起险情发生的人承担民事责任。如果危险由自然原因引起的，紧急避险人不承担民事责任，可以给予适当补偿。紧急避险采取措施不当或超过必要的限度，造成不应有的损害的，紧急避险人应承担适当的民事责任。

（三）《中华人民共和国道路运输条例》相关内容

1. 从事客运经营的驾驶人员，应当符合下列条件。

（1）取得相应的机动车驾驶证。

（2）年龄不超过 60 周岁。

（3）3 年内无重大以上交通责任事故记录。

（4）经设区的市级道路运输管理机构对有关客运法律法规、机动车维修和旅客急救基本知识考试合格。

2. 从事货运经营的驾驶人员，应当符合下列条件。

（1）取得相应的机动车驾驶证。

（2）年龄不超过 60 周岁。

（3）经设区的市级道路运输管理机构对有关货运法律法规、机动车维修和货物装载保管基本知识考试合格。

3. 不符合规定条件的人员驾驶道路运输经营车辆的，由县级以上道路运输管理机构责令改正，处 200 元以上 2 000 元以下的罚款；构成犯罪的，依法追究刑事责任。

（四）《机动车交通事故责任强制保险条例》相关内容

1. 机动车交通事故责任强制保险，是指由保险公司对被保险机动车发生道路交通事故造成本车人员、被保险人以外的受害人的人身伤亡、财产损失，在责任限额内予以赔偿的强制性责任保险。

2. 在中华人民共和国境内道路上行驶的机动车的所有人或管理人，应依照《中华人民共和国道路交通安全法》的规定投保机动车交通事故责任强制保险。

3. 被保险机动车所有权转移的，应办理机动车交通事故责任强制保险合同变更手续。

4. 机动车交通事故责任强制保险的保险期为 1 年，合同期满，投保人应及时续保，并提供上一年度的保险单。

5. 有下列情形之一的，保险公司在机动车交通事故责任强制保险责任限额范围内垫付抢救费用，并有权向致害人追偿。

（1）驾驶人未取得驾驶资格或醉酒的。

（2）被保险机动车被盗抢期间肇事的。

（3）被保险人故意制造道路交通事故的。

有此三种情形之一，发生道路交通事故，造成受害人的财产损失，保险公司不承担赔偿责任。

6. 机动车所有人、管理人未按照规定投保机动车交通事故责任强制保险的，由公安机关交通管理部门扣留机动车，通知机动车所有人、管理人依照规定投保，处依照规定投保最低责任限额应缴纳的保险费的 2 倍罚款。

小提示：

想了解更多的交通运输法律法规知识，可登录交通运输法规查询系统 http: //law.mot.gov.cn。

§1–2　道路交通信号及其含义

学习目标

1. 理解交通信号灯、道路交通标志、道路交通标线、交通警察手势信号的含义及规定。

2. 能够按照道路交通信号规划行驶线路。

一、交通信号灯

交通信号灯是指挥交通运行的信号灯，一般由红灯、绿灯、黄灯组成。红灯表示禁止通行，绿灯表示准许通行，黄灯表示警示。

交通信号灯分为机动车信号灯、非机动车信号灯、人行横道信号灯、方向指示信号灯（箭头信号灯）、车道信号灯、闪光警告信号灯、道路与铁路平面交叉道口信号灯。

（一）机动车信号灯通行规定

机动车信号灯是由红色、黄色、绿色三个无图案圆形单位组成的一组灯，用于指导机动车通行，如图 1–2–1 所示。

1. 当红灯亮时，禁止通行。左转车道及直行车道内的车辆应停在停止线以外；右转车道内的车辆可在不妨碍被放行车辆、行人安全通行的情况下右转通行。

2. 当绿灯亮时，准许所有车道内的车辆通行，但转弯车辆不得妨碍被放行的直行车辆、行人通行。

3. 当黄灯亮时，所有车道内车身已越过停止线的车辆可以继续通行，车身未越过停止线的车辆禁止通行；黄灯持续闪烁时，为警示信号，提醒通过的车辆、行人通行时注意观察，确保安全后快速通过路口。

（二）方向指示信号灯通行规定

方向指示信号灯是由红色、黄色、绿色三个内有箭头图案组成的一组灯，用于指导机动车按指示方向通行。箭头方向向左、向上、向右分别表示左转、直行、右转，如图 1–2–2 所示。

1. 绿色箭头灯亮时，箭头指示方向的车道内车辆准许通行。
2. 红色箭头灯亮时，箭头指示方向的车道内车辆禁止通行。

图 1–2–1　机动车信号灯

图 1–2–2　方向指示信号灯

（三）车道信号灯通行规定

车道信号灯是由叉形图案和箭头图案组成的信号灯，用于指导本车道内的车辆按指示通行，如图 1–2–3 所示。

1. 绿色箭头灯亮时，准许本车道内的车辆按指示方向通行。
2. 红色叉形灯或箭头灯亮时，禁止本车道内的车辆通行。

（四）闪光警告信号灯通行规定

闪光警告信号灯为持续闪烁的黄灯，提示车辆、行人通行时注意瞭望，确认安全后通过，如图 1–2–4 所示。

图 1–2–3　车道信号灯

图 1–2–4　闪光警告信号灯

（五）道路与铁路平面交叉道口信号灯通行规定

道路与铁路平面交叉道口信号灯是设置在道路与铁路相交路口的两个或一个红色信

号灯，用于指导车辆和行人通行，如图 1–2–5 所示。

两个红灯交替闪烁或一个红灯亮时，表示禁止车辆、行人通行；红灯熄灭时，表示允许车辆、行人通行。

图 1–2–5　道路与铁路平面交叉道口信号灯

二、道路交通标志与道路交通标线

道路交通标志和道路交通标线是指设置在道路上用规定的图形、符号、文字、线条、立面标记、突起路标等表示特定管理内容和行为规则的交通设施。

（一）道路交通标志

道路交通标志是以颜色、形状、字符、图形等向道路使用者传递信息，用于管理、警告及引导交通的设施，如图 1–2–6 所示。

图 1–2–6　道路交通标志

1. 道路交通标志的分类及作用

道路交通标志分为主标志和辅助标志两大类。

（1）主标志

禁令标志：禁止或限制道路使用者交通行为的标志。除个别特殊标志外，颜色为白底、红圈、黑图案，图案压杠。形状为圆形、八角形、顶角向下等边三角形。

警告标志：警告道路使用者注意道路、交通的标志。颜色为黄底、黑边、黑图案。形状为等边三角形，顶角向上。

指示标志：指示道路使用者应遵循的标志。颜色为蓝底、白图。形状为圆形、长方形和正方形。

指路标志：传递道路方向、地点、距离信息的标志。颜色为蓝底、白图。形状为长方形或正方形，高速公路指路标志为绿底、白图。

旅游区标志：提供旅游景点方向、距离的标志。颜色为棕底、白色字符图案。形状为长方形或正方形。

告示标志：告知路外设施、安全行驶信息以及其他信息的标志。颜色为蓝底白字。图案部分为黄底黑图案。

（2）辅助标志

辅助标志设在主标志下方，对其进行辅助说明。颜色为白底、黑字、黑边框。形状为长方形。

2. 道路交通标志的含义

（1）禁令标志（图例）

禁止通行

禁止三轮汽车驶入

禁止拖拉机驶入

禁止非机动车进入

禁止驶入

禁止大型客车驶入

禁止农用车驶入

禁止畜力车进入

禁止人力车进入　禁止向左转弯　禁止直行和向左转弯　解除禁止超车

禁止骑自行车下坡　禁止向右转弯　禁止直行和向右转弯　禁止车辆停放

限制宽度　限制速度　减速让行　限制高度

解除限制速度　会车让行　限制质量　停车检查

限制轴重　停车让行

（2）警告标志（图例）

十字交叉路口	 交叉路口	 交叉路口	 交叉路口
 交叉路口	 交叉路口	 T形交叉路口	 T形交叉路口
 T形交叉路口	 交叉路口	 向右急弯路	 向左急弯路
 反向弯路	 反向弯路	 连续弯路	 上陡坡
 下陡坡	 连续下坡	 两侧变窄	 右侧变窄
 左侧变窄	 窄桥	 易滑	 双向交通

（3）指示标志（图例）

直行 　直行和向右转弯 　立交直行和左转弯行驶 　鸣喇叭

向左转弯 　向左和向右转弯 　立交直行和右转弯行驶 　最低限速

干路先行 　直行车道 　机动车行驶 　允许掉头

会车先行 　直行和右转合用车道 　机动车车道 　人行横道

（4）指路标志（图例）

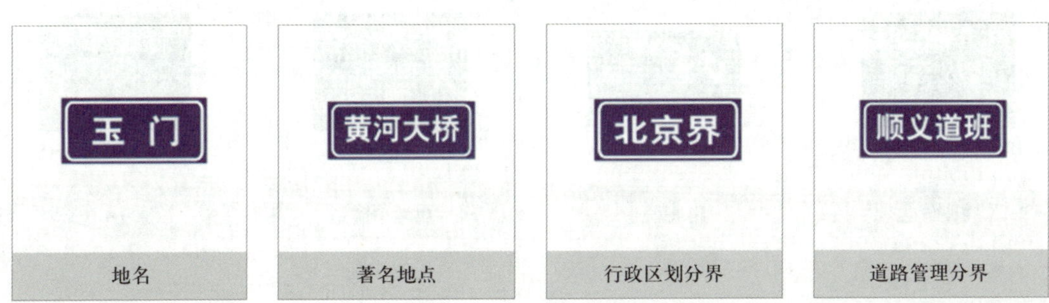

地名　著名地点　行政区划分界　道路管理分界

国道编号	省道编号	县道编号	 行驶方向
交叉路口预告	 十字交叉路口	十字交叉路口	十字交叉路口
十字交叉路口	丁字交叉路口	丁字交叉路口	 环形交叉路口
停车区预告	停车区预告	停车区预告	停车场
爬坡车道	爬坡车道	爬坡车道	爬坡车道

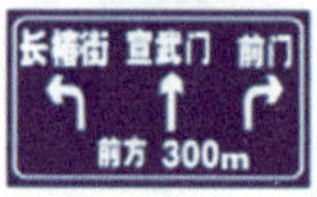

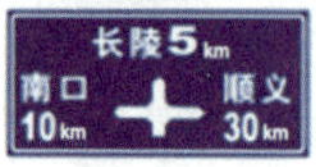

（5）旅游区标志（图例）

旅游区方向

旅游区距离

问询处

徒步

索道

野营地

营火

游戏场

（6）告示标志（图例）

高速公路编号信息

违法抓拍

前方测速

前方区间测速

驾驶时禁用手持电话

系安全带

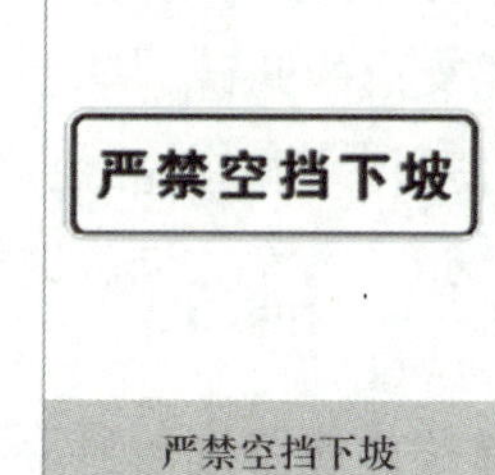

严禁空挡下坡

前方车道控制

（7）辅助标志（图例）

施工路栏

施工路栏

时间范围

时间范围

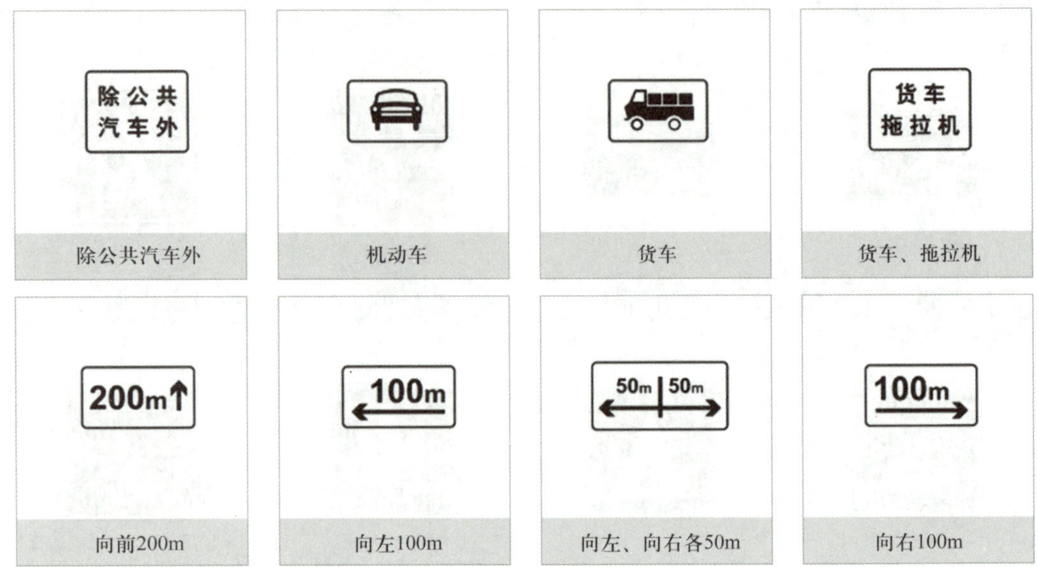

（二）道路交通标线

道路交通标线是由施划或安装于道路上的线条、箭头、文字、图案、立面标记、实体标记、突起路标和轮廓标等所构成的交通设施。其作用是向道路使用者传递有关道路交通的规则、警告、指引等信息，可以与道路交通标志配合使用，也可以单独使用。各等级公路和城市快速路、主干路应按标准设置反光交通标线，其他道路可根据需要按标准设置交通标线。

1. 道路交通标线的分类及作用

（1）根据国家标准《道路交通标志和标线　第 3 部分：道路交通标线》（GB 5768.3—2009）的规定，我国现行的道路交通标线按功能可分为以下三类。

禁止标线：告示道路交通的遵行、禁止、限制等特殊规定的标线。

警告标线：促使道路使用者了解道路上的特殊情况，提高警觉准备应变防范措施的标线。

指示标线：指示车行道、行车方向、路面边缘、人行道、停车位、停靠站及减速丘等的标线。

按功能划分的三类道路交通标线如图 1-2-7 所示。

（2）道路交通标线按形态可分为以下四类。

线条：施划于路面、缘石或立面上的实线或虚线。

图 1-2-7　道路交通标线

字符：施划于路面上的文字、数字及各种图形、符号。

突起路标：安装于路面上用于标示车道分界、边缘、分合流、弯道、危险路段、路宽变化、路面障碍物位置等的反光体或不反光体。

轮廓标：安装于道路两侧，用以指示道路边界轮廓、道路前进方向的反光柱或反光片。

2. 道路交通标线的含义

（1）禁止标线（图例）

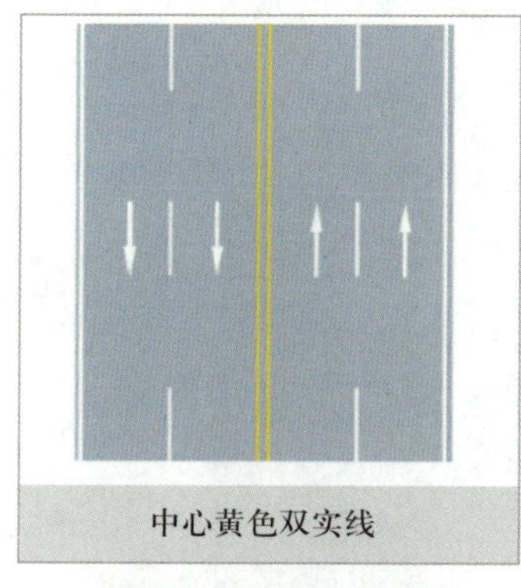
中心黄色双实线

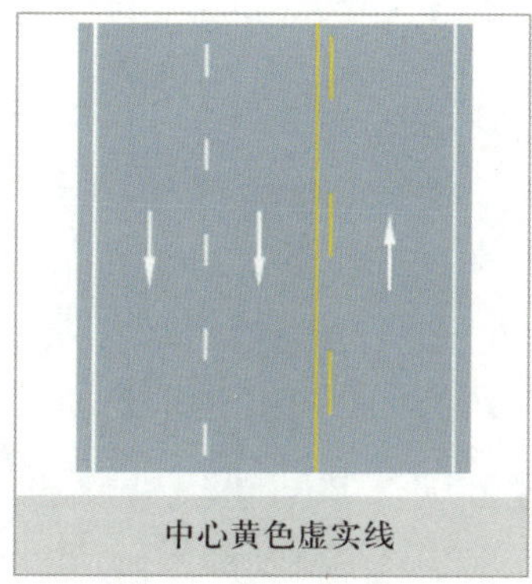
中心黄色虚实线

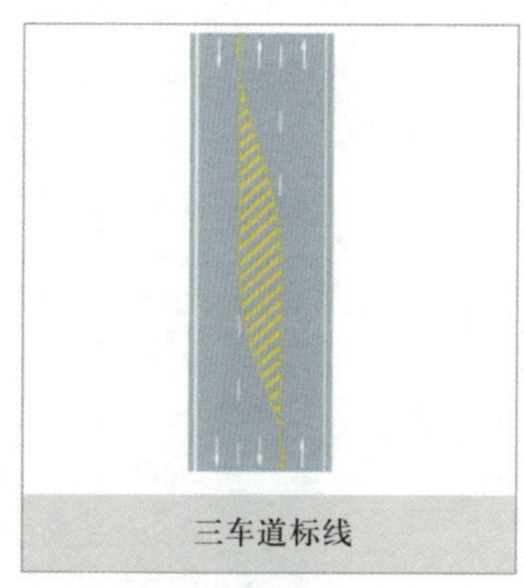
三车道标线

禁止变换车道线

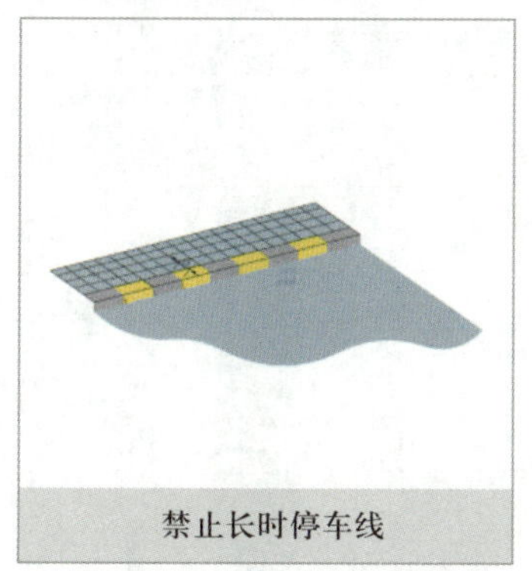
禁止长时停车线

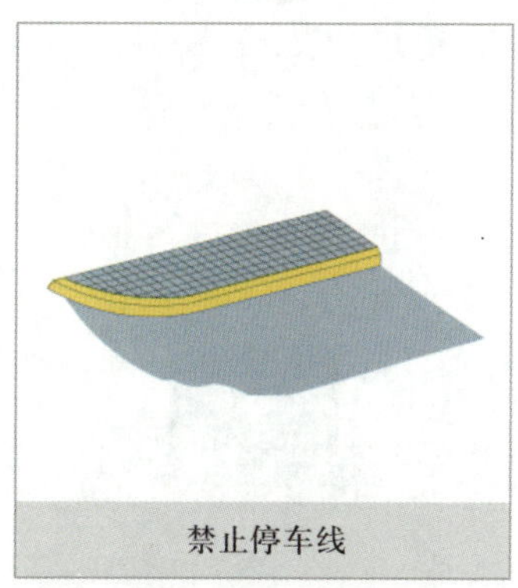
禁止停车线

导流线

停止线

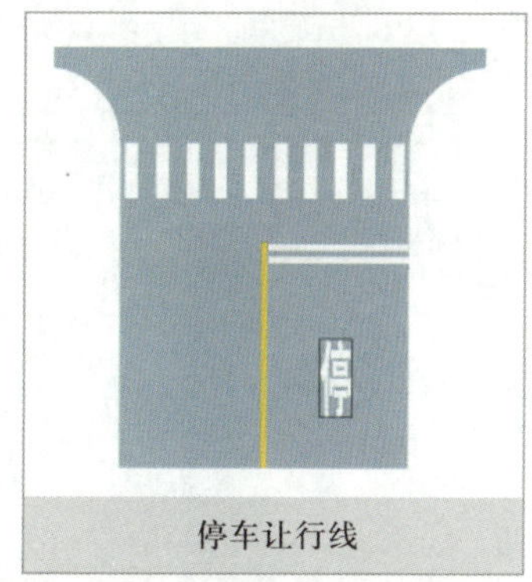

停车让行线

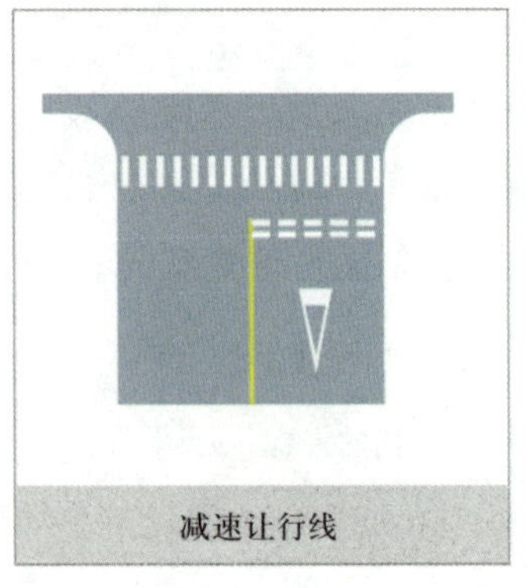
减速让行线

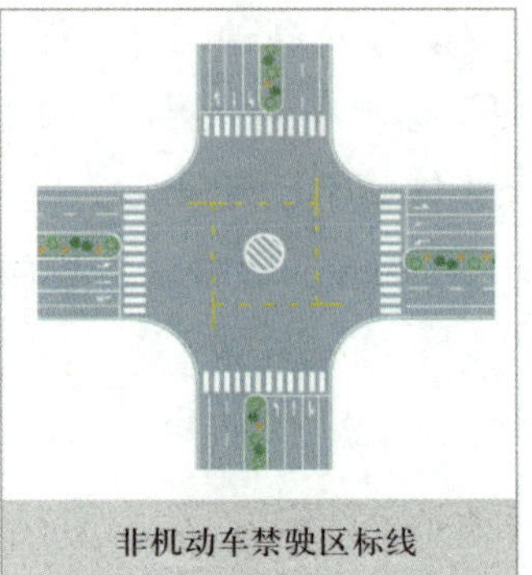
非机动车禁驶区标线

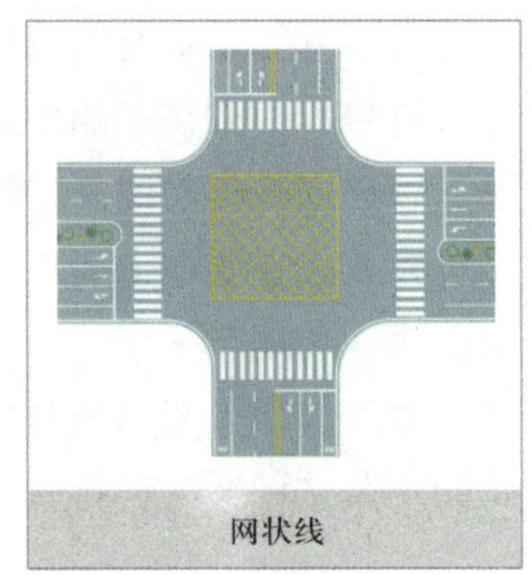
网状线

（2）警告标线（图例）

三车道缩减为双车道

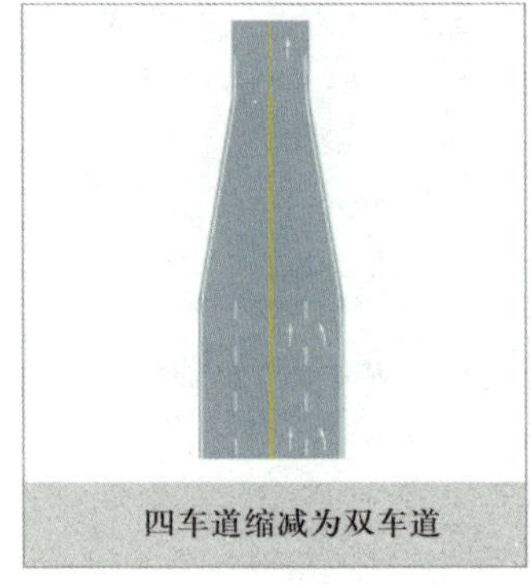
四车道缩减为双车道

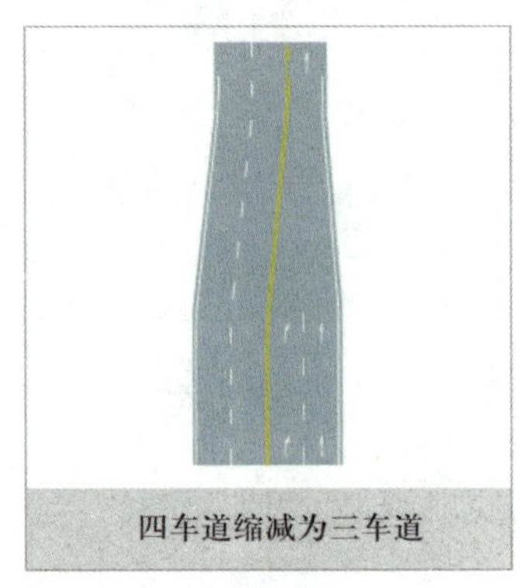
四车道缩减为三车道

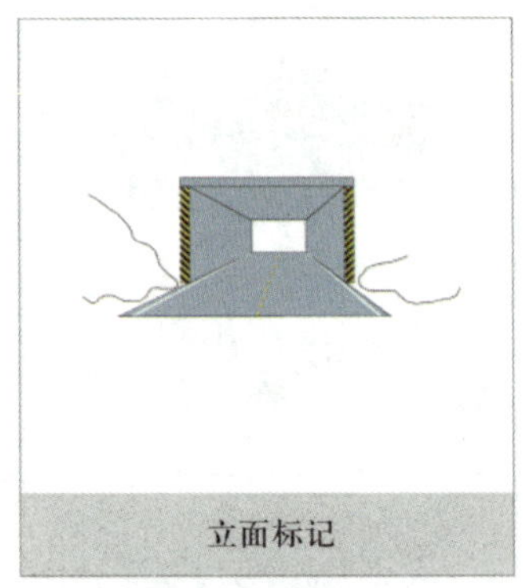
立面标记

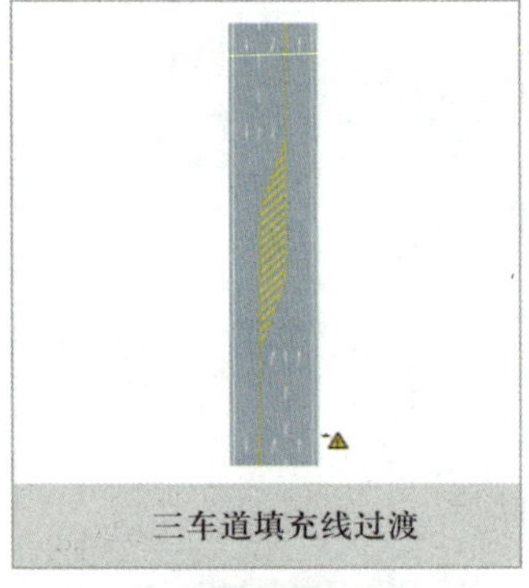
三车道填充线过渡

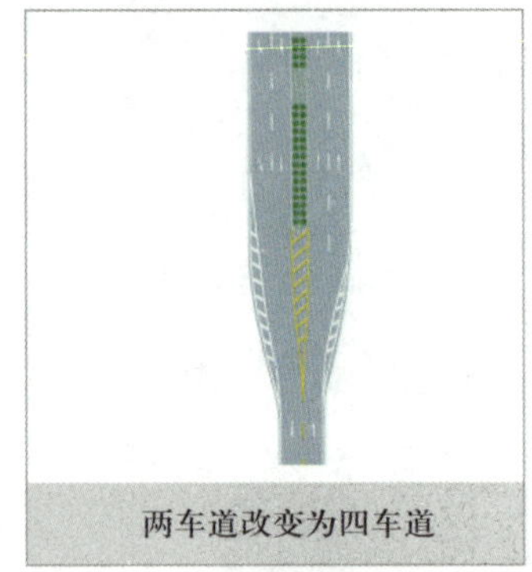
两车道改变为四车道

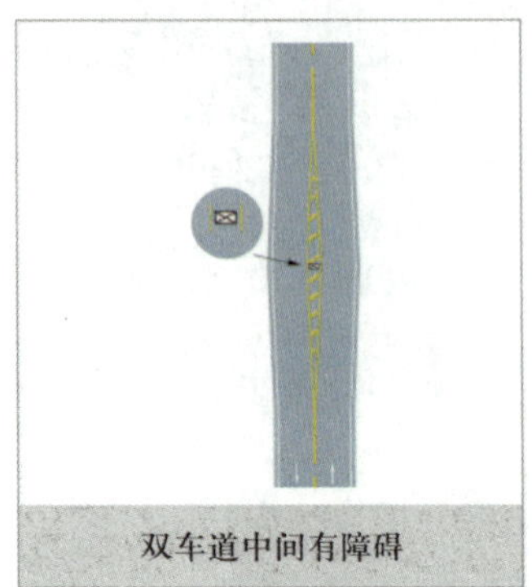
双车道中间有障碍

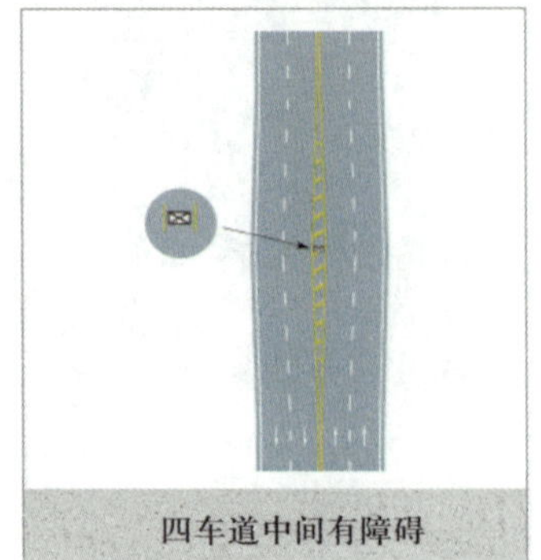
四车道中间有障碍

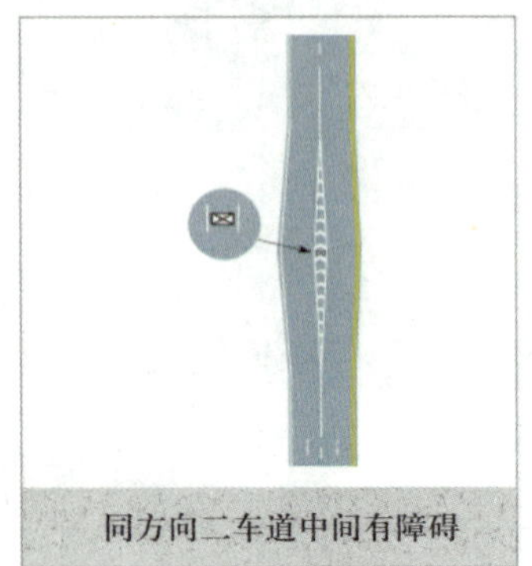
同方向二车道中间有障碍

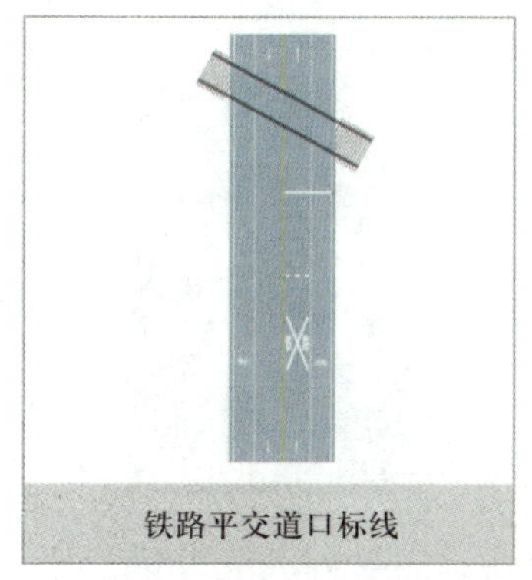
铁路平交道口标线

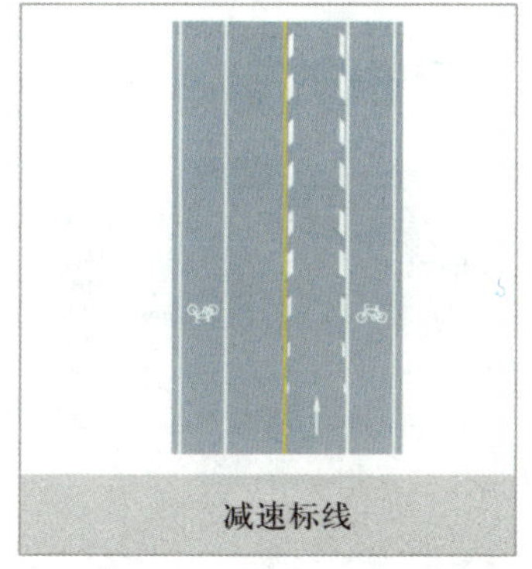
减速标线

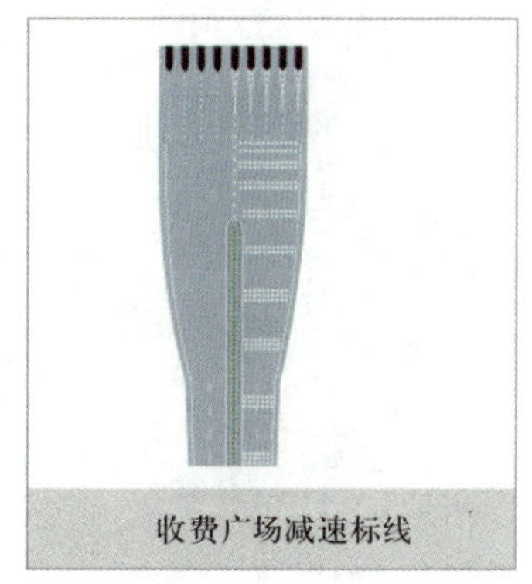
收费广场减速标线

（3）指示标线（图例）

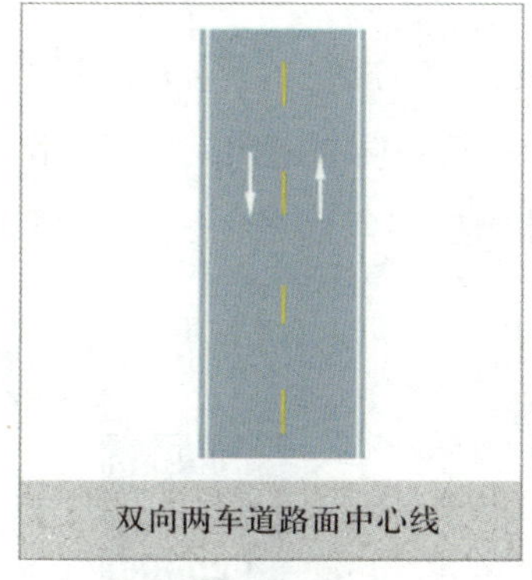
双向两车道路面中心线

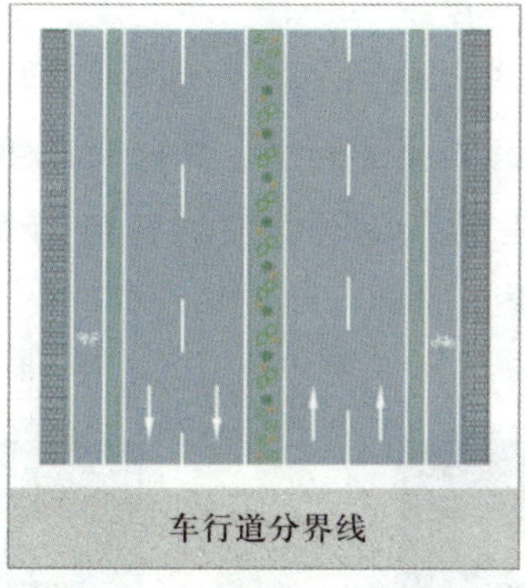
车行道分界线

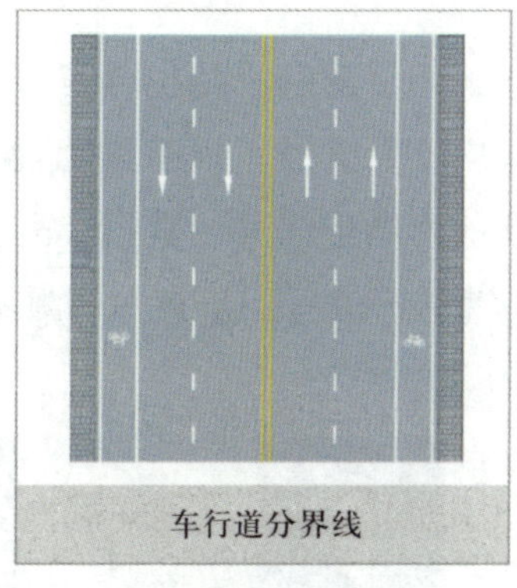
车行道分界线

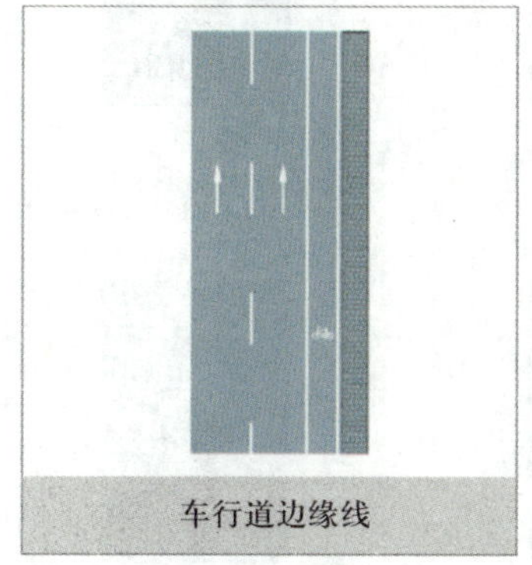
车行道边缘线

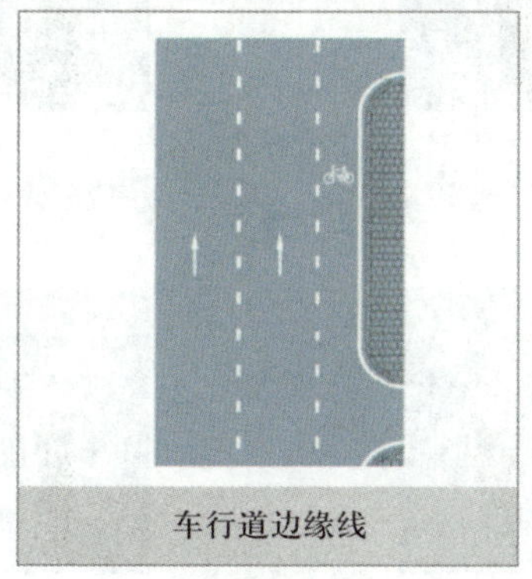
车行道边缘线

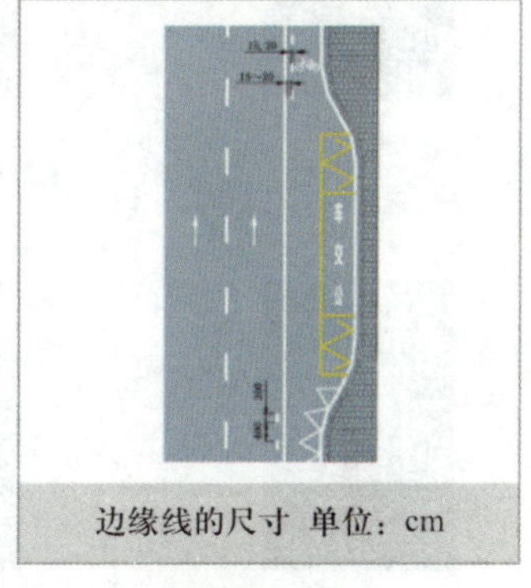
边缘线的尺寸 单位：cm

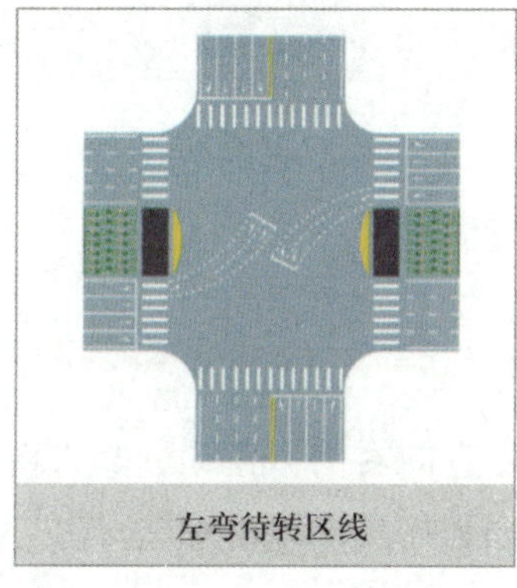
左弯待转区线

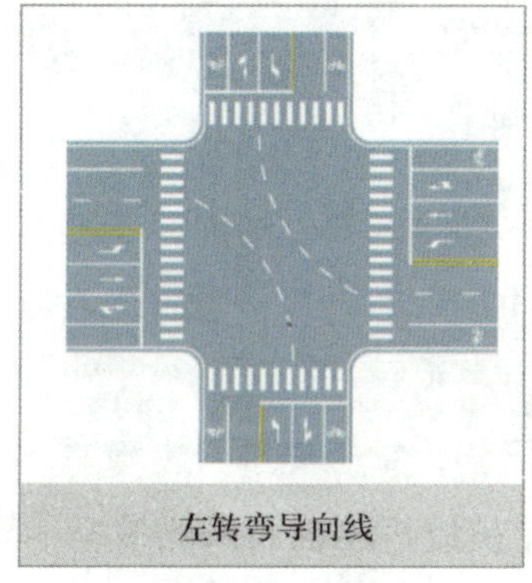
左转弯导向线

人行横道（正交）

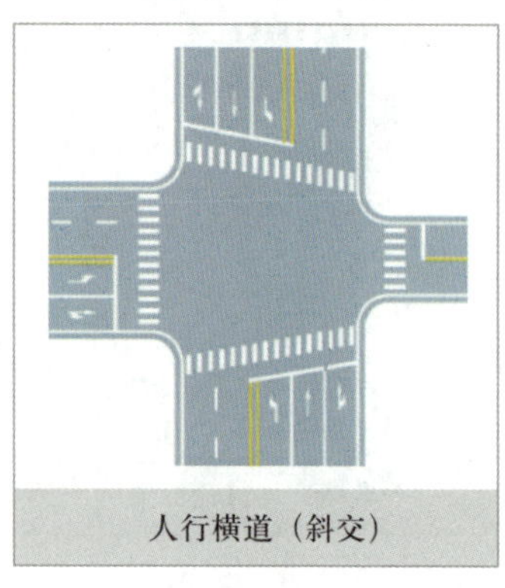
人行横道（斜交）

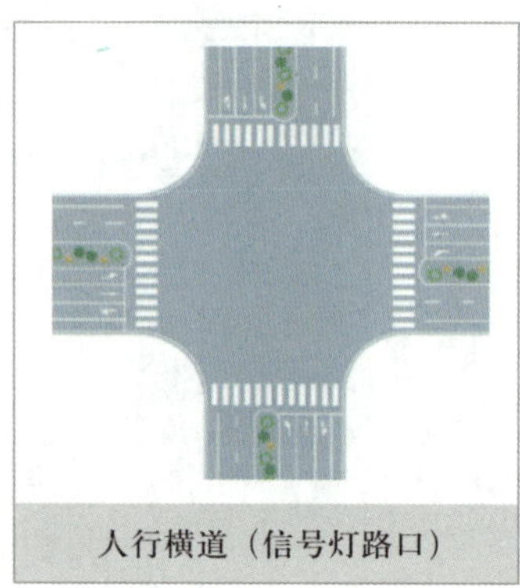
人行横道（信号灯路口）

人行横道预告标识线

三、交通警察手势信号

交通警察手势信号是《道路交通安全法》规定的道路交通信号之一，主要用于指挥、疏导交通，规范道路使用者的交通行为。8 种交通警察手势信号如图 1-2-8 所示，分别为停止信号、直行信号、左转弯信号、左转弯待转信号、右转弯信号、变道信号、减速慢行信号、示意车辆靠边停车信号。

图 1-2-8　交通警察手势信号

1. 停止信号：左臂向前上方直伸，掌心向前，不准前方车辆通行。

2. 直行信号：左臂向左平伸，掌心向前；右臂向右平伸，掌心向前，向左摆动，准许右方直行的车辆通行。

3. 左转弯信号：右臂向前平伸，掌心向前；左臂与手掌平直向右前方摆动，掌心向右，准许车辆左转弯，在不妨碍被放行车辆通行的情况下可以掉头。

4. 左转弯待转信号：左臂向左下方平伸，掌心向下；左臂与手掌平直向下方摆动，准许左方左转弯的车辆进入路口，沿左转弯行驶方向靠近路口中心，等候左转弯信号。

5. 右转弯信号：左臂向前平伸，掌心向前；右臂与手掌平直向左前方摆动，手掌向左，准许右方的车辆右转弯。

6. 变道信号：右臂向前平伸，掌心向左；右臂向左水平摆动，车辆应腾空指定的车道，减速慢行。

7. 减速慢行信号：右臂向右前方平伸，掌心向下；右臂与手掌平直向下方摆动，车辆应减速慢行。

8. 示意车辆靠边停车信号：左臂向前上方平伸，掌心向前；右臂向前下方平伸，掌心向左；右臂向左水平摆动，车辆应靠边停车。

§1–3　驾驶员的职业道德

学习目标

1. 了解驾驶员的职业道德规范的内涵。
2. 了解驾驶员的职业道德与交通安全的关系。
3. 培养良好的驾驶作风和驾驶职业习惯。

一、驾驶员的职业道德

驾驶员的职业道德是驾驶员职业活动中在思想与行为上应遵循的行为准则和道德规范，是社会主义道德体系的组成部分，是社会主义职业道德的基本原则、一般规范和一般要求在驾驶员职业活动中的体现和反映，也是对驾驶员思想道德的基本要求。因此，在驾驶员的职业活动中，除了有行政法规、行业纪律等约束外，还需要有道德的理念。要成为一名合格的驾驶员，不仅要有丰富的法律知识、责任意识、娴熟的安全驾驶技术，还要有良好的职业道德。

（一）遵章守法、安全行车

道路交通安全法律、法规是驾驶员行车的基本准则。驾驶员应自觉加强对道路交通安全法律、法规和其他相关知识的学习，提高自身交通安全意识。安全行车是头等大事，这关系到社会的稳定，也关系到自己和他人家庭的幸福。驾驶员须时刻谨记安全第一，学法、懂法、守法，自觉遵守驾驶员职业道德规范，树立安全行车思想，把安全行车视为对国家和人民所承担的重大责任，避免交通事故发生，保证国家财产和人民生命财产的安全。

（二）爱岗敬业、优质服务

随着国家经济的高速发展，交通运输业从业人员的需求缺口较大，驾驶员担负着国民经济建设和交通运输业稳定发展的重任。驾驶员要养成良好的职业习惯，对车辆进行规范的日常维护，提前发现安全隐患，防患于未然；要有高度的职业责任感，安全开展职业活动；要热爱工作岗位，忠于职守，树立全心全意为乘客、客户服务的思想，提供优质的服务，成为遵守职业道德规范的表率。

（三）勤于学习、钻研技术

随着机动车制造技术及物联网的发展，机动车已经成为一种移动的网络平台，机动车的智能化水平愈来愈高，机动车辅助驾驶技术、机动车安全技术日益得到广泛应用，使得机动车驾驶技术也发生了变化。例如，目前车辆上的标准配置“ABS”（防抱死制动系统）装置，如果在紧急制动时采用传统驾驶技术中的“点刹”操作，反而可能会降低车辆的安全系数。所以驾驶员应该具备主动学习的意识，丰富自身专业知识，提升预见性驾驶能力，充分应用先进车载技术，更好地保障行车安全。

（四）文明行车、节能减排

交通文明关乎着每一个交通参与者的生活，交通安全维系着每一个家庭的幸福。开文明车，践行文明交通，也是社会精神文明建设的体现。驾驶员要树立“文明运输、礼貌行车”的思想，自觉养成“按灯停走、按道行驶、按线通行、按位停放、按章驾乘、按规处罚”的交通习惯，服从交通管理，文明礼让通行，提高道路交通效率，减少尾气排放，保护生态环境，关爱自己和他人的生命，从自身做起，带动更多的交通参与者文明交通。这是驾驶员职业态度、职业责任、职业良心和职业荣誉等基本道德规范的综合体现。

二、驾驶员的职业道德与交通安全的关系

交通安全是指在交通活动过程中，能将人身伤亡或财产损失控制在可接受水平的状态。道路交通系统作为动态的开放系统，其安全既受到系统内部因素的制约，又受到系统外部环境的干扰，并且与人、车辆及道路环境等因素密切相关。人、车、道路、管理被称为道路交通系统的四要素。

道路交通系统中与交通安全关系最为紧密的因素是人，尤其是作为交通参与者的驾驶员。在汽车的行驶过程中，驾驶员的感知、判断和操纵三者中任何一项出现失误，均

可能引起道路交通事故。虽然驾驶员的感知、判断和操纵能力均可通过长期训练得到加强，但若要长期坚持安全驾驶，减少或避免交通事故发生，是需要不断地提高驾驶员的职业道德来保障的。

（一）高度的社会责任感是保障交通安全的基础

安全行车是驾驶员的首要职责。驾驶员必须具备高度的社会责任感，时刻警惕自己，尊重生命，把人民群众的生命财产安全放在首位；重视安全行车，自觉执行驾驶操作规程和各项安全规定；服从交通管理，文明行车，保障交通安全。做到“谨慎驾驶、安全第一”，确保国家财产安全和人民生命财产安全。

（二）遵章守纪、文明行车是保障交通安全的关键

文明是由使人类摆脱野蛮状态的所有社会行为和自然行为所构成的集合。遵章守纪，文明驾驶，礼让行车，是一个合格驾驶员应该具备的优秀道德品质，同时也能体现社会精神文明建设的水平。造成交通安全事故的三个症结：一是行车速度快；二是行车不礼让；三是行车不文明。驾驶员应该具备文明的驾驶礼仪，这不仅是驾驶员文明素质的基本要求，更对减少交通事故、保障交通安全起着重要作用。

三、培养良好的驾驶作风和职业习惯

良好的驾驶作风和职业习惯是安全行车的先决条件。能否实现安全行车，不仅与驾驶员的思想素质、技术水平有关，还与其个性、修养有关。一个合格的驾驶员应该具有良好的驾驶作风，形成良好的职业习惯，具备良好的道德修养。

（一）驾驶员要养成遵纪守法的职业习惯

对于驾驶员来说，要自觉养成严格执行《道路交通安全法》及相关法规规定和驾驶员操作规程的习惯。驾驶员只有通过认真学习交通安全法律法规，提高交通安全意识，并把遵纪守法贯穿于日常驾驶活动中，养成良好的驾驶习惯，才能避免或减少交通事故的发生，保障自身及他人的生命财产安全。

（二）驾驶员要养成认真谨慎的职业习惯

驾驶员应该在驾驶活动中培养认真谨慎的职业习惯。虽然驾驶员在生活中长期养成的态度和行为方式有所不同，但交通事故发生的原因没有例外，多数交通事故都是驾驶员不认真造成的。认真谨慎是一种习惯，要想在关键时刻不出错，就必须在日常生活中养成认真做事的习惯。认真谨慎的习惯必须从驾驶员开始学习驾驶技术时就进行有意识的培养，并在学习驾驶技术的活动中坚持下来，才能更好地掌握驾驶技术并养成良好的驾驶习惯。通过认真学习，了解交通安全法律法规，才能形成法律责任意识；了解车辆的技术性能，才能感知车辆的技术故障；了解道路特点，才能安全驾驶；了解突发情况，才能冷静应对；了解车辆机械原理，才能理解驾驶规范。因此，

驾驶员应该始终如一地在驾驶活动中保持认真谨慎的态度，避免危险驾驶，保障行车安全。

（三）驾驶员要培养预见性驾驶习惯

预见性驾驶是指驾驶员在驾驶活动中对交通参与因素（可能影响驾驶安全的人、物、天气、道路环境等）形成比较准确的预判，提前做好减速、制动、转向等预防措施，降低突发事件的发生概率，确保行车安全。预见性驾驶能力的培养是一个长期的过程，也是驾驶员综合素质和整体驾驶能力的体现。预见性驾驶习惯随着驾驶员对车辆的操控能力、对道路环境的感知能力、对复杂交通环境的应对能力、对特殊状况的处置能力的提高而逐渐形成，也随着驾驶员驾驶经验的丰富、实践的积累、不断的学习和总结而提高。

（四）驾驶员要培养文明驾驶的习惯

行车文明之礼，贵在一个“先”字。在驾驶活动中，思想上应做到“安全意识当先”“交通规则当先”“文明行车意识当先”；行动上应做到“先让”“先慢”“先停”。现实生活中，由交通事故带来的惨痛教训告诉我们，做到文明驾驶，不仅是社会文明进步的需要，更是交通安全的需要。驾驶员应在学习驾驶技术之前，先养成文明的习惯，才能文明驾驶，确保交通安全。

小提示：

在驾驶车辆的过程中，若有不按规定佩戴安全带、行车过程中吃零食、接打手持电话、不按规定礼让行人、不按规定使用灯光等不文明交通行为，驾驶员均要承担相应的法律责任。

第二章 汽车基础知识

§2–1 汽车的整体构造

学习目标

1. 了解汽车的整体构造。
2. 熟知汽车每个组成部分的作用。

汽车一般由发动机、底盘、车身和电气系统四个部分组成。典型轿车的整体构造如图 2–1–1 所示。

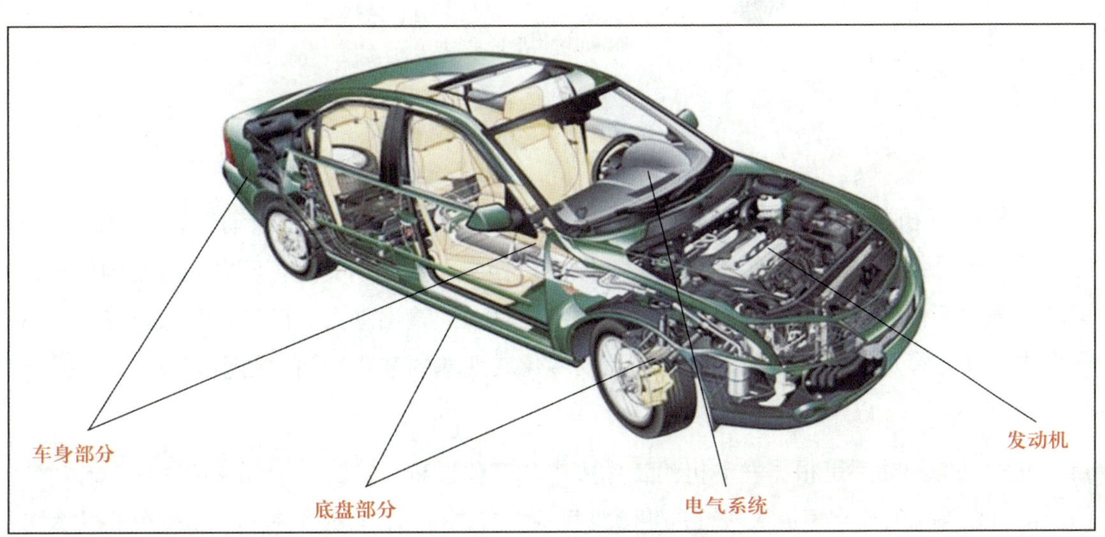

图 2–1–1 汽车的整体构造

一、发动机

发动机是汽车的动力装置，其作用是使燃料燃烧产生动力，然后通过底盘的传动系驱动车轮使汽车行驶。现代发动机广泛采用往复活塞式内燃机，汽油发动机由曲柄连杆机构、配气机构、燃料供给系、润滑系、冷却系、点火系、起动系组成；柴油发动机由曲柄连杆机构、配气机构、燃料供给系、润滑系、冷却系、起动系组成，它的点火方式为压燃式，所以无点火系。汽油发动机的整体构造如图 2–1–2 所示。

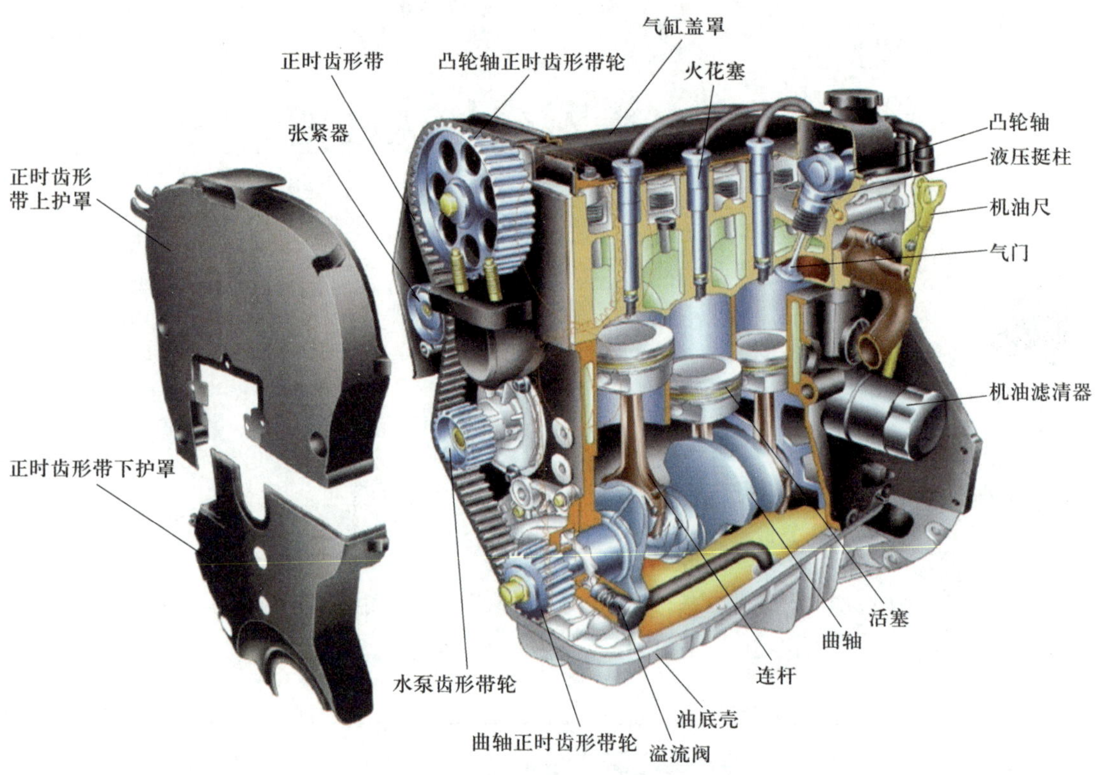

图 2–1–2　汽油发动机的整体构造

（一）曲柄连杆机构

曲柄连杆机构是发动机实现工作循环、完成能量转换的主要运动部件。它由机体组、活塞连杆组和曲轴飞轮组等组成。在做功行程中，活塞承受燃气压力在气缸内作直线运动，通过连杆转换成曲轴的旋转运动，并由曲轴对外输出动力。而在进气、压缩和排气行程中，飞轮释放能量又把曲轴的旋转运动转化成活塞的直线运动，如图 2–1–3 所示。

（二）配气机构

配气机构的功用是根据发动机的工作顺序和工作过程，定时开启和关闭进气门和排气门，使可燃混合气或空气进入气缸，并使废气从气缸内排出，实现换气过程。配气机构大多采用顶置气门式配气机构，一般由气门组、气门传动组和气门驱动组组成，如图 2–1–4 所示。

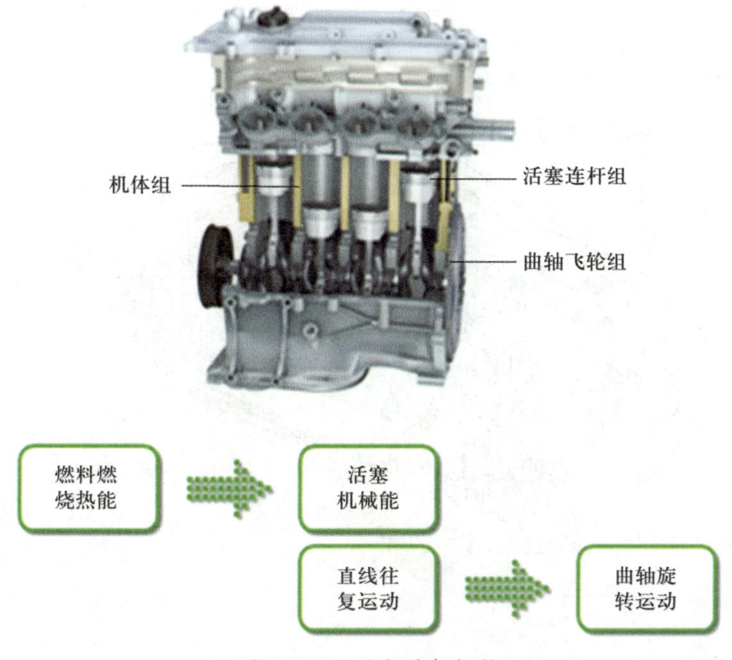

图 2-1-3　曲柄连杆机构

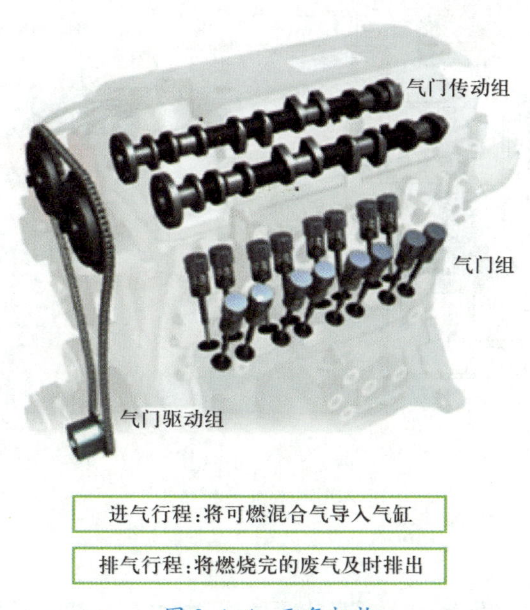

图 2-1-4　配气机构

（三）燃料供给系

汽油发动机燃料供给系的功用是根据发动机的要求，配制出一定数量和浓度的可燃混合气，供入气缸，并将燃烧后的废气从气缸内排出；柴油发动机燃料供给系的功用是把柴油和空气分别供入气缸，在燃烧室内形成混合气并燃烧，最后将燃烧后的废气排出。燃料供给系的组成如图 2-1-5 所示。

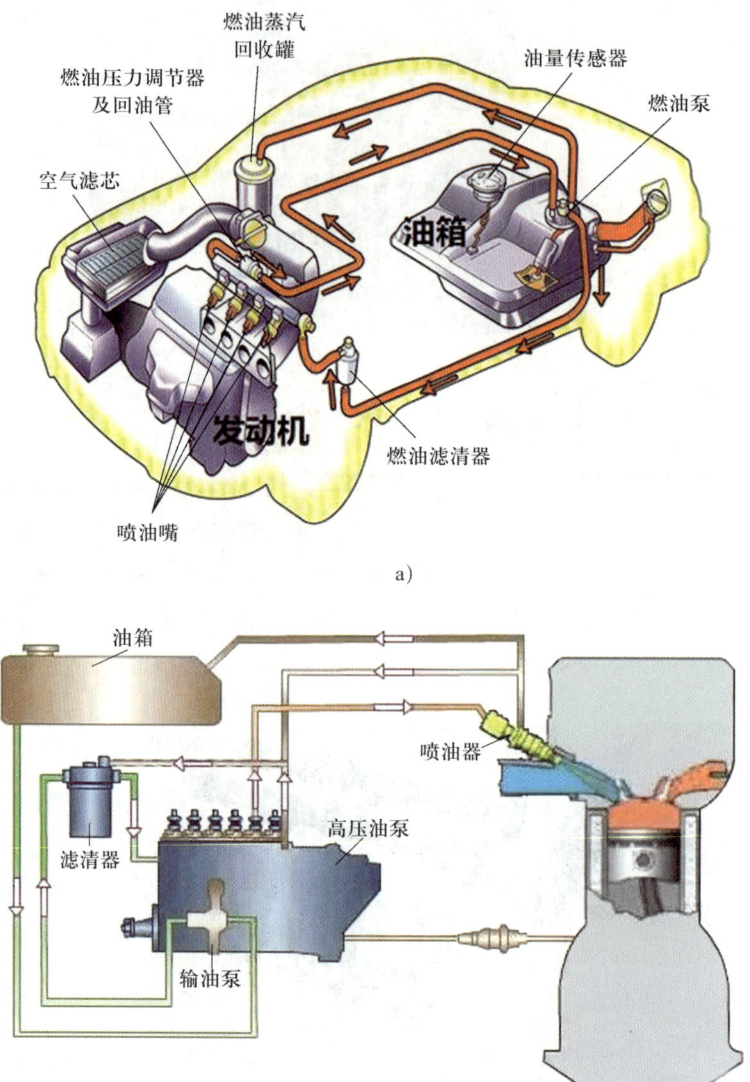

图 2-1-5 燃料供给系

a）汽油发动机 b）柴油发动机

小提示：

目前很多汽油发动机汽车上使用了缸内直喷技术。缸内直喷又称 FSI(Fuel Stratified Injection)，即燃料分层喷射技术，将燃油由喷嘴直接喷入气缸内。该技术可以进一步提高汽油发动机热效率并降低排放。这项由柴油发动机衍生而来的技术目前已经广泛应用。

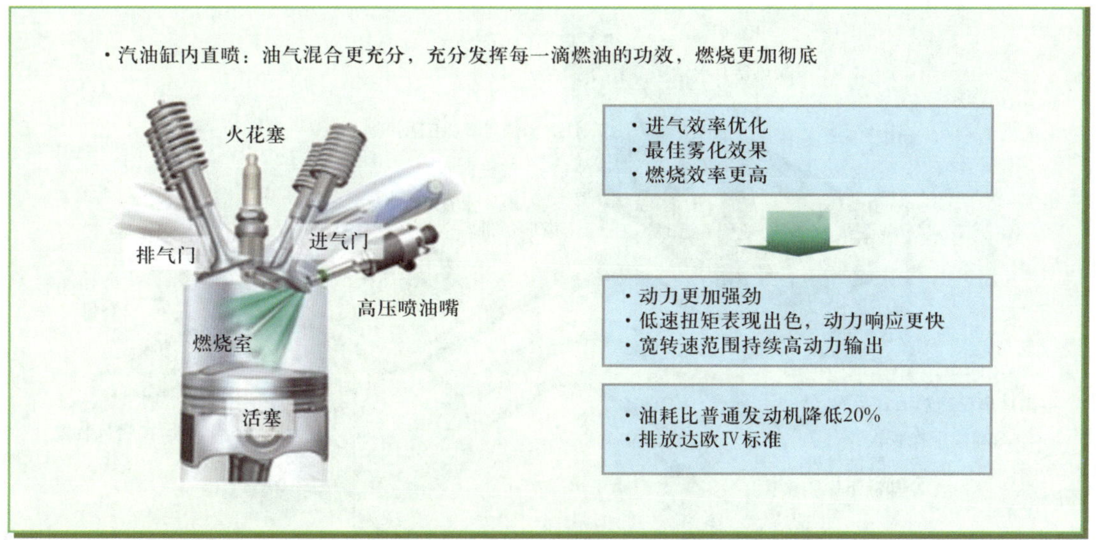

（四）润滑系

润滑系的功用是向做相对运动的零件表面输送定量的清洁润滑油，减轻机件的磨损，并对零件表面进行清洗和冷却。润滑系通常由油道、机油泵、机油滤清器和一些阀门等组成，如图 2–1–6 所示。

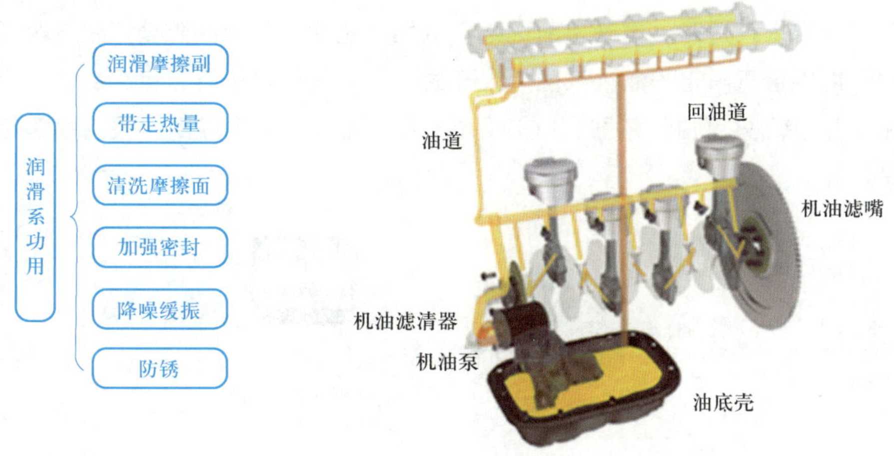

图 2–1–6　润滑系

（五）冷却系

冷却系的功用是将受热零件吸收的部分热量及时散发出去，保证发动机在最适宜的温度状态下工作。水冷发动机的冷却系通常由冷却水套、水泵、风扇、水箱、节温器等组成，如图 2–1–7 所示。

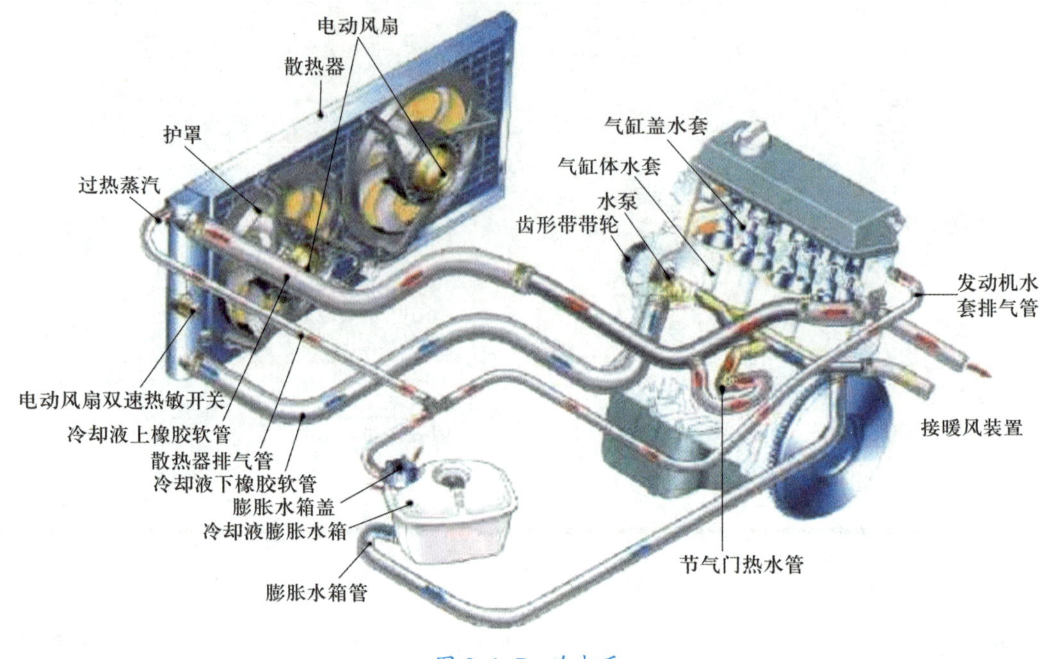

图 2–1–7　冷却系

（六）点火系

点火系的功用是将汽车电源供给的低压电转变为高压电，并按照发动机的做功顺序与点火时间的要求，适时、准确地配送给各缸的火花塞，在其间隙处产生电火花，点燃气缸内的可燃混合气。电子点火系由点火开关、点火信号发生器、点火线圈、火花塞等组成。微机控制点火系由传感器、ECU（电子控制器）、点火线圈、火花塞等组成，如图 2–1–8 所示。

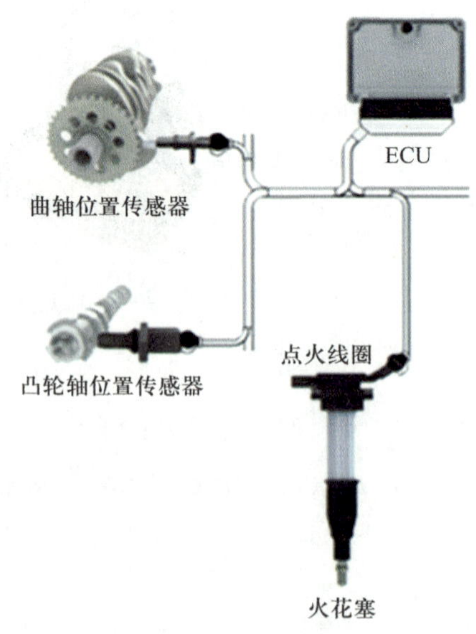

图 2–1–8　点火系

小提示：

柴油发动机的点火方式为压燃式，纯净的空气在气缸内压缩，随着气体温度和压力升高，喷入雾化的高压柴油，与空气迅速混合并燃烧，所以柴油发动机在结构上没有点火系。

（七）起动系

起动系的功用是供给发动机曲轴转动转矩，使发动机达到必需的起动转速，以使发动机进入自行运转状态。起动系由蓄电池、直流电动机和起动控制电路等组成，如图 2–1–9 所示。

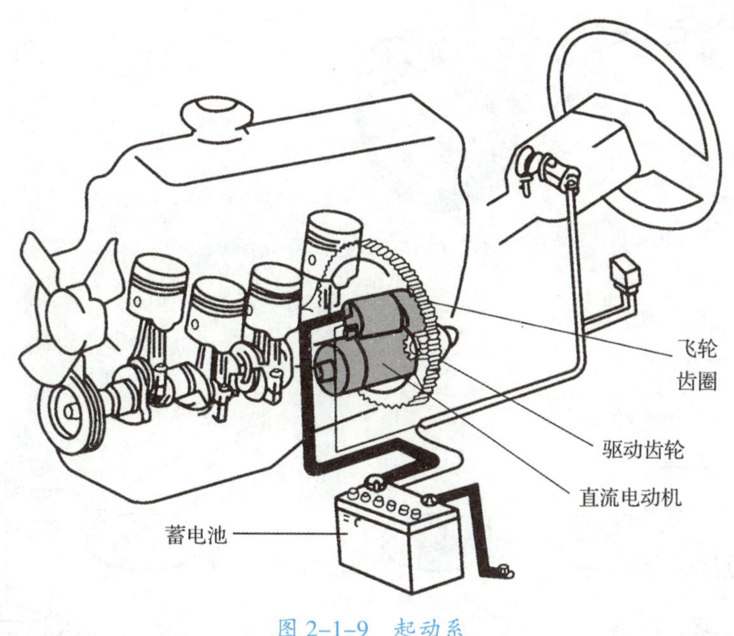

图 2–1–9 起动系

二、底盘

底盘接受发动机的动力，使汽车产生运动，并保证汽车按照驾驶员的操纵正常行驶，如图 2–1–10、图 2–1–11 所示。

（一）传动系

将发动机的动力传给驱动轮。传动系包括离合器（液力变矩器）、变速器、传动轴、驱动桥等部件，如图 2–1–12 所示。

（二）行驶系

将汽车各总成及部件连成一个整体并对全车起支撑作用，以保证汽车正常行驶。行驶系包括车架、车桥、车轮、悬架（前悬架和后悬架）等部件，如图 2–1–13 所示。

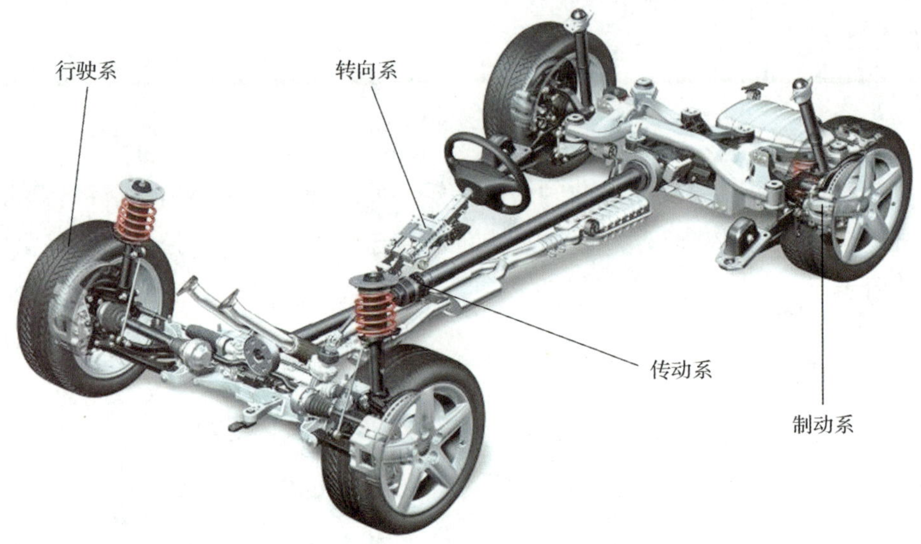

图 2-1-10　汽车底盘的整体构造

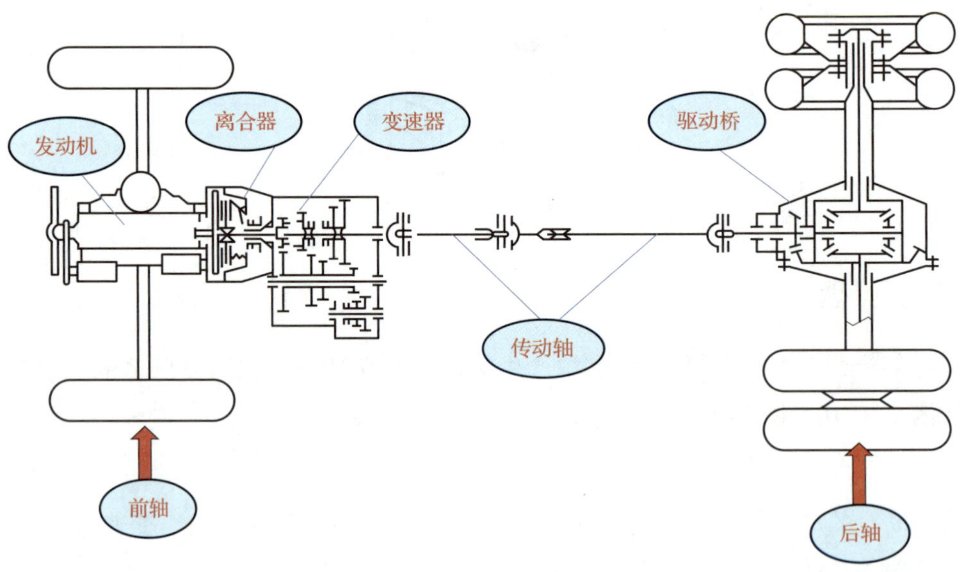

图 2-1-11　汽车典型底盘结构平面图

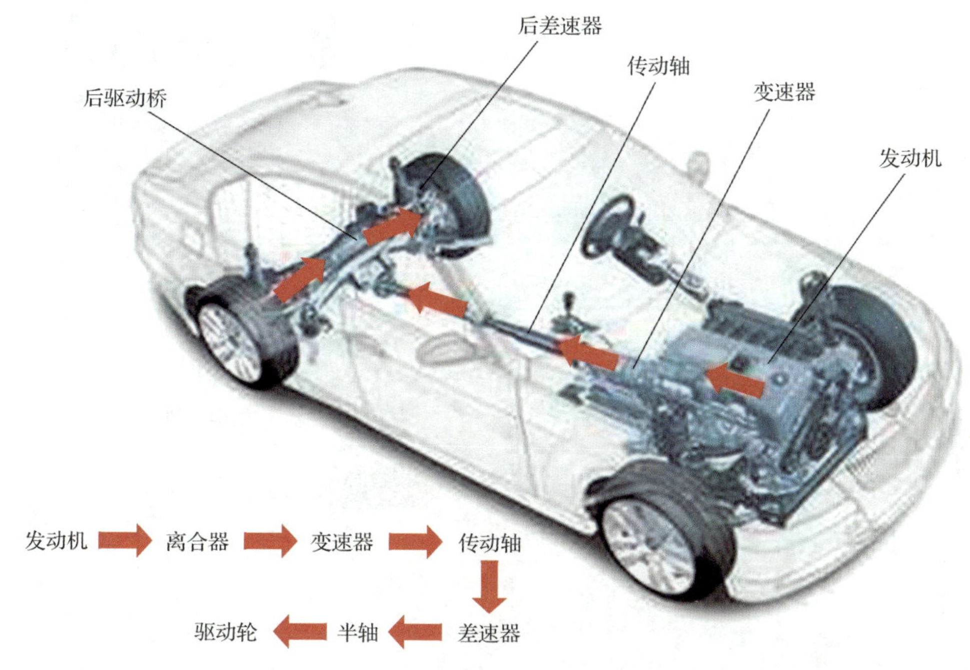

图 2-1-12　传动系

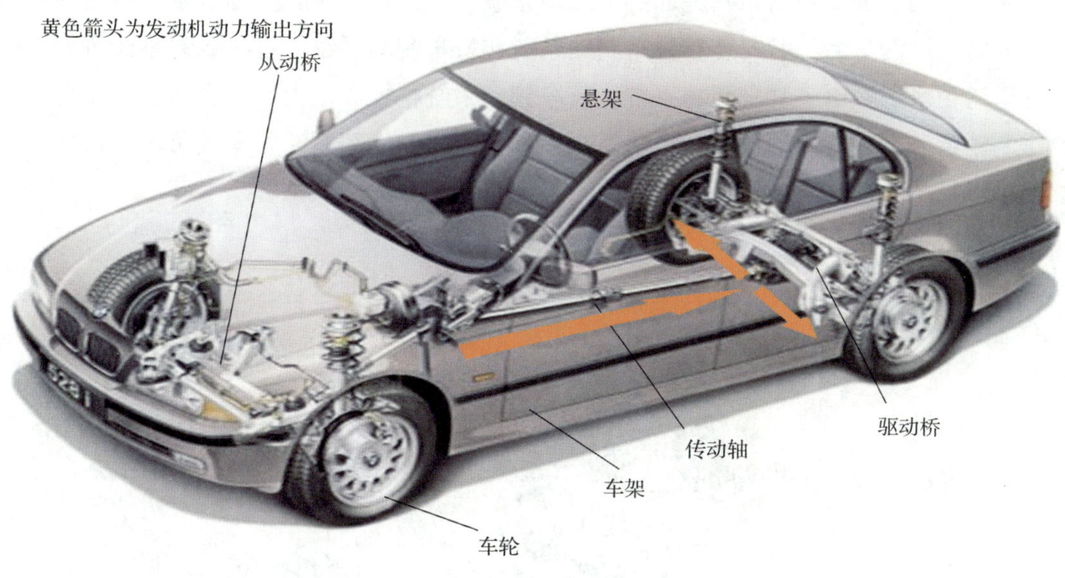

图 2-1-13　行驶系

（三）转向系

保证汽车能按照驾驶员选择的方向行驶，由转向器及转向传动装置组成。目前车辆采用的转向系统有机械转向系统、真空助力转向系统、液压助力转向系统和电动助力转向系统。图 2-1-14 所示为液压助力转向系统。

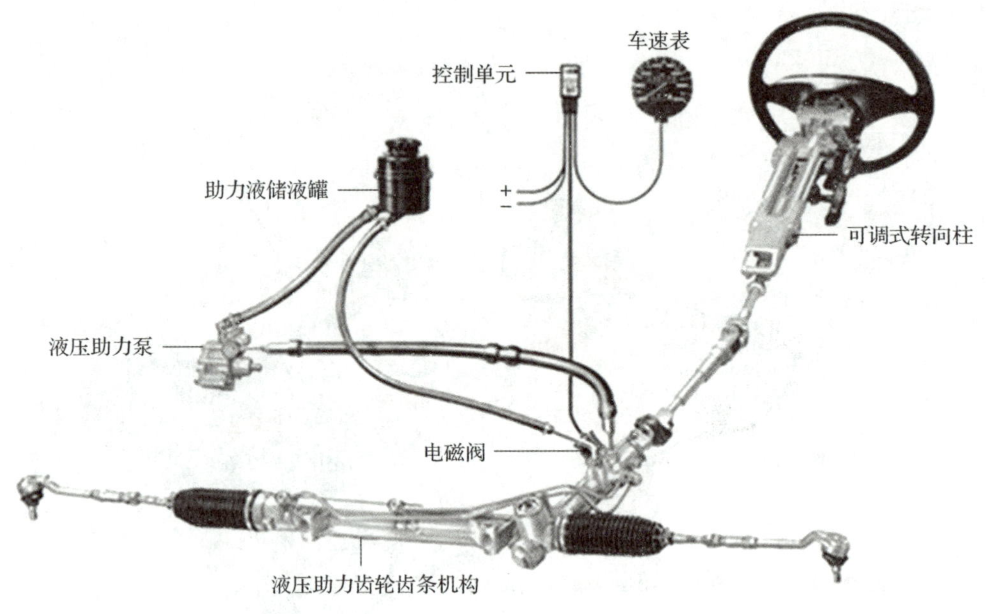

图 2-1-14　液压助力转向系统

（四）制动系

使汽车减速或停车，并保证驾驶员离开后汽车能可靠地停驻。每辆汽车的制动系都包括若干个相互独立的制动系统，每个制动系统都由供能装置、控制装置、传动装置和制动器组成。汽车上一般安装有驻车制动系统和行车制动系统。驻车制动系统可分为机械驻车制动系统和电子驻车制动系统。行车制动系统根据制动力传递介质不同，可分为液压制动系统和气压制动系统。目前轿车多采用液压制动系统，客车或货车多采用气压制动系统。制动系如图 2-1-15 所示。

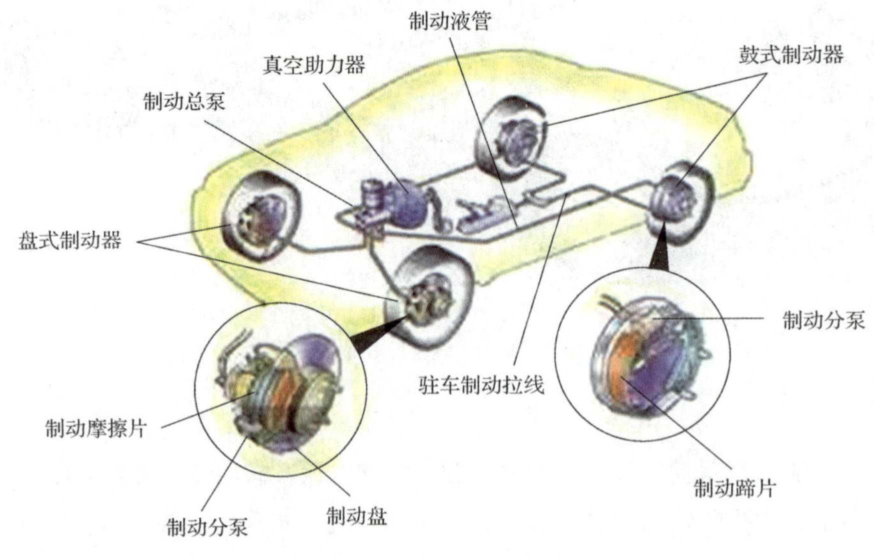

图 2-1-15　制动系

三、车身

车身安装在底盘的车架上，用于驾驶员、旅客乘坐或装载货物。轿车、客车的车身一般是整体结构，货车车身一般是由驾驶室和货箱两部分组成。车身主要分为非承载式和承载式两种。使用非承载式车身的车型比较少，多数是卡车、专业越野车之类。非承载式车身如图 2–1–16 所示，承载式车身如图 2–1–17 所示。

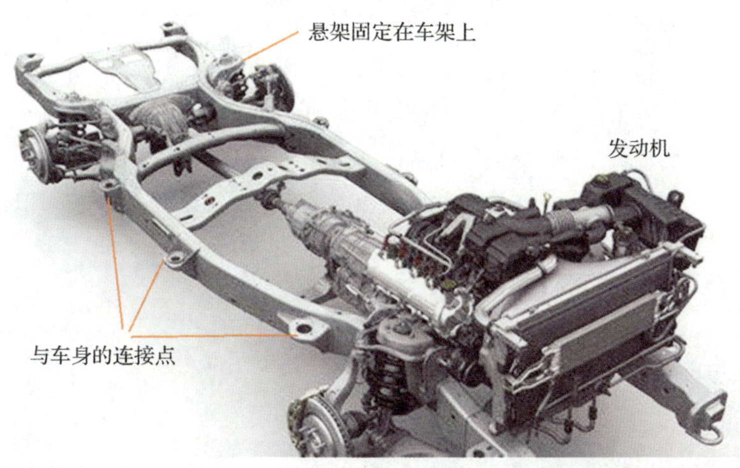

图 2–1–16　非承载式车身

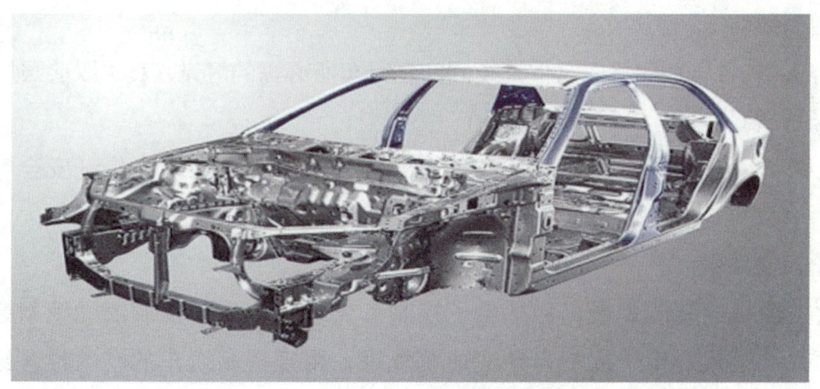

图 2–1–17　承载式车身

四、电气系统

现代汽车所装备的电气系统，按其用途可大致划分为以下四部分。

（一）电源系统

电源系统包括蓄电池、发电机、电压调节器等。前两者并联工作，发电机是主电源，蓄电池是辅助电源。发电机配有电压调节器的作用是在发电机转速升高时，自动调节发电机的输出电压使之保持稳定。电源系统如图 2–1–18 所示。

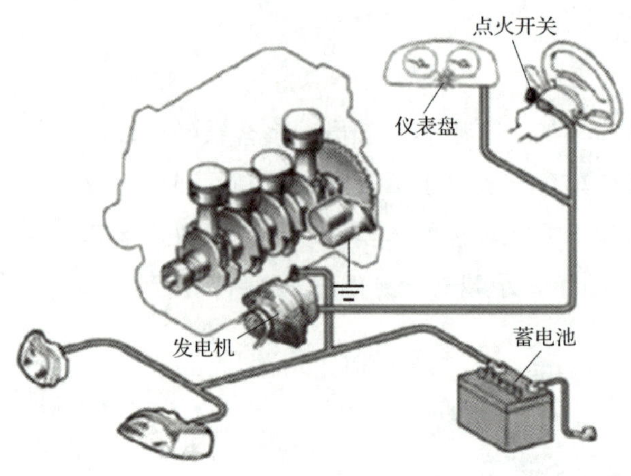

图 2-1-18　电源系统

（二）用电系统

汽车上的用电系统大致可分为以下几类。

1. 起动系

主要机件是起动机，其任务是起动发动机。

2. 点火系

汽油发动机的组成部分，包括电子点火系统或传统点火系统的全部组件。其任务是产生高压电火花，按发动机的工作顺序点燃气缸内的可燃混合气。

3. 照明系统

包括车内、外各种照明灯以及保证夜间安全行车所必需的灯光，其中以前照灯最为重要。

4. 信号系统

包括电喇叭、蜂鸣器、闪光器及各种信号灯等，主要用来发出保证安全行车所必要的信号。

5. 电子控制系统

主要指由微机控制的装置，包括电子控制点火装置、电子控制燃油喷射装置、电子控制防抱死制动装置、电子控制自动变速装置等，用来提高汽车的动力性、经济性、安全性、排气净化能力和操纵自动化水平等。

6. 辅助电器

包括刮水器（雨刮）、低温起动预热装置、空调、收音机、点烟器、防盗装置、玻璃升降器、座椅调节器等。辅助电器有日益增多的趋势，主要向舒适、娱乐、保障安全的方向发展。

（三）检测系统

包括各种检测仪表，如电压表、电流表、水温表、油压表、燃油表、车速里程表、发动机转速表和各种报警灯，用来检测发动机和其他装置的工作情况。

（四）配电系统

配电系统包括中央接线盒、电路开关、熔断保护装置、插接件和导线等，以保证线路工作的可靠性和安全性。

汽车电气系统的分布与组成如图 2–1–19 所示。

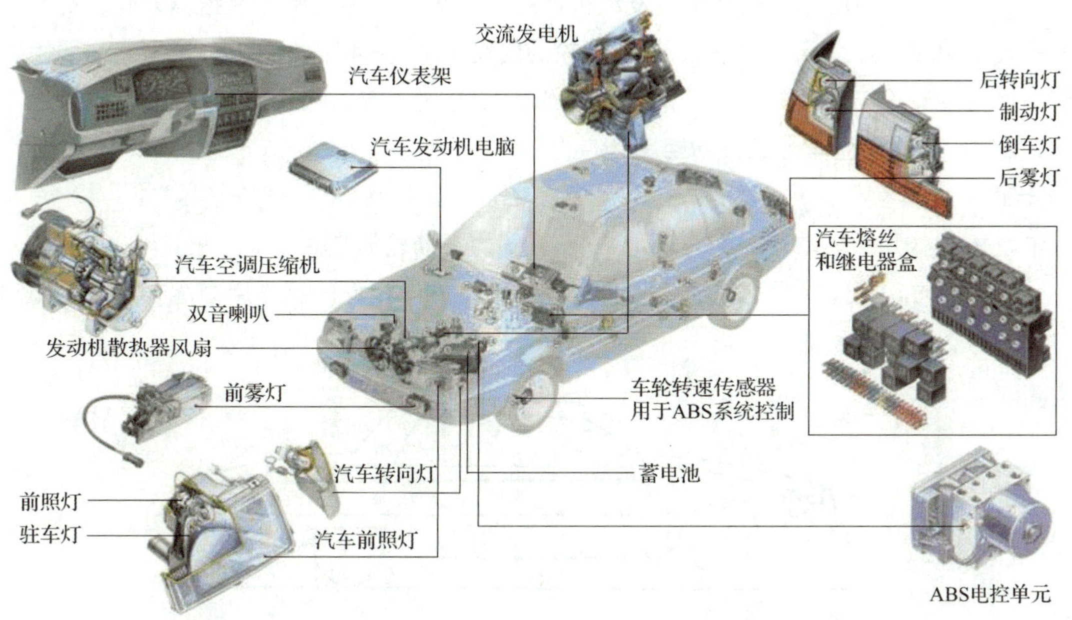

图 2–1–19 汽车电气系统的分布与组成

§ 2–2 汽车的性能及评价指标

学习目标

1. 了解汽车行驶的基本原理。
2. 熟悉汽车性能的主要评价指标。
3. 了解汽车使用情况对车辆性能的影响。

一、汽车行驶的基本原理

要使汽车行驶，必须具备两个基本条件：驱动条件和附着条件。

（一）驱动条件

汽车必须具有足够的驱动力以克服各种行驶阻力。

1. 汽车行驶的驱动力与行驶阻力

（1）汽车的驱动力

汽车的驱动力由发动机产生。发动机产生的转矩经过传动系传递给驱动轮，驱动轮上的转矩 M_t 力图使驱动轮旋转。在驱动轮的转矩 M_t 的作用下，由于车轮与路面的附着作用，驱动轮在与路面的接触处对路面产生作用力 F_0，其大小为转矩 M_t 与驱动轮的半径 r 之比，方向与汽车行驶方向相反。

$$F_0 = M_t/r$$

式中，M_t 为作用于驱动轮上的转矩（N·m）；r 为驱动轮的半径（m）。

与此同时，路面对驱动轮产生一个大小相等、方向相反的反作用力 F_t，这就是驱动力，如图 2–2–1 所示。

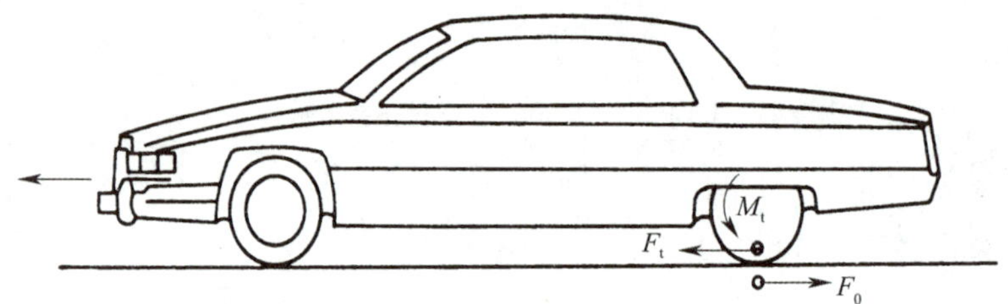

图 2–2–1　驱动力的产生

（2）汽车的行驶阻力

汽车行驶时需要克服各种阻力，主要包括滚动阻力 F_f、空气阻力 F_w、坡度阻力 F_i 和加速阻力 F_j。汽车的行驶阻力为 $\sum F = F_f + F_w + F_i + F_j$。

1）滚动阻力 F_f

由车轮滚动时轮胎与路面发生变形而产生。

$$F_f = W_t \cdot f$$

式中，F_f 为滚动阻力（N）；W_t 为车轮载荷（N）；f 为滚动阻力系数。

滚动阻力系数与轮胎结构、轮胎气压、车速和路面性质等有关。

2）空气阻力 F_w

汽车行驶时受到的空气作用力在行驶方向上的分力称为空气阻力。空气阻力由压力阻力与摩擦阻力两部分组成。

压力阻力是空气作用在汽车外表面上的法向压力的合力在行驶方向上的分力。摩擦阻力是由于空气具有黏性，空气在车身表面摩擦所产生的切向力的合力在行驶方向上的分力。

影响空气阻力大小的因素主要有汽车形状、迎风面积和车速。在汽车行驶速度范围内，空气阻力与车速的平方成正比，当车速很高时，空气阻力是行驶阻力的主要部分。

3）坡度阻力 F_i

当汽车上坡行驶时，汽车重力沿坡道的分力称为汽车坡度阻力。

$$F_i = G \cdot \sin\alpha$$

式中，G 为汽车重力（N）；α 为坡度角。道路的坡度是以坡高 h 与底长 s 之比来表示，即 $i = h/s = \tan\alpha$ 。

根据我国的公路设计标准，高速公路在平原微丘区的最大坡度为 3%，在山岭重丘区的最大坡度为 5%；一般四级公路在山岭重丘区的最大坡度为 9%。当坡度不大时，$\cos\alpha \approx 1$，$\sin\alpha \approx \tan\alpha = i$，则 $F_i \approx G \cdot i$。

4）加速阻力 F_j

汽车加速行驶时，需要克服汽车质量加速运动时的惯性力，这就是加速阻力。汽车的质量越大，加速阻力越大。

2. 汽车行驶的驱动条件

汽车行驶的过程，是驱动力能否克服各种阻力的交替变化过程：当 $F_t = \sum F$ 时，汽车匀速行驶或静止；当 $F_t > \sum F$ 时，汽车才能起步或加速行驶；当 $F_t < \sum F$ 时，汽车减速乃至停驶。

汽车行驶的驱动条件：$F_t \geqslant \sum F$。

（二）附着条件

驱动力的最大值一方面取决于发动机可能发出的最大转矩和变速器换入最低挡的传动比，另一方面又受到轮胎与路面的附着作用限制。

1. 汽车行驶的附着条件

（1）附着力

路面对轮胎的切向反作用力的极限值称为附着力 F_φ。附着力与路面对驱动轮的法向反作用力 F_z 成正比：$F_\varphi = F_z \cdot \varphi$（$\varphi$ 为附着系数）。

（2）汽车行驶的附着条件

驱动力不能大于附着力，即

$$F_t \leqslant F_\varphi = F_z \cdot \varphi。$$

（3）驱动条件与附着条件

要使汽车行驶，必须同时满足驱动条件和附着条件，即

$$\sum F \leqslant F_t \leqslant F_\varphi。$$

2. 影响汽车附着力的因素

（1）附着系数 φ

主要取决于路面的种类和状况、轮胎结构及材料、轮胎气压等。

硬路面的附着系数较高。但当路面有尘土覆盖或潮湿后，附着系数显著下降。轮胎

的结构及材料对附着系数的影响也很显著。花纹细而浅的轮胎在硬路面上有较大的附着系数，花纹宽而深的轮胎则在松软路面上有较大的附着系数。低气压、宽断面和子午线轮胎，与路面接触面积大，附着系数比一般轮胎高。当车速提高时，附着系数下降。严寒冬季在冰雪路面上行驶的车辆易打滑，为了增加附着力，可采用特殊花纹的轮胎或在轮胎上缠绕防滑链，也可采取在路面撒砂等应急措施。

（2）路面对驱动轮的法向反作用力 F_z

该作用力与汽车的总体布置、行驶状况及道路的坡度有关。

对于两轮驱动的汽车，只有作用在驱动轮上的法向反作用力才能产生附着力，而该反作用力与汽车重力在前、后车轮上的分配比例有关。对于全轮驱动的汽车，所有车轮都是驱动轮，附着力最大。后轮驱动的汽车在加速或上坡时，路面对驱动轮的法向反作用力增加；前轮驱动的汽车则相反。

二、汽车的主要性能指标

评价汽车性能的指标主要有动力性、经济性、制动性、通过性、操纵稳定性以及平顺性等。

（一）汽车的动力性

1. 汽车动力性的评价指标

汽车的动力性可用最高车速、加速能力、爬坡能力三个指标来评价。

（1）汽车的最高车速是指汽车满载时，在平直良好的路面上（水泥路面和沥青路面）能达到的最高行驶速度。

（2）汽车的加速能力是指汽车在行驶中迅速增加行驶速度的能力。汽车的加速能力常用汽车的原地起步加速性和超车加速性来评价。

（3）汽车的爬坡能力是指汽车满载时，在良好的路面上以最低前进挡所能爬行的最大坡度（货车一般为30%，即16.5°左右；越野车一般为60%，即30°左右）。

2. 影响汽车动力性的主要因素

（1）结构因素

主要有发动机参数、主减速器速比、变速器的挡数和速比、汽车外形和轮胎等。

（2）使用因素

主要有汽车的技术状况、维护质量、运行条件以及驾驶员的驾驶技术等。

（二）汽车的经济性

1. 汽车经济性的评价指标

汽车的经济性可用单位行驶里程燃料消耗量、单位运输工作量的燃料消耗量两个指标来评价。

（1）单位行驶里程燃料消耗量（kg/100 km 或 L/100 km），也称百公里油耗。该指标只能用于比较同类型汽车的燃料经济性，也可分析不同部件装在同一汽车上对燃料经济性的影响。

（2）单位运输工作量的燃料消耗量（kg /100 t · km 或 L/100 t · km），也称百吨公里油耗。该指标可用于比较不同类型、不同装载质量汽车的燃料经济性。

2. 影响汽车经济性的主要因素

（1）行驶速度

由于汽车的经济车速接近中速，中速行驶时比较省油，所以保持汽车中速行驶是提高燃料经济性的有效途径。

（2）挡位使用

在良好路面上尽量用高速挡行驶，高速挡行驶比较省油，但节气门开度不能过大，否则加浓装置参与工作，油耗反而上升。

（3）汽车的技术状况

为了保持汽车良好的技术状况，必须认真执行汽车维修规范，正确地维护和调整汽车总成部件，降低汽车的行驶阻力。

（4）驾驶及使用水平

保持正常的发动机冷却液温度和润滑油温度以及传动系各总成的温度；保持汽车以接近各挡位的经济车速行驶，路况允许时采用高速挡行驶；驾驶操作应做到脚快手快，起步、行驶应缓加速，换挡要及时，行驶中采用预见性制动，尽量避免紧急制动。

（5）运行条件

气温、海拔高度、道路情况等，对燃料经济性的影响很大。大气温度影响发动机进气温度；汽车在高原地区行驶时，由于空气稀薄，发动机进气量不足，发动机动力性、燃料经济性下降；道路情况和交通流量等对汽车燃料经济性的影响也很大。

（三）汽车的制动性

1. 汽车制动性的评价指标

汽车的制动性主要从制动效能、制动抗热衰退性（制动效能的恒定性）和制动时汽车的方向稳定性三个方面来评价。

（1）制动效能是指汽车迅速降低行驶速度直至停车的能力。制动效能是汽车制动性能最基本的评价指标，由一定初速度下的制动距离、制动减速度和制动时间来评价。

（2）制动抗热衰退性是指汽车高速行驶时制动、短时间内多次重复制动或下长坡连续制动时制动效能的热稳定性。

（3）制动时汽车的方向稳定性是指汽车在制动时按指定轨迹行驶的能力，即不发生跑偏、侧滑或失去转向的能力。通常规定一定宽度的试验通道，制动时方向稳定性良好的汽车，在试验时不允许产生不可控制的效能使汽车偏离试验通道。

2. 影响汽车制动性的主要因素

（1）汽车装载质量

汽车装载质量影响轴间载荷和轮胎附着力的大小，制动距离会由于装载质量不同而有差异。实践证明，装载质量越大，制动距离会相应增长。

（2）制动的初速度

制动初速度高，通过制动消耗的运动能量就大，制动距离就长；制动初速度越高，通过制动器转化的热量就越多，导致制动器温度越高，制动摩擦副热衰退越严重，制动力明显减弱，制动距离增长。

（3）车轮制动器

车轮制动器摩擦副材料对于制动器的摩擦力矩和制动效能的热衰退有很大影响；制动摩擦副表面不清洁、摩擦副间隙过大等，造成制动反应时间延长，制动距离增加。下长坡制动时应采取降温措施，减缓制动器性能的热衰退。

（4）道路情况

在不同的路面上，轮胎附着系数不同，制动时产生的路面制动力也不同。在相同车速下，附着系数越大，制动距离就越短，反之就越长。

（5）多用发动机的牵阻制动

松抬加速踏板，但不脱离开发动机，利用发动机的压缩行程产生的压缩阻力、内摩擦力和进排气阻力对驱动轮形成制动作用。汽车下长坡和预见性制动时常采用发动机作为辅助制动器。

（6）ABS 制动装置

ABS 制动装置可使车轮在制动时处于即将抱死而未抱死的状态（车轮边滚动边滑动），制动力最大，制动效能最佳。

（四）汽车的通过性

汽车的通过性是指汽车在一定装载质量下，以足够高的平均车速通过各种路况（凹凸路等）及无路面时克服各种障碍物的能力，也称汽车的越野性。

1. 汽车通过性的几何参数

（1）最小离地间隙 h

最小离地间隙 h 是指汽车（除车轮外）的最低点与路面之间的距离，如图 2–2–2 所示。它表明汽车无碰撞地越过石块、土堆和树桩之类障碍物的能力。

（2）接近角 α

从汽车前端最低点向前轮外缘引一条切线，切线与路面形成的夹角称为接近角，如图 2–2–3 所示。它表明汽车接近障碍物时不发生碰撞的可能性。如果接近角过小，汽车在接近障碍物时，汽车前部碰触障碍物，出现汽车前端被顶起而无法通过的“触头失效”现象。汽车的前悬越短，接近角越大，其通过性越好。

图 2–2–2　最小离地间隙

（3）离去角 β

从汽车后端最低点向后轮外缘引一条切线，切线与路面形成的夹角称为离去角，如图 2–2–3 所示。如果离去角过小，汽车在离开下坡路、土堆等障碍时，汽车后端与路面障碍发生碰擦，出现汽车后端被托住而无法通过的“拖尾失效”现象。汽车的离去角越大，其通过性越好。

（4）通过角

通过角也是表征汽车通过能力的参数，如图 2–2–3 所示。

图 2–2–3　接近角、离去角及通过角

（5）纵向通过半径 R

纵向通过半径 R 是指与汽车前、后轮及两轴之间最低点相切圆的半径，如图 2–2–4 所示。它表明汽车通过小丘、拱桥等路面的能力。如果离地间隙过小、纵向通过半径 R 过大，汽车在通过小丘、拱桥及凸起路面时，车辆中间底部零部件与路面障碍物碰触，出现汽车被顶起而无法通过的“顶起失效”现象。汽车的纵向通过半径越小，其通过性越好。

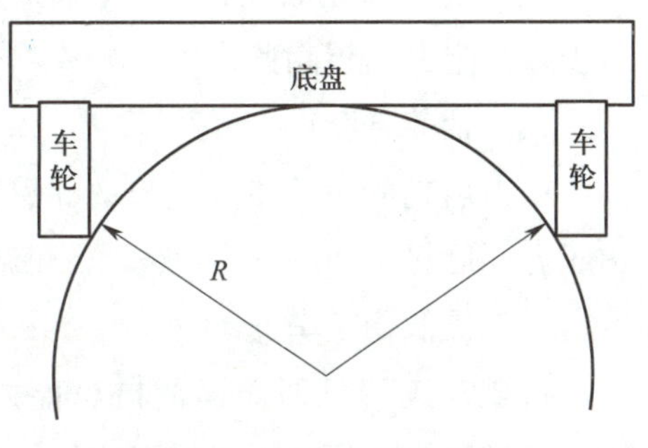

图 2–2–4　纵向通过半径

（6）最小转弯半径 r

汽车向左或向右转弯，当转向盘转到极限位置时，转向中心到汽车外侧车轮轨迹的两个最小距离中，数值较大的一个，称为汽车的最小转弯半径，如图 2-2-5 所示。汽车的最小转弯半径 r 小，表明汽车转弯时所占的空间小，汽车转弯灵活性好。

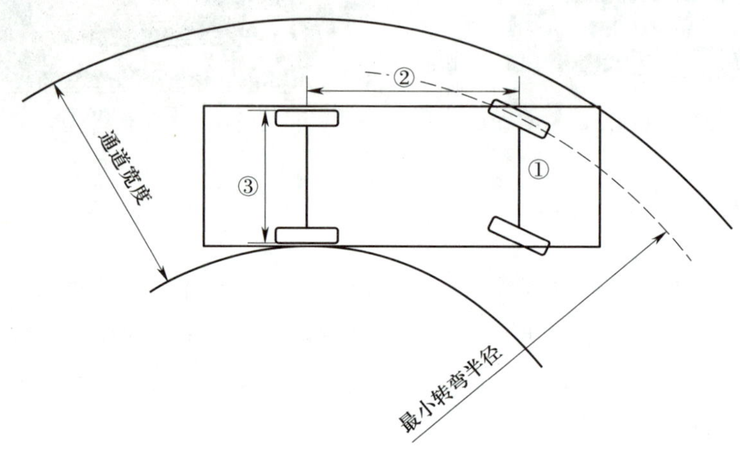

图例：① 前轮最大转向角；② 轴距；③ 轮距

图 2-2-5　最小转弯半径

2. 影响汽车通过性的主要因素

（1）轮胎

汽车在松软路面上行驶时，适当地降低轮胎气压可以使轮胎与路面的接触面积增加，降低轮胎对路面的单位压力，增加附着系数。汽车在坚硬路面上行驶时，适当地提高轮胎气压，可减少轮胎变形，减少滚动阻力。另外，轮胎胎面花纹对附着系数有很大影响，应根据不同的使用条件选择不同花纹的轮胎。

（2）驾驶方法

驾驶方法对汽车的通过性也有很大影响，驾驶员应针对不同情况采取不同的驾驶方法。

（3）前、后轮轮距

汽车前、后轮的轮距相等，轮胎宽度相同时，后轮可以沿着前轮压实的轮辙行驶，减少行驶阻力，提高通过性。

（4）轴荷分配

前、后轴的负荷应有适当的比例，前轴负荷应比后轴负荷小些。当前轮对路面的单位压力比后轮小 20% ~ 30% 时，可减小在松软路面上的滚动阻力，提高通过性。

（5）最低稳定车速

行驶车速降低时路面的抗剪能力较强，可以提高附着系数，使车轮不易打滑。所以，在较差路面行驶时，用稳定的低速行驶可改善汽车的通过性。

（五）汽车的操纵稳定性

1. 汽车的操纵稳定性

汽车的操纵稳定性是指汽车能否按照驾驶员的意愿自如的加以控制。它包含互相联系的两部分内容，一个是操纵性，另一个是稳定性。操纵性是指驾驶员以最小的修正而能维持汽车按照给定路线行驶的能力，以及按照驾驶员的意愿操纵转向机构以改变汽车行驶方向的能力。稳定性是指汽车受到外界扰动（路面扰动或突然阵风扰动）后，能自行尽快地恢复正常行驶状态和方向，而不发生失控，以及抵抗倾覆、侧滑的能力。

2. 影响汽车操纵稳定性的主要因素

（1）重心位置

降低汽车重心的位置可以提高汽车横向和纵向的稳定性。

（2）汽车的轴距、轮距

加长前、后轴的轴距可以提高汽车的纵向稳定性；加宽轮距，可以提高汽车的横向稳定性。

（3）道路状况

道路平直、附着系数高、弯道半径大、纵坡小、弯道外侧有较高的横向坡度，均能提高汽车行驶的操纵稳定性。

（4）行驶情况

降低汽车在崎岖山区、湿滑路面、急弯道的车速，在转动转向盘时采用早转、少转、缓回等方法来提高操纵稳定性。

（5）转向系的技术状况

随着汽车使用时间的延长，转向系机件的磨损加大，原有的几何尺寸、配合间隙、前轮定位等发生变化，使得转向系技术状况变坏，影响汽车的操纵稳定性。

（6）轮胎的技术状况

汽车在行驶中，轮胎（尤其是前轮轮胎）爆裂会使汽车急剧偏转方向；轮胎表面磨损严重，使其对路面的附着能力变差，易产生滑动或侧滑；修补轮胎造成的前轮不平衡，轮胎气压不足或不均匀，会使汽车行驶时发生摆动而影响汽车的操纵稳定性。

（7）汽车的装载

汽车超长、过偏、捆扎不牢等违章装载都会影响汽车的操纵稳定性。此外，汽车的制动性和转向特性也会影响其操纵稳定性。

（六）汽车的平顺性

汽车行驶时，路面不平会引起振动。汽车行驶时对路面不平度的隔振特性称为汽车的平顺性。

1. 汽车平顺性的评价指标

（1）车身的振动频率

当车身的振动频率为 60 ~ 85 次 /min 时，与人习惯行走的振动频率基本一致；当车身的固有振动频率低于 40 次 /min 时，人有晕车的感觉；当车身的固有振动频率高于 150 次 /min 时，人有明显的冲击感。

（2）加速度

人体的生理反应除受车身振动频率影响外，还受加速度的限制。在某些振动频率下，人体能够承受的加速度比较大，而在另一些振动频率下，人体能够承受的加速度比较小。

2. 影响汽车平顺性的主要因素

（1）道路状况

汽车在不平路面上行驶时，车身和前、后车桥都承受来自路面的冲击作用。汽车振动的强烈程度取决于道路状况和行驶速度。汽车沿不平度交替变化的路面行驶时可引起强迫振动。当强迫振动频率与汽车固有振动频率接近或相等时，便会发生共振。

（2）车身固有振动频率

车身固有振动频率的影响因素有悬架刚度和悬挂质量。润滑不良使得钢板弹簧片之间的摩擦阻力增大，造成悬架刚度增加，车身的振动频率增大，汽车的平顺性变差。悬挂质量影响车身的振动频率。汽车满载比空载时平顺性好，原因是满载时汽车悬挂的质量比空车大，振动频率比空车小。

悬挂装置中采用减振器，对车身固有振动频率的影响不大，但能使车身振动位移迅速衰减，缩短振动时间。

§2–3　汽车操纵装置的认知与规范操作

学习目标

1. 了解汽车操纵装置的基本知识。
2. 能规范操作汽车操纵装置。

汽车操纵装置包括转向盘、变速器操纵杆、驻车制动器操纵杆、制动踏板、离合器踏板、加速踏板，简称“一盘、二杆、三板”，除此之外，还有灯光开关、刮水器开关、空调控制面板、危险报警闪光灯开关、安全带和座椅的调整装置等。熟练掌握这些操纵装置的正确使用方法和技巧，是保证行车安全的关键，也是每个汽车驾驶员必须具备的基本操作技能之一。

一、转向盘

转向盘又称方向盘，作用是改变汽车的行驶方向，一般情况下向左转动转向盘时汽车向左行驶，向右转动转向盘时汽车向右行驶。

（一）转向盘的握法

转向盘的正确握法是：双手握在转向盘两侧盘缘的 9 点钟和 3 点钟位置，拇指按住转向盘，食指到小指四个手指由内向外自然握住，注意不要握得太紧，如图 2–3–1 所示。转动转向盘时以左手为主，右手为辅。

（二）转向操作

向左转动转向盘时，右手向左转动，左手辅助。连续转动时，右手转动到 9 ～ 10 点钟位置后，左手从右手上方握住转向盘接着转动转向盘，右手松开继续接着转，两手依次交替操作，如图 2–3–2 a 所示。向右转动转向盘时，左手向右转动，右手辅助。连续转动时，左手转动到 2 ～ 3 点钟位置后，右手从左手上方握住转向盘接着转动转向盘，左手松开继续接着转，两手依次交替操作，如图 2–3–2 b 所示。

图 2–3–1　转向盘的正确握法

a）

b）

图 2–3–2　转向盘的转法

a）转向盘左转　b）转向盘右转

（三）回正转向盘

回正转向盘时，与转动转向盘的方向相反，也可以利用前轮的回正力，使转向盘自动回正。

（四）操作注意事项

1. 转动转向盘时要多转多回、少转少回，回正转向盘时速度要快且要准确回到位。

2. 转向盘将要转动到底时不可用力过猛，否则会损坏机件。

3. 尽量避免在车辆静止状态下转动转向盘，否则会磨损轮胎，影响前轮的抓地力。

4. 行车时严禁双手同时离开转向盘。

小知识：

EPS 为英文 Electric Power Steering 的缩写，即电动助力转向系统。该系统由电动助力机直接提供转向助力，省去了液压助力转向系统所必需的动力转向油泵、软管、液压油、传送带和装于发动机上的带轮，既节省能量，又保护环境。另外，还具有调整简单、装配灵活以及在多种状况下都能提供转向助力的特点。现代车辆除了极少数（如比亚迪的低配 F0）车型没有转向助力以外，大多数车型都有转向助力，如图所示。

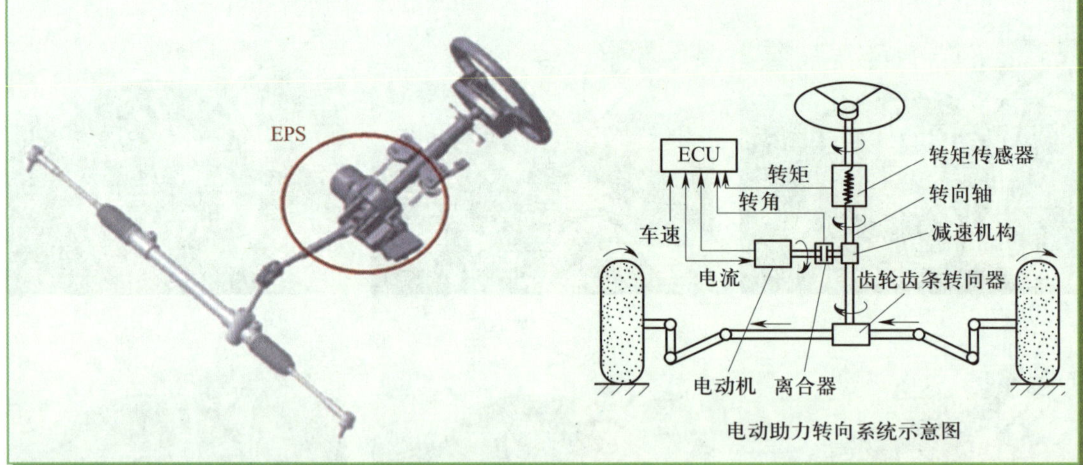

电动助力转向系统示意图

二、制动踏板

（一）制动踏板的功用

制动踏板的功用是使汽车减速或停车，其位置如图 2–3–3 所示。根据制动系的分类，制动踏板分为气压制动和液压制动两种。在制动踏板产生制动作用的同时制动灯点亮，以警示后方的行人和车辆。

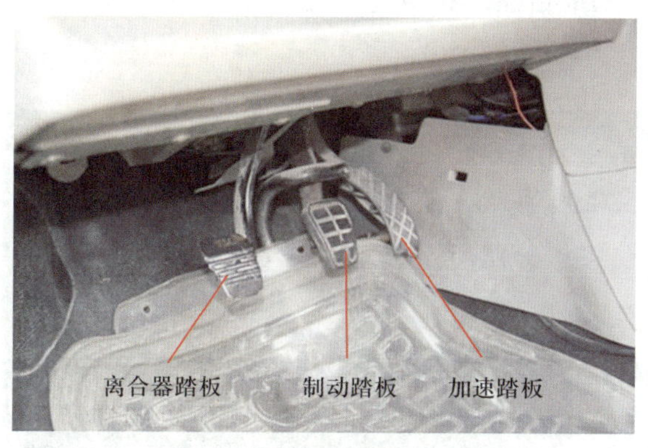

a)

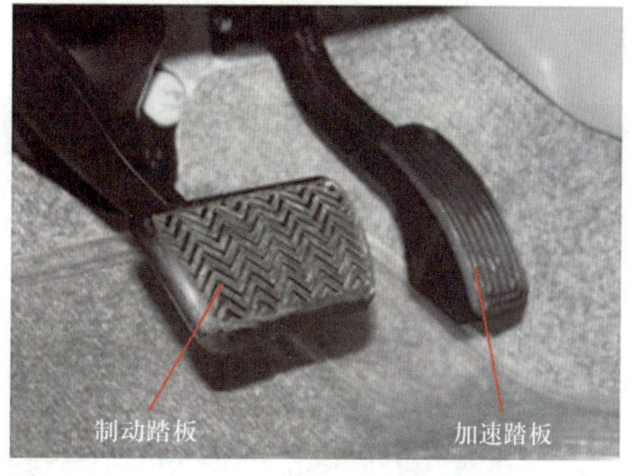

b)

图 2-3-3 制动踏板的位置

a）手动挡汽车 b）自动挡汽车

（二）规范操作

脚踏制动踏板时，双手应稳握转向盘。若为液压制动，以右脚掌踏制动踏板，以膝关节的伸屈动作踏下或抬起；若为气压制动，以右脚跟靠住驾驶室地板，以踝关节的伸屈动作踏下或抬起，如图 2-3-4、图 2-3-5 所示。

图 2-3-4 制动踏板的踏法

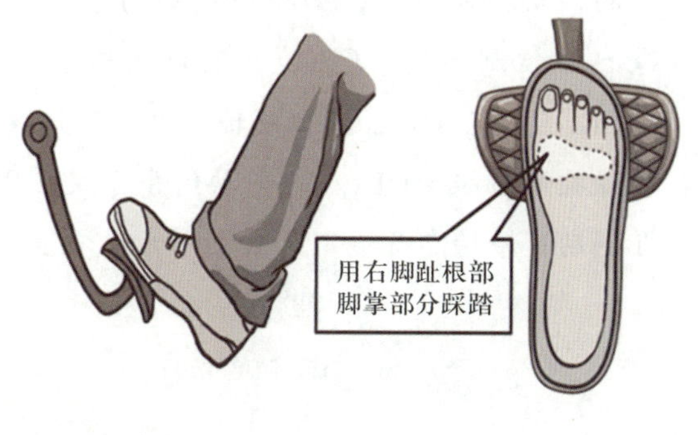

图 2-3-5 制动踏板的踩踏位置

（三）操作注意事项

1. 紧急制动时要双手握住转向盘，不能单手操作转向盘。

2. 制动踏板的自由行程大小直接影响制动时间和制动距离。因此，出车前一定要检查制动踏板的自由行程是否合适。

3. 制动时动作要敏捷，车辆侧滑时可放开制动踏板，但回转转向盘动作一定要快。

4. 高速转弯时不可紧急制动，在转弯前应适当提前制动，尽量保持直线制动，控制好入弯时的车速。

5. 中低速以下制动或需要换挡时，应先踏离合器踏板再踏制动踏板。中高速以上制动时，应先踏制动踏板再踏离合器踏板。

小提示：

1. 可溃缩式制动踏板是指汽车在发生碰撞事故，制动踏板受力超过临界值时，会自动脱落或折断，以避免对驾驶员造成伤害，如图所示。

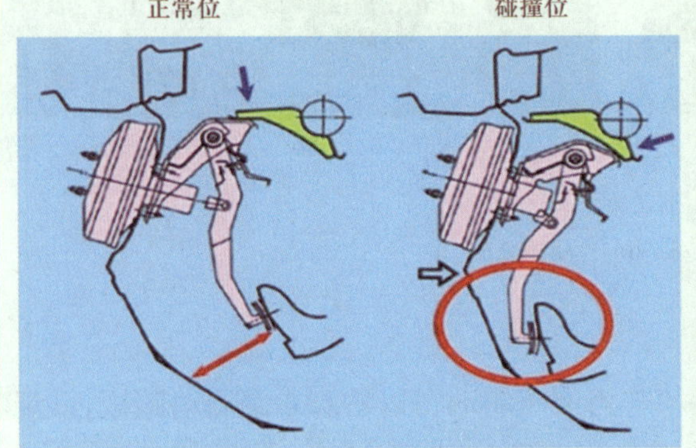

可溃缩式制动踏板

2. 汽车上最主要的主动安全系统就是制动系统，在它的基础上，扩展出了很多的制动辅助系统，如防抱死制动系统（ABS）、电子制动力分配系统（EBD）、弯道自动控制系统（CBC）、制动力辅助系统（EBA、BAS、BA）、牵引力控制系统（ASR、TCS、TRC）、上坡辅助系统（HAC）、自动驻车功能（AUTO HOLD）、陡坡缓降控制系统（HDC）、制动优先系统（BOS）等，这些系统或是增大制动力，或是在制动时维持车身稳定，如图所示。

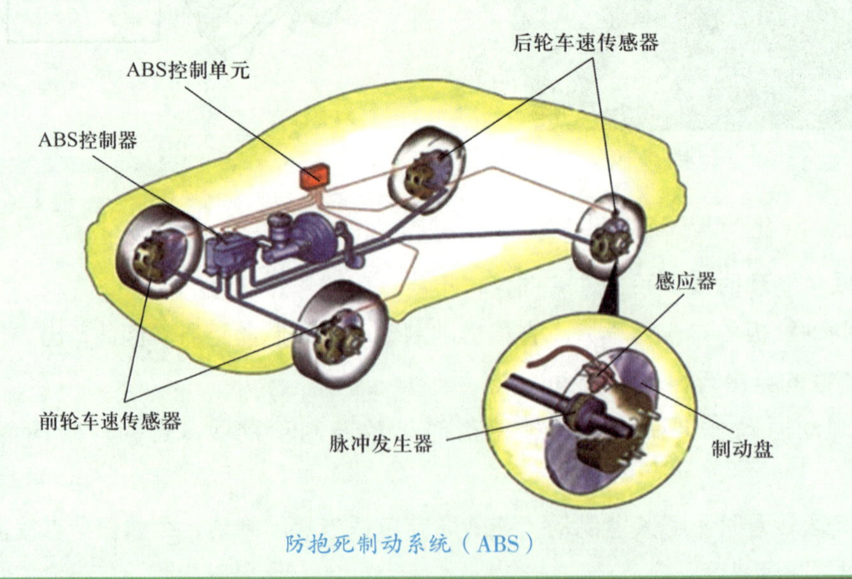

防抱死制动系统（ABS）

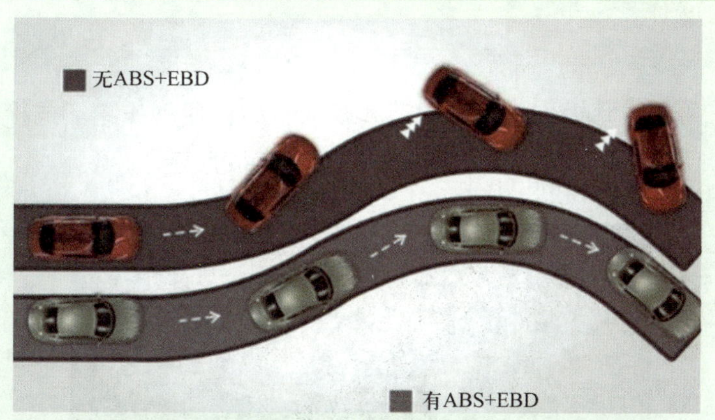

电子制动力分配系统（EBD）

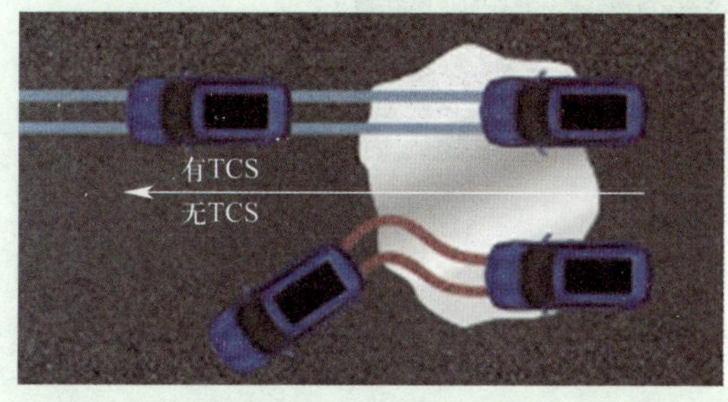

牵引力控制系统（TCS）

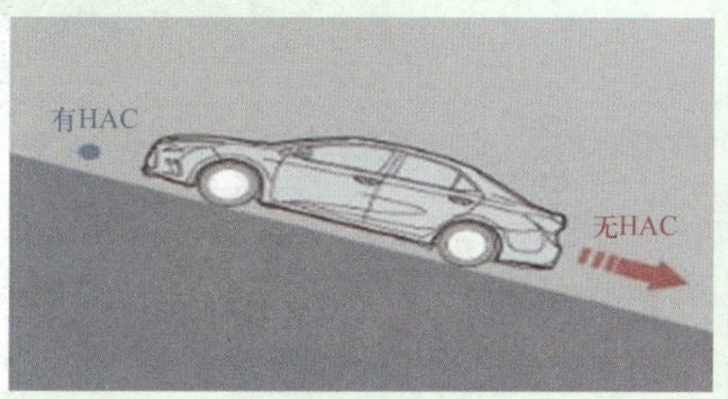

上坡辅助系统（HAC）

3. 使用装配ABS的车辆应注意的事项

（1）装配ABS的车辆在紧急制动时，转向盘的操作与未踏制动踏板时稍有不同，而且制动踏板会有脉冲现象，因此应小心操作转向盘。踏制动踏板开始的一瞬间要最快最用力，随着车速的下降渐渐放松的做法才是正确的。

（2）在湿滑的路面上行驶时，虽然装配ABS的车辆的制动距离较没有装配ABS的车辆短，但是由于路面及其他因素也会影响制动距离，所以装配ABS的车辆与前车的跟车距离必须和没有装配ABS的车辆相同，以确保安全。

（3）在碎石路面、冰雪路面上行驶时，装配ABS的车辆的制动距离可能比没有装配ABS的车辆还长，因此在上述路面行驶时应放慢车速。

三、离合器踏板

（一）离合器踏板的功用

离合器踏板是离合器的操纵机件，通过控制发动机与传动系的连接或分离，从而实现动力的传递或切断，以利于发动机的起动和车辆的起步、换挡及停车动作的实现。自动挡车辆没有离合器踏板，动力的切换完全由自动变速器根据挡位自动实现。

（二）规范操作

1. 踏法

左脚掌踏在离合器踏板上，以膝关节和踝关节的伸屈动作踏下或抬起离合器踏板，禁止用脚尖、脚心、脚跟操纵离合器踏板，如图 2-3-6 所示。

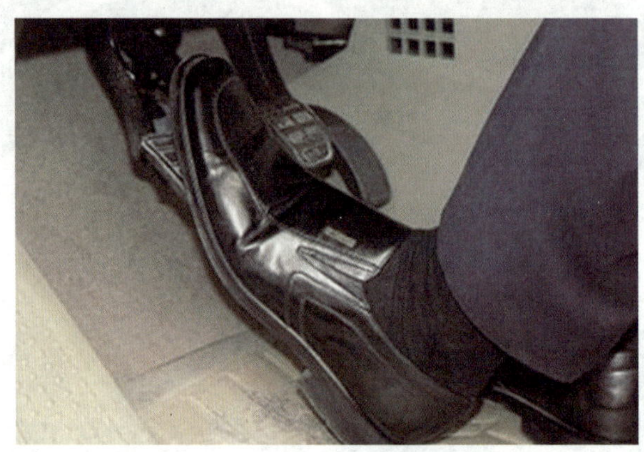

图 2-3-6　离合器踏板的踏法

2. 操作过程

踏下离合器踏板的动作要迅速，要一次踏到底。汽车起步松抬离合器踏板时，开始可稍快一点（快），当离合器与传动系接合时应稍加停顿，然后再缓慢松抬（慢），使离合器与传动系平稳接合，离合器与传动系完全接合后，应迅速将脚从离合器踏板上移开（快），放在离合器踏板的左下方，做到“两快、一慢、一停顿”，如图 2-3-7 所示。

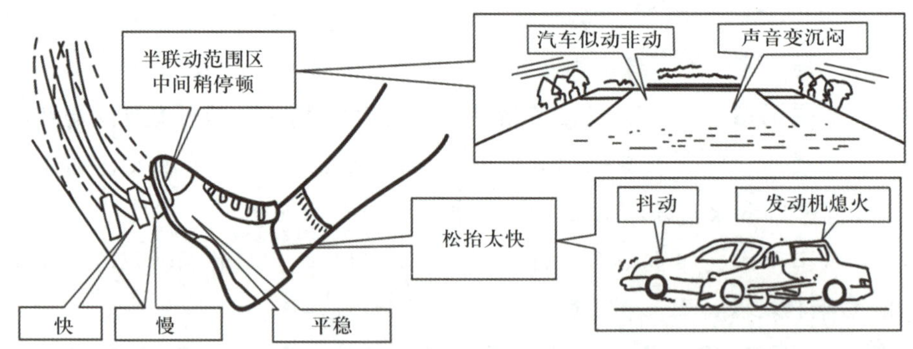

图 2-3-7　离合器踏板的操作过程

（三）操作注意事项

1. 踏下离合器踏板时，应快速一次踏到底，使动力彻底切断，抬起时自然地将膝盖部上抬。

2. 松抬离合器踏板时，要有层次，开始稍快，待松抬到动力开始接合时，应稍停，使动力平稳接合，动力完全接合后，迅速将左脚移离离合器踏板，放到离合器踏板左下方的地板上。离合器的半联动状态，就是动力没有完全接合，发动机的动力传递一小部分到传动系，使汽车平稳起步，如图 2-3-8 所示。

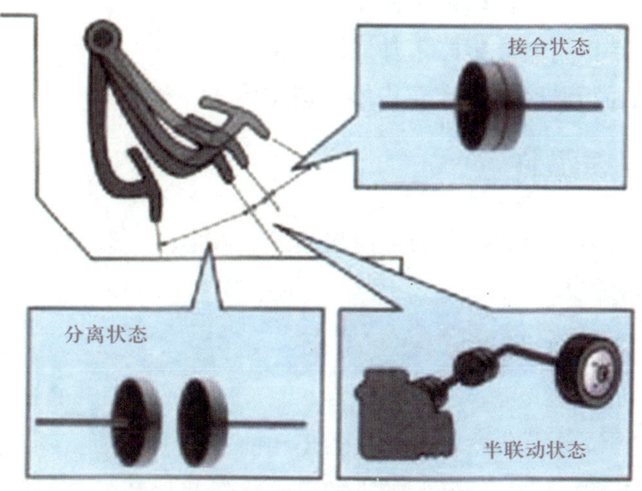

图 2-3-8　离合器的半联动状态

四、加速踏板

（一）加速踏板的功用

加速踏板俗称油门，用于控制汽油发动机节气门的开度或柴油发动机喷油泵柱塞的有效行程，从而改变燃料供给系供给发动机的燃油量，进而改变发动机的转速和输出功率，以适应运行条件变化的需要。正确操作加速踏板，对节油和减轻机件磨损都很重要。

（二）规范操作

将右脚跟放在驾驶室地板上作为支点，右脚掌轻踏在加速踏板上，以踝关节的伸屈动作踏下或放松加速踏板。踏下加速踏板时踩踏力要柔和，尽量避免猛踏，如图 2-3-9 所示。

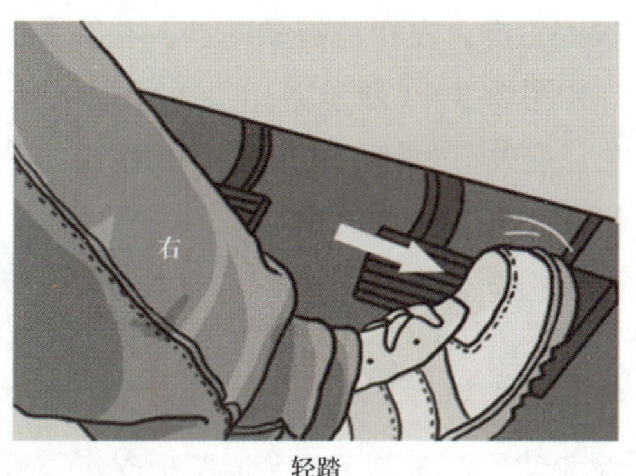

轻踏

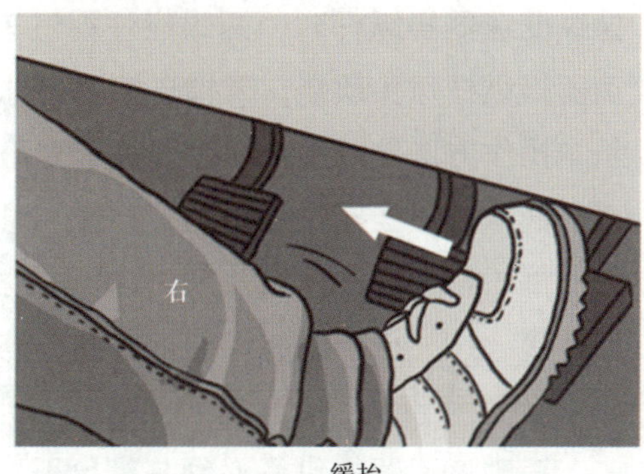

缓抬

图 2-3-9　加速踏板轻踏法

（三）操作注意事项

1. 踏下加速踏板时用力要均匀。
2. 踏下加速踏板时不能同时踏下制动踏板。
3. 变速器在空挡位置时不能踏下加速踏板。
4. 在颠簸的路面行驶时，一定要稳住加速踏板。

五、变速器操纵杆

变速器操纵杆又称换挡杆，它的功用是通过变换挡位，改变发动机的转速和扭矩输出，并使汽车前进或倒退。

（一）手动变速器操纵杆的操作方法

1. 手动变速器的挡位

手动变速器的挡位分为空挡 N、倒车挡 R 和前进挡 1、2、3、4、5，排列顺序是 R、1、3、5、2、4，如图 2–3–10 所示。前进挡可分为低速挡、中速挡和高速挡。空挡的上方是 3 挡，下方是 4 挡；把变速器操纵杆向左移到底，上方是 1 挡，下方是 2 挡；若要挂入 R 挡，需同时打开倒车挡开关（下压或上提开关）。

图 2–3–10　手动变速器操纵杆和挡位

2. 手动变速器操纵杆的操作方法

操纵变速器操纵杆时，两眼应注视汽车行驶的方向，左手稳握转向盘，右手掌心微贴变速器操纵杆球头顶端，五指自然稳握球头，如图 2–3–11 所示。

基本操作方法是以手腕和手臂关节力量为主，肩关节为辅，进行挂挡和摘挡。

（1）摘 – 空 – 挂操作法，如：1 挡、2 挡或 3 挡、4 挡之间互换。

（2）摘 – 移 – 挂操作法，如：2 挡、3 挡或 4 挡、5 挡之间互换。

（3）摘 – 按 – 挂操作法，如：挂倒车挡。

3. 操作注意事项

（1）手动变速器操纵杆必须与离合器踏板配合使用，未踏下离合器踏板时，不可变换挡位。

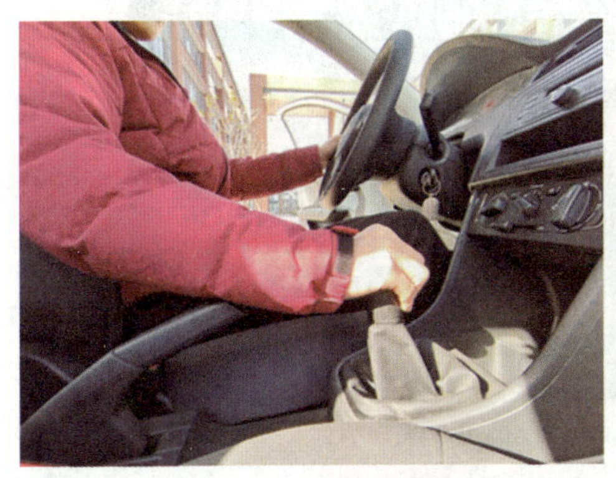
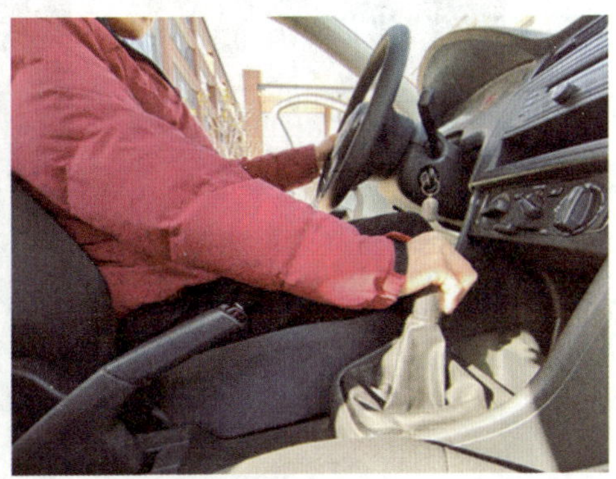
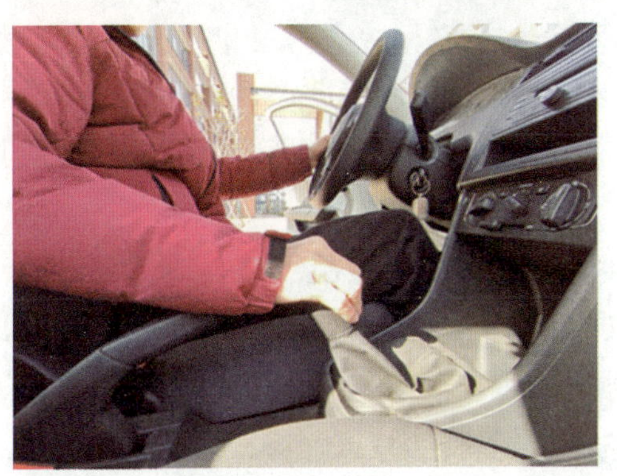

图 2-3-11　手动变速器操纵杆的操作方法

（2）不可在操纵变速器操纵杆时低头下看。

（3）变换挡位时变速器操纵杆不可在空挡中左右晃动。

（4）挂倒车挡时，应在汽车完全停稳状态下进行。

（5）换挡时动作要敏捷、准确、柔和，不可用力过猛，也不可硬拉硬推，以免损伤变速器齿轮。

（二）自动变速器操纵杆的操作方法

1. 自动变速器的挡位

自动变速器的挡位如图 2-3-12 所示，通常有 P、R、N、D、2（或 S）、L（或 1）等挡位，有些车没有 2、L 挡。P 为停车挡（泊车挡），在此挡位时，停车锁止机构将变速器输出轴锁止，使驱动轮不能转动，防止汽车移动；R 为倒车挡；N 为空挡；D 为前进挡；2 为高速发动机制动挡，在此挡位时，变速器只能在前进挡 1 挡和 2 挡之间变换，使车辆产生发动机制动的效果；L（或 1）为低速发动机制动挡，在此挡位时，变速器被锁止在前进挡 1 挡，同样具有发动机制动效果；S 为运动模式，在此挡位时，变速器换挡时机延迟，输出扭矩增大。

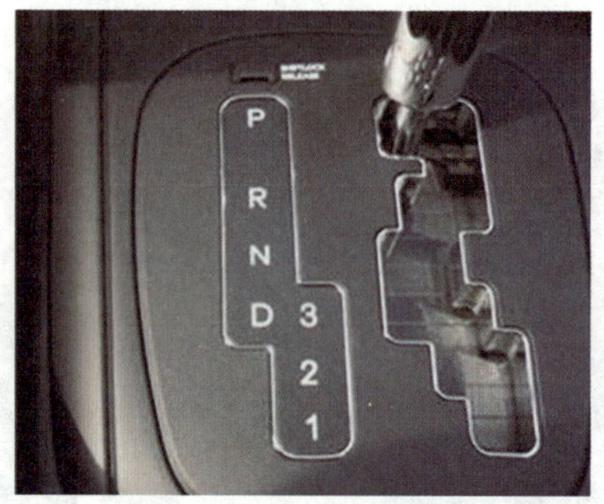

图 2-3-12　自动变速器操纵杆和挡位（手自一体）

2. 自动变速器操纵杆的操作方法

（1）右脚踩下制动踏板，左手控制转向盘，右手握住变速器操纵杆平稳换入合适的挡位。部分自动变速器操纵杆头部设有锁止装置，换挡时需同时用右手食指按下锁止按钮才可以进行换挡操作。

（2）起动发动机时，变速器操纵杆应置于 P 挡或 N 挡，此时才能起动发动机，并可以防止汽车在其他挡位误起动后突然向前窜出去。车辆停放时，变速器操纵杆必须换入 P 挡，并拉紧驻车制动器，防止车辆溜车而引发交通事故。

（3）起步行驶时，右脚踩下制动踏板，将变速器操纵杆置于 D 挡，放松制动踏板，并缓踩加速踏板，车辆即可起步行驶。变速器操纵杆在 D 挡时，汽车可在前进挡之间根据车辆负荷及行驶速度进行自动换挡。在拥挤的城市道路或上、下坡时，也可提前将挡位换至 2 挡或 1 挡，控制行车速度。

（4）只有在车辆完全停止移动且发动机怠速运转时，踩下制动踏板，变速器操纵杆才能移至 R 挡，进行倒车。

（5）N 挡在起动时或拖车时使用。短时间等待交通信号或堵车时，在车辆停稳后可将变速器操纵杆保持在 D 挡，同时踩下制动踏板；若停止时间长时最好换入 N 挡，并拉紧驻车制动器。

（6）手自一体变速器的变速器操纵杆在 D 挡时可平推入手动换挡挡位（该挡位根据车型不同可处于 D 挡位左侧或右侧），向上推至“+”一次可在原有挡位上增加一个挡位，向下扳动至“-”一次可在原有挡位上降低一个挡位。

3. 操作注意事项

（1）起动发动机前，必须使变速器操纵杆处于 P 挡或 N 挡。汽车一定要在停止的状态下才可以用 P 挡。

（2）发动机运转时，将变速器操纵杆挂入任何挡位之前，都应先踩下制动踏板。

（3）自动变速器汽车不像手动变速器汽车那样能够使用半联动，故在倒车时要特别注意加速踏板的控制。

（4）行驶中若误将变速器操纵杆挂入 N 挡，应立即抬起加速踏板，再将变速器操纵杆置于所需挡位，继续加速前进。严禁空挡滑行。

（5）下陡坡时，应提前将变速器操纵杆置于发动机制动挡，以便利用发动机怠速牵阻作用将车速控制在较低范围内。

六、驻车制动器操纵杆

（一）驻车制动器操纵杆的功用

驻车制动器俗称手刹，驻车制动器操纵杆主要用于汽车在上坡路上起步或停车后固定车辆，紧急情况时还可配合行车制动器使汽车减速和停车，如图 2-3-13 所示。

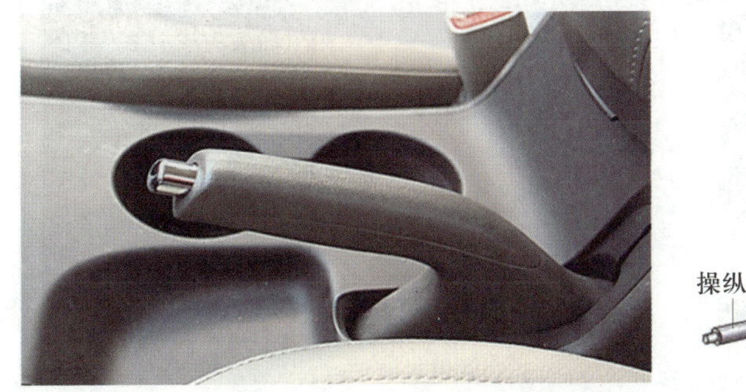

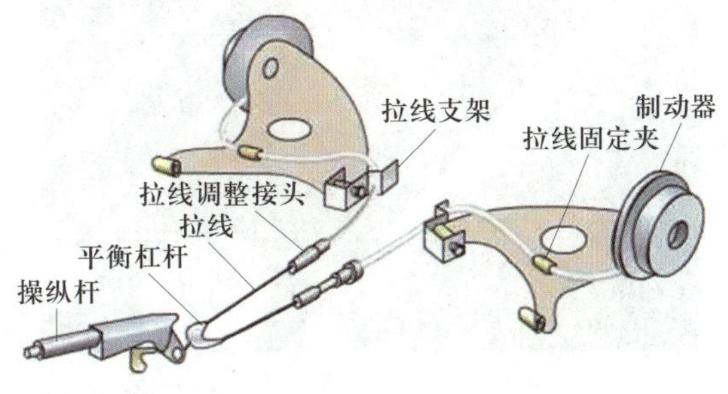

图 2-3-13 驻车制动器操纵杆及其结构

（二）操作方法

四指并拢，拇指按在驻车制动器操纵杆杆端的按钮上，将杆向上拉起即为制动，如图 2-3-14 所示。先稍拉驻车制动器操纵杆，再按下杆端的按钮将杆向下推送到底，即解除制动，如图 2-3-15 所示。

图 2-3-14 驻车制动施加

图 2-3-15 驻车制动解除

（三）操作注意事项

自动变速器汽车停车时，一定要先施加驻车制动，再将变速器操纵杆移到 P 挡。在倾斜路面停车时，先换挡到 P 挡，然后才能施加驻车制动。

小提示：

现在很多汽车上使用了电子驻车制动器。电子驻车制动器通过电子控制实现停车制动，其工作原理与机械式驻车制动器相同，只不过控制方式由机械式操纵杆变成了电子按钮。电子驻车制动器从基本的驻车功能延伸到自动驻车功能 AUTO HOLD。AUTO HOLD 自动驻车功能技术的运用，使得驾驶者在车辆停止状态时不需要长时间踩制动踏板，并且在启动自动电子驻车制动的情况下，能避免车辆不必要的滑行，简单地说就是车辆不会溜车。

电子驻车制动器和驻车制动踏板

七、灯光开关

（一）灯光开关的作用

灯光开关一般都是组合开关，用来控制汽车照明系统，保证汽车能在无光或微光条件下行驶。灯光开关一般包括车灯控制开关、雾灯开关和转向灯开关，大多数安装在转向盘左下方的转向柱上，一种是拨杆式，另一种是旋钮式，如图 2-3-16 所示。

a）

b）

图 2-3-16　灯光开关

a）拨杆式　b）旋钮式

（二）正确使用

1. 车灯控制开关

转动车灯控制开关手柄，可以在“关闭”“示廓灯”“近光灯”“自动大灯”四个挡位之间切换，如图 2-3-17 所示。

a）

b）

c）

d）

图 2-3-17 车灯控制开关的挡位

a）关闭 b）示廓灯 c）近光灯 d）自动大灯

示廓灯：又称位置灯，作用是在夜晚或昏暗的环境中让人清晰地知道车辆的位置以及宽度。

近光灯：将车灯控制开关转动至近光灯位置，近光灯点亮。

远、近光切换：两个挡位，通常放在近光位置。将车灯控制开关转动至近光灯位置后，以转向盘为参照，向下推动，开启远光，仪表上蓝色远光指示灯图标亮；向上提动，开启近光，仪表上蓝色远光指示灯图标灭。在近光位置时，向上提动车灯控制开关，为会车提醒灯（远光灯亮），起到提醒作用；手松开后，自动回到近光位置（若灯光控制开关未开启，灯光关闭）。

自动大灯：当车灯控制开关转动至此位置时，灯光的智能识别系统可以根据外部情况自动控制示廓灯和近光灯的点亮与关闭。

2. 雾灯开关

当遇见阴雨、雪、大雾等天气时，能见度较低，此时需要开启雾灯。旋转如图 2–3–18 所示的雾灯开关，可以在“前雾灯”“后雾灯”“关闭”三个挡位之间切换。

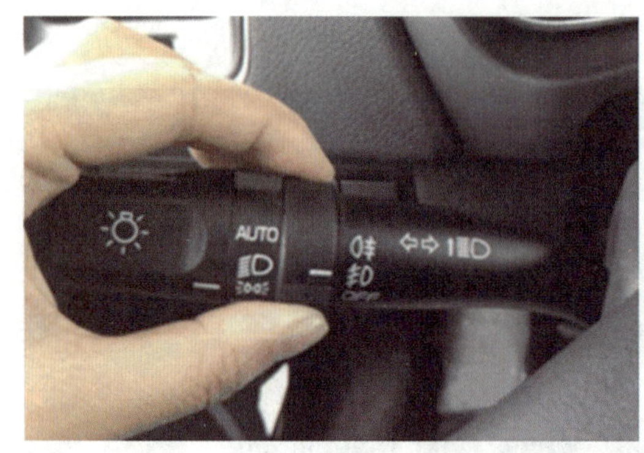

a）

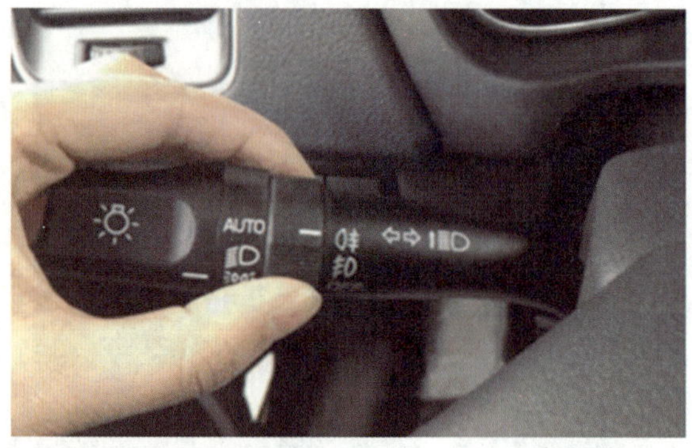

b）

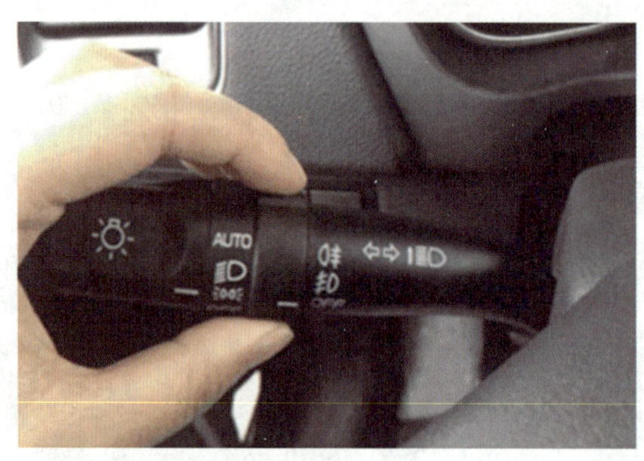

c）

图 2–3–18　雾灯开关的挡位

a）前雾灯　b）后雾灯　c）关闭

3. 转向灯开关

转向灯作为信号灯，主要作用是指示汽车行驶趋向，提示周边车辆及行人注意避让。不管是转弯、并线、超车、起步、停车，只要车辆需要离开原车道，都需要提前开启转向灯。其操作方法为驾驶员使用左手拇指与食指控制转向盘的同时，用左手中指或无名指上下拨动转向灯开关，打开转向灯。转向灯开关位置“上右下左”，待转向结束回正方向时，转向灯开关的自动回正功能会关闭转向灯，回归初始位置。转向灯开关如图 2–3–19 所示。

图 2–3–19　转向灯开关

（三）使用注意事项

1. 仪表上显示有各种灯光的指示灯，使用灯光开关时要密切观察，如图 2-3-20 所示。

图 2-3-20 仪表上的灯光指示灯

2. 夜间城市道路照明条件很好的情况下，使用近光灯。夜间照明条件不好的道路开启远光灯，但是会车时要及时变换为近光灯。

3. 经常检查灯光状态，当遇到对面来车频繁切换灯光照射时，应检查远光灯是否在无意中开启。

4. 使用雾灯时，灯光开关的挡位必须在示廓灯、远光、近光、自动大灯四个挡位中的任意一挡。大雾天气禁用远光灯，因为此时空气透明度较差，灯光会在空气中形成漫反射效果，不仅不会看得更远，反而会加大对来车的影响。如果对方开了远光灯，也可用远、近光切换来提醒对方车辆关闭远光灯。

5. 在开启危险报警闪光灯的情况下如果要转向，应先关闭危险报警闪光灯，再开转向灯开关。在行车过程中要多注意闪光指示灯的闪烁频率变化，如果闪烁频率加快则表明闪光灯出现故障。

八、刮水器开关

（一）刮水器开关的作用

控制刮水器动作，保证在雨雪天气时驾驶员有良好的视野。

（二）正确使用

大部分汽车的刮水器开关都设置在转向盘右侧，分为拨杆式和旋钮式两种，其上功能标识如图 2-3-21、图 2-3-22 所示。上、下拨动或旋转都能启动刮水器。

图 2-3-21 拨杆式刮水器开关

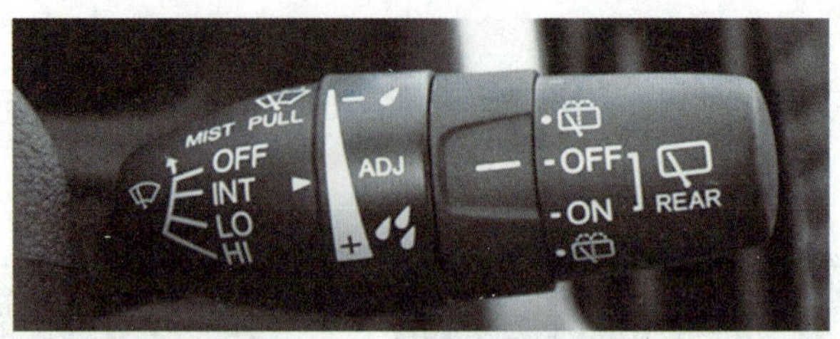

图 2-3-22　旋钮式刮水器开关

（三）使用注意事项

1. 在拥堵路段驾驶时尽量不要频繁操作刮水器，以免操作时走神导致行车事故。
2. 使用风窗玻璃洗涤器时，应先开洗涤泵再接通刮水器。

小提示：

现在很多汽车上使用了感应式刮水器。感应式刮水器能通过雨量传感器感应雨滴的大小，自动调节刮水器运行速度，为驾驶者提供良好的视野，从而大大提高雨天驾驶时的方便性和安全性。目前应用较多的两种感应式刮水器分别是光学感应式刮水器和电容感应式刮水器。

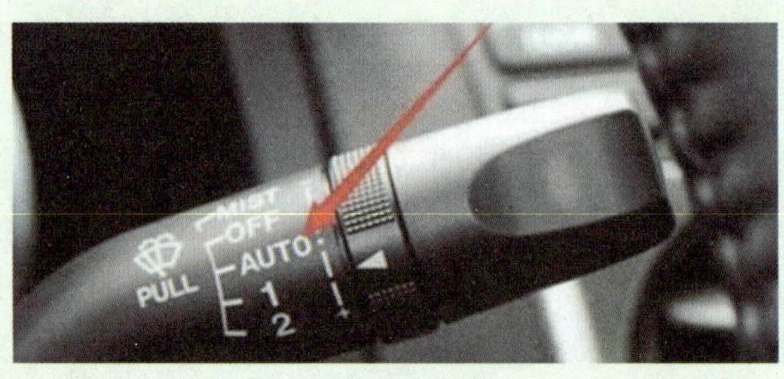

九、空调控制面板

（一）汽车空调的作用

汽车空调能够随着气候环境的变化调节车内空气的温度、湿度、流速、清洁度，同时有防止风窗玻璃结雾、结霜或结冰的作用，在特殊气候条件下可最大限度地保证车内人员的舒适、安全和视野。

（二）空调控制面板的正确使用

空调控制面板安装在靠近驾驶员的右前方位置。空调控制面板有三种形式：旋钮式、按钮式、触摸式。驾驶员要充分了解空调控制面板上各个旋钮或按钮的作用，提高驾驶过程的舒适感。

车用空调按照控制方式不同分为手动空调和自动空调。手动空调的控制面板如

图 2–3–23a 所示，只能手动设定风速和制冷、制热温度，空调会根据设定好的参数一直工作，驾乘人员感觉温度过高或过低时，需要重新手动调节风速和温度。

a)

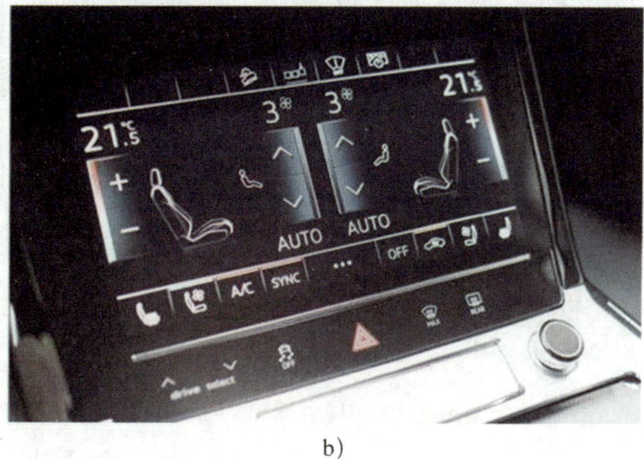

b)

图 2–3–23　空调控制面板

a）手动空调　b）自动空调

自动空调的控制面板如图 2–3–23b 所示，可以根据已设定的温度与车内传感器的共同作用，自动调节风速和温度，从而保持车内温度的恒定。另外，自动空调有自检装置，可以及早发现故障隐患。

（三）使用注意事项

1. 开空调前要先开鼓风机。
2. 车辆暴晒后要先开窗散热再开空调。
3. 要轮流使用内、外循环。
4. 使用中谨防一氧化碳中毒。
5. 熄火前先关空调再关发动机。
6. 要定期检查、保养汽车空调。

十、危险报警闪光灯开关

（一）危险报警闪光灯的作用

危险报警闪光灯俗称双闪灯，是一种提醒其他车辆与行人注意本车发生了特殊情况的信号灯，请求其他车辆避让，如图 2–3–24 所示红色按键即为危险报警闪光灯开关，按下危险报警闪光灯开关，左、右转向灯同时闪亮。

（二）正确使用

以下几种情况均应开启危险报警闪光灯：在道路上临时停车时；在道路上发生故障或发生交通事故时；雾天在一般道路上行驶时；在高速公路上遇有雾、雨、雪、沙尘、冰雹等天气，能见度小于 100 m 时；牵引故障机动车时，牵引车和被牵引车均应开启危险报警闪光灯。

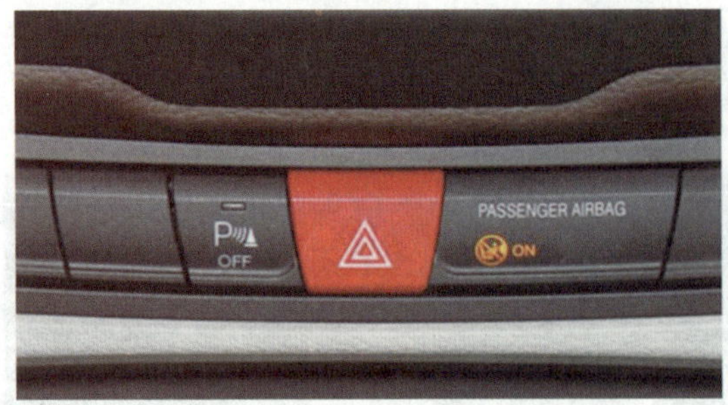

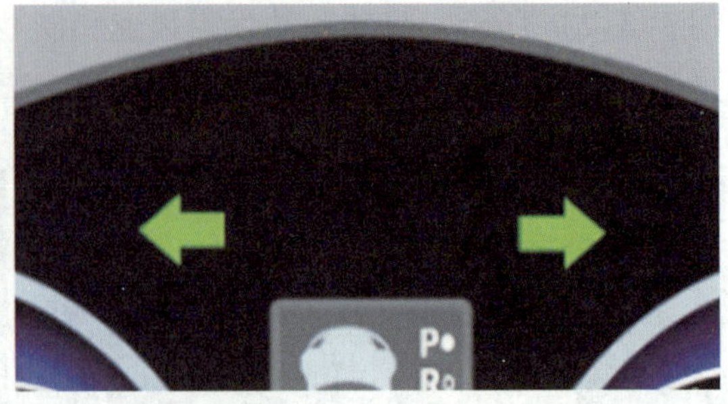

图 2-3-24　危险报警闪光灯开关

十一、安全带

（一）安全带的作用

汽车安全带起着约束位移和缓冲的作用，能够吸收撞击能量、化解惯性力，避免驾乘人员受伤或减轻驾乘人员受伤的程度。

（二）正确使用

佩戴安全带时，肩带应跨过胸腔，腰带应紧贴髋骨，不要将安全带扭曲使用；扣上安全带后，锁扣会发出“啪”的一声，这时应拉扯一下安全带确保安全带锁扣已经扣牢；停车离开座椅时，要将安全带送回到卷收器中，如图 2-3-25 所示。

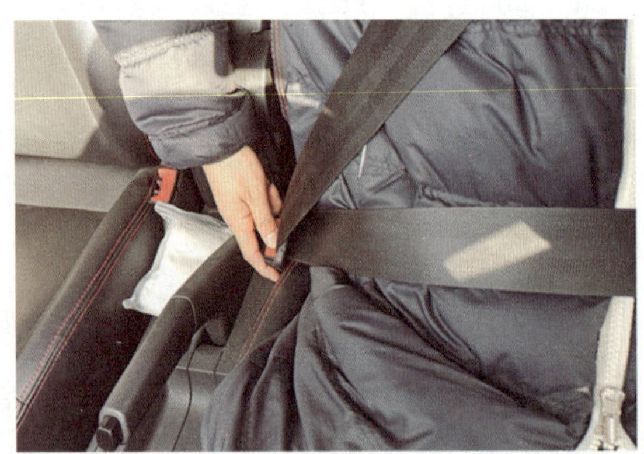

图 2-3-25　安全带的正确佩戴

现在汽车都已安装安全带佩戴警告装置，提醒驾乘人员在起步前务必佩戴好安全带。警告装置是通过插锁与锁舌的插入配合得到感应信号判断是否佩戴安全带，当驾乘人员没有佩戴好安全带就起动车辆时，仪表上会亮起红色警告灯，同时车内也会响起警示音。

（三）使用注意事项

1. 要正确佩戴安全带。三点式腰部安全带，应尽可能系在胯部，不要系在腰部；肩部安全带，不要放在胳膊下面，应斜挂胸前。每一个安全带只能一个人使用，严禁双人使用。不要将安全带扭曲。

2. 不要让安全带压在坚硬或易碎的物体上，比如衣服里的眼镜、钢笔和钥匙等；也不要让安全带接触锋利的物品，以免损坏安全带；不要让座椅靠背过于倾斜，否则安全带将不能正常伸长和收卷；座椅上无人时，应将安全带送回到卷收器中。

3. 切勿松开插锁后让安全带自动收回，以防锁舌在自由的情况下与玻璃发生碰撞或造成人身伤害。

4. 孕妇必须佩戴安全带，腰带要位于腹部以下，如图 2–3–26 所示。

图 2–3–26 孕妇佩戴安全带的位置

十二、汽车座椅及转向盘位置的调整操作

（一）调整座椅和转向盘的目的

调整座椅和转向盘的目的是要兼顾驾驶员乘坐舒适和方便驾驶汽车。

汽车座椅的调整包括高度调整、前后调整、头枕调整和靠背调整。汽车座椅的调整开关通常都位于座椅侧面，如图 2–3–27 所示。座椅调整开关分为手动调整式和电动调整式两种。对于电动调整式座椅开关，只需扳动相应的调整开关，由电动机驱动完成座椅调整，不需要反复扳动。两种座椅调整开关的目的相同，只是控制方式不同而已。

a）

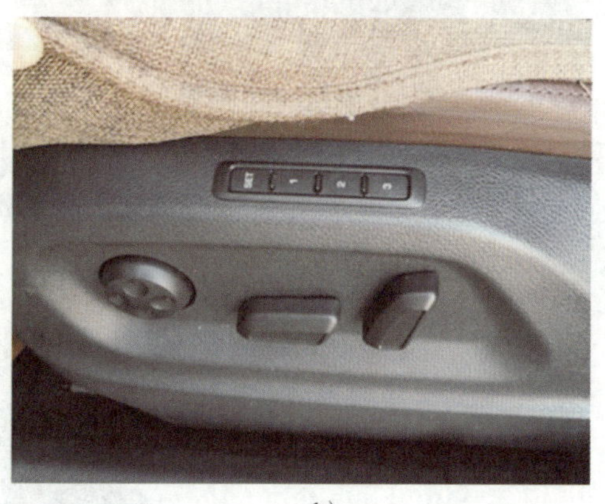

b）

图 2–3–27 汽车座椅的调整开关

a）手动调整式 b）电动调整式

（二）调整方法

1. 高度调整

反复上拉座椅高度调整开关，座椅高度随之上升；反复下压座椅高度调整开关，座椅高度随之下降。驾驶员自然端坐在座椅上，用手扳动座椅高度调整开关，根据自身需

求调整到适当的座椅高度即可，如图 2-3-28a 所示。

2. 前后调整

向上扳动座椅前后调整开关，利用双脚和腿部的推力移动座椅至合适位置，放开座椅前后调整开关，利用身体的力量前后晃动座椅，直至听到“咔哒”声或感受到弹簧锁止的振动，如图 2-3-28b 所示。

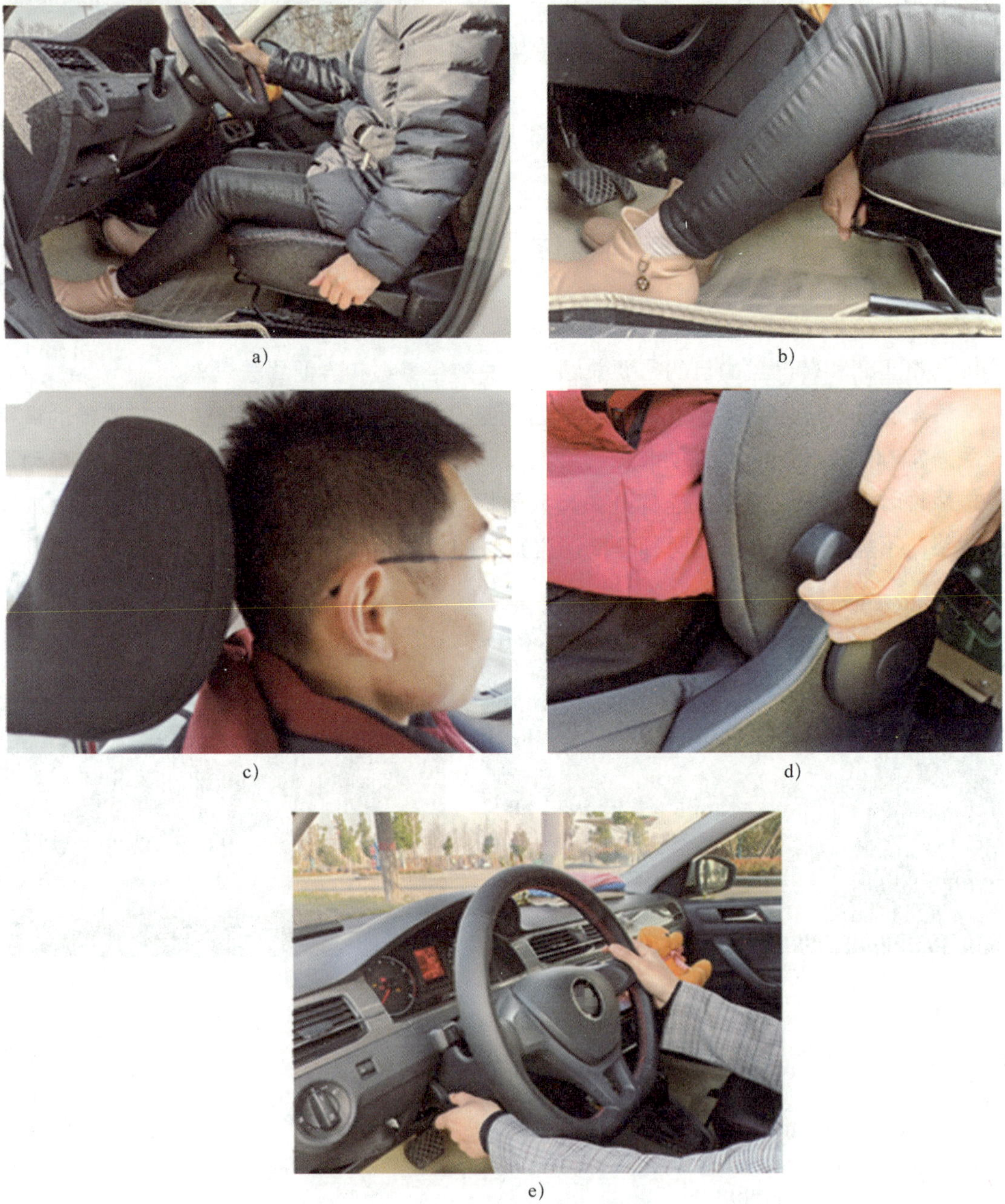

a)

b)

c)

d)

e)

图 2-3-28 座椅及转向盘位置的调整

a）高度调整 b）前后调整 c）头枕调整 d）靠背调整 e）转向盘位置的调整

3. 头枕调整

头枕插接器两侧或单侧有调整开关，按下调整开关就可以提高或降低头枕高度。头枕的最佳位置是头枕的中心线与眼眉在一条线上，如图 2–3–28c 所示。

4. 靠背调整

靠背角度调整开关通常安装在座椅折叠处的左侧，也有部分车型安装在右侧。用手向上扳动调整开关，利用身体后倾的力量使座椅靠背调整到合适位置，然后放开调整开关即可，如图 2–3–28d 所示。

5. 转向盘位置的调整

在转向盘左下方一般都会有一个调整位置的扳手，即为转向盘位置调整开关。左手向下扳动转向盘位置调整开关，右手调整转向盘至合适位置，左手将调整开关复位，即可完成转向盘位置的调整操作，如图 2–3–28e 所示。

（三）调整注意事项

1. 转向盘不宜离驾驶员太近，否则驾驶员的手臂和腿部会过度弯曲，长时间驾驶时容易产生肌肉疲劳。

2. 转向盘的高度不宜过高，否则可能会影响驾驶员的视线。

3. 在不影响操作的情况下，座椅离转向盘应尽可能远一些，这样长途驾驶汽车时更加舒服，并且在遇到突发情况时有一定的缓冲距离。

4. 当转向盘调整受阻时，可以给转向器涂抹润滑油进行润滑。

§ 2–4　汽车的日常检查

学习目标

1. 熟悉汽车日常检查的内容。
2. 掌握汽车日常检查的方法。

为保障车辆安全、可靠地运行，使车辆经常处于良好的技术状况，符合机动车安全运行技术标准，除应对车辆进行定期的检修与保养外，还应结合实际进行预防性的日常检查与维护。

一、汽车油液的检查

汽车油液包括机油（发动机润滑油）、冷却液、变速箱油、制动液、转向助力油等，如图 2–4–1 所示。不同的汽车有不同的标准，应根据汽车本身情况加注适量的油液。

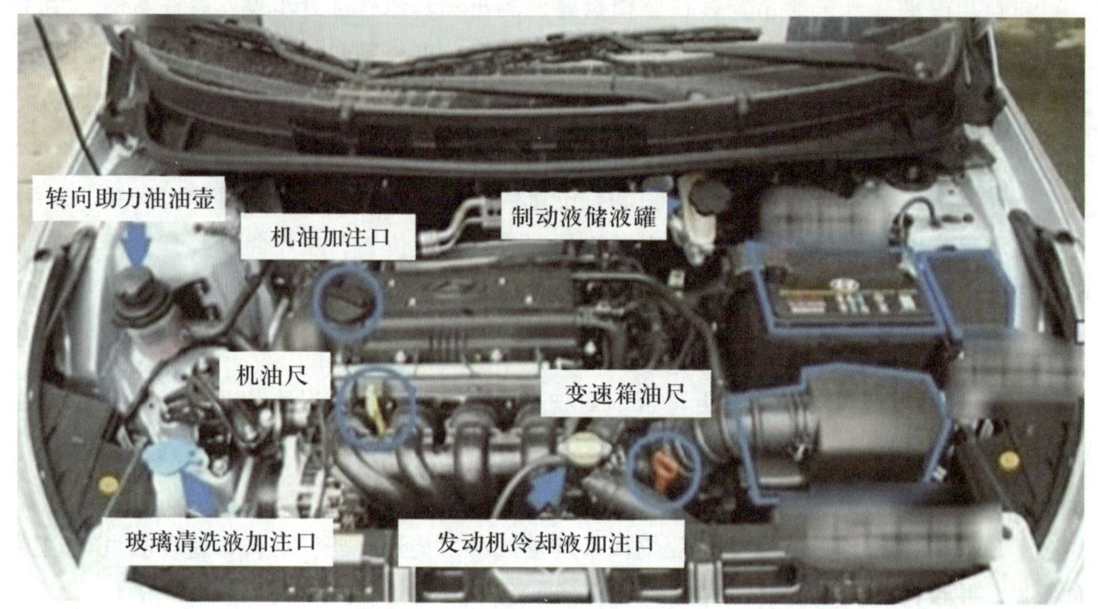

图 2–4–1　汽车油液的加注口及油尺

（一）机油的检查

机油的作用是润滑、散热、清洗、缓冲、防锈和密封。机油的检查主要包括机油油位和机油品质的检查。一般情况下，机油的更换周期为行驶里程 5 000 km 或时间 6 个月，对于使用全合成机油的车辆，更换周期可以适当延长，但是对机油的常规检查必不可少，特别是对于一些“烧机油”的汽车，经常检查机油油位及机油品质非常必要。

机油的消耗并不高，新车在首次保养前基本都不需要额外添加机油，机油油位的检查频率应与车辆实际使用环境相匹配，使用环境为正常城市道路的话，一个月检查一次就可以了。

1. 机油油位的检查

发动机熄火后，静置 15 min 再查看机油尺，也可以在早晨起动车辆之前查看。查看机油油位一定要确认车辆的四个轮子停在同一水平高度上。

机油尺的读取方法：在发动机舱内找到机油尺并拔出来，用抹布将其上的油迹擦拭干净，再把机油尺插回去，然后缓慢地拔出来，检查机油尺上的油迹，如果油迹位于上限标记和下限标记之间，则机油量合适，如图 2–4–2 所示。

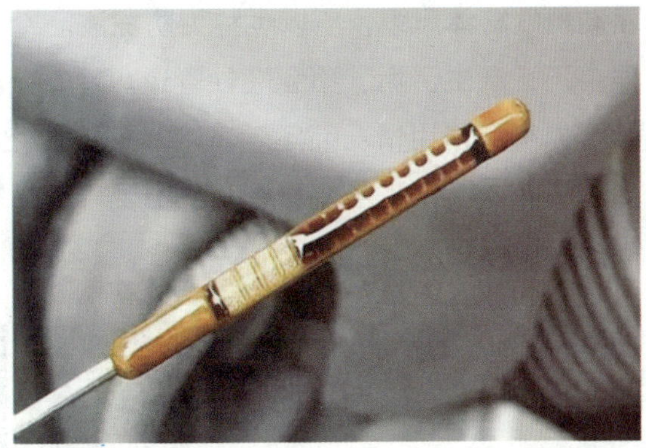

图 2-4-2　机油油位的检查

2. 机油品质的检查

机油在长期使用过程中会出现品质下降。机油品质的检查可以通过以下几种方法。

（1）闻味法：抽出机油尺凑近鼻子闻一闻，若有极强的酸臭味，说明机油已经变质，应该更换。

（2）手捻法：将取出的机油用大拇指与食指反复研磨，未变质的机油，手感有润滑性、磨屑少、无摩擦感。如感到有杂质，黏性差，甚至发涩，应该更换。

（3）辨色法：取一张干净的白滤试纸（也可用好一点的面巾纸），滴数滴机油在纸上，待机油渗漏后，未变质的机油无粉末，用手摸上去干而光滑，且黄色浸润带清晰。若机油呈深黑褐色，且有杂质，应该更换。

（4）光照法：取出机油尺，向下倾斜 45° 角，在光照下观察机油油滴，油滴中无杂质为良好，否则应该更换。

小提示：

加注机油要适量，否则会产生以下危害。

（二）冷却液的检查

冷却液的作用是帮助发动机散热，防止寒冷季节停车时冷却液结冰而造成散热器、发动机气缸体胀裂，所以也称为防冻液。冷却液还有一个特点是防腐蚀，在循环散热过程中不宜产生污垢、不会腐蚀管道。冷却液一般每 2 年或行驶 40 000 km 更换一次，也可根据实际使用情况而定。当冷却液液位在刻度线 max 和 min 之间时，无须额外添加，如图 2–4–3 所示。当冷却液颜色出现异常、有沉淀时，就需要更换，建议到专业的汽车维修店进行更换。

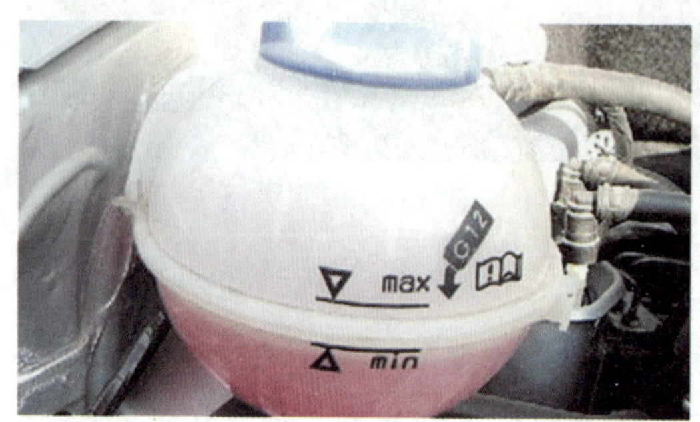

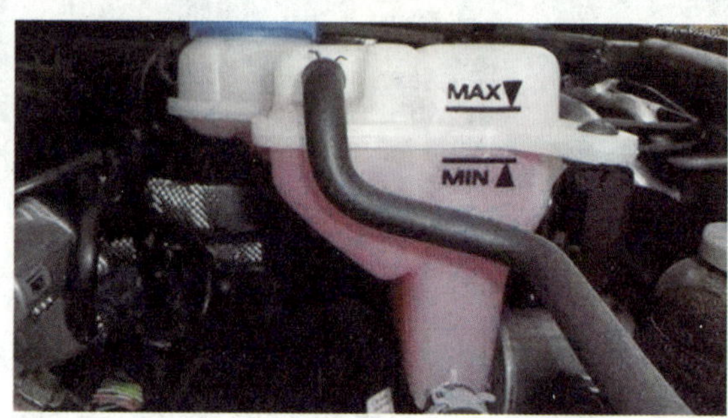

图 2–4–3　冷却液液位的检查

（三）变速箱油的检查

变速箱油是大家非常容易忽略的油液之一。变速箱油过多或过少，都会损害变速箱，过多会造成机件运转的阻力过大，或者使变速箱油变质而导致机件不正常的磨损；过少则会造成动力不足、换挡阻滞等。

变速箱油的检查方法如下。

1. 将汽车停放在水平地面上，并施加驻车制动。

2. 将发动机怠速运转 1 min 以上。

3. 踩住制动踏板，将变速器操纵杆拨至倒车挡（R）、前进挡（D）、低速前进挡（S、L 或 2、1）等位置，并在每个挡位上停留几秒钟，使液力变矩器和所有换挡执行元件中都充满变速箱油。最后将变速器操纵杆拨至停车挡（P）位置。

4. 从加油管内拔出变速箱油尺，用抹布将其擦拭干净，然后将擦拭干净的油尺全部插入加油管后再拔出，检查油尺上的油面高度，如图 2–4–4 所示。

自动变速箱的油面高度标准：如果自动变速箱处于冷态（即冷车刚刚起动，变速箱油的温度较低，为室温或低于 25 ℃），油面高度应在油尺刻线的下限附近；如果自动变速箱处于热态（如低速行驶 5 min 以上，变速箱油的温度已达 70 ~ 80 ℃），油面高度应在油尺刻线的上限附近。这是因为低温时变速箱油的黏度大，运转时有较多的变速箱油附着在行星齿轮等零件上，所以油面高度较低；高温时变速箱油的黏度小，容易流回变速箱，因此油面高度较高。

正常情况下，变速箱油是鲜红色的，如果变速箱油的颜色和黏度都发生了变化，就说明已经氧化变质，需要及时更换，同时还需要彻底清洗变速箱散热器。如果变速箱油有异常，比如气味难闻，带有明显的焦煳味；或油液状态发生变化，如变成乳状；或油中含有大量粉末状物，说明变速箱已经严重受损，需要解体大修。

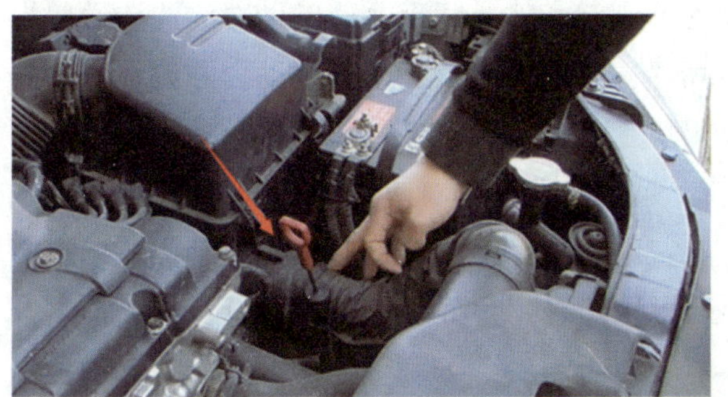
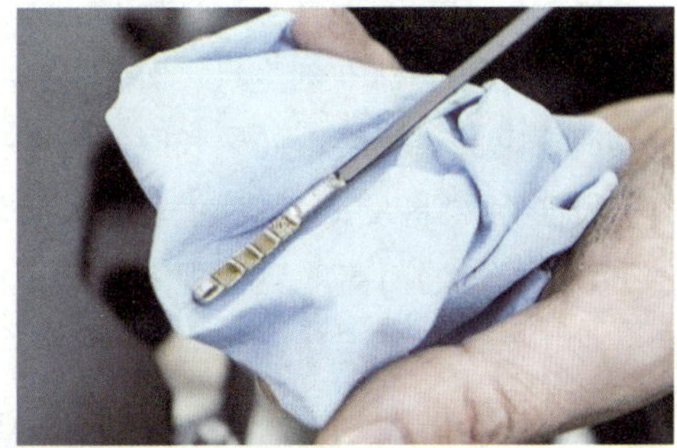

图 2-4-4　变速箱油的检查

（四）制动液的检查

制动液又称刹车油，它是汽车制动系统中至关重要的组成部分，使用陈旧的制动液很容易导致制动系统在紧急情况下失效。在车辆行驶过程中，由于制动摩擦片的损耗及自动调整，制动液液面产生轻微下降是正常的。制动液液面非正常下降，将会导致车辆存在安全隐患，甚至出现重大安全事故，所以一定要在日常维护中检查制动液。如图 2-4-5 所示，制动液液面位于 MAX 与 MIN 之间即可。一般情况下，每 2 年更换一次制动液，但使用过程中应经常检查制动液，防止因为制动液减少或变质导致制动摩擦片磨损严重。注意一定要添加同一型号的制动液。制动液有一定腐蚀性，添加过程中最好佩戴防腐手套。

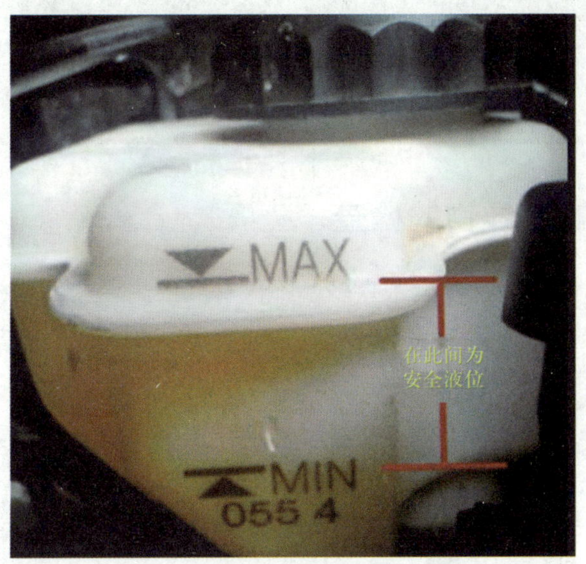

图 2-4-5　制动液安全液位

（五）转向助力油的检查

转向助力油减少或油中进入空气或油被磨料污染，会直接影响动力转向装置的工作性能，还会缩短转向系统的使用寿命，因此，检查、补充、更换转向助力油，是动力转向装置工作性能检查的前提，也是一项重要的常规性维护作业项目。

转向助力油的检查与机油类似，都要检查余量和油品状态。转向助力油油罐通常是透明的，上面有标准刻度尺，如图 2–4–6 所示。一般来说，新的转向助力油偏红色，并且具有一定的透明度，如果长时间不更换，则会变成黑色。

检查时先将发动机怠速运转，反复将转向盘转到底，使转向助力油的温度达到 40 ~ 80 ℃，油面高度应在规定范围之内。若油面高度不足，在检查确认各部位无泄漏后，按规定牌号补足转向助力油；若转向助力油起泡或发白，则应更换。

图 2–4–6　转向助力油的检查

小提示：

转向助力油具有亲水性及一定的毒性，检查时要注意油罐的密封性并注意不要黏附在肌肤上。

二、发动机舱内异物的检查

汽车发动机舱内结构复杂，设备众多，不仅有产生高温的发动机，还有很多高速运转的机械设备，以及充斥着各种油液管路和大量的电子管路。一旦有异物进入发动机舱，很容易对车辆的正常工作产生不良影响。

发动机舱内最常见的异物是各种灰尘和油泥，还有柳絮、各种昆虫尸体，甚至还有小动物。这些东西附着在发动机舱内，会降低发动机的散热效率，在高温炙烤下还会产生难闻的刺鼻气味；更严重的，像油泥、柳絮都属于易燃物质，在高温的发动机舱内大量堆积很容易诱发车辆自燃，造成严重的财产损失。

打开发动机舱盖，如图 2–4–7 所示，检查发动机表面是否有异物和油泥。如果有油液渗漏，发动机表面很容易粘到灰尘砂砾从而形成油泥。发动机舱内出现油液渗漏的原因可能是相应油封老化、发动机里的密封胶条老化，也可能是生产企业本身工艺不够精密导致的，这种情况需要到专业的汽车维修店进行具体检查。

如果打开空调后有异味，说明需要更换空调滤芯，甚至需要清除空调管道内的异物，否则霉菌会严重影响身体健康。

图 2-4-7　发动机舱的检查与清洁

三、玻璃清洗液的检查

玻璃清洗液俗称玻璃水，作用是清洁风窗玻璃。大多数玻璃清洗液是蓝色的，如图 2-4-8 所示，很容易观察余量，如果发现余量不多，应及时添加。不要直接添加自来水，这样容易积存水垢，而且清洁效果差，润滑不够，刮水器使用过程中还可能刮花玻璃。

图 2-4-8　玻璃清洗液的加注

小提示：

玻璃清洗液的检查应在出车前尤其是雨雪天气出车前进行，玻璃清洗液不足时切记不要使用家用洗涤剂兑水补充，否则在阳光或灯光的照射下，前风窗玻璃会出现七彩光晕，致使驾驶员无法观察前方道路，影响行车安全。

四、前照灯的检查

前照灯俗称大灯，它是汽车夜间行驶的“眼睛”，让驾驶员在夜间行驶的时候有更好的视野，对突发事件也能及时做出判断。因此，前照灯的日常检查也是不能忽略的。

检查前照灯好坏的最基本方法，就是看其是否还发光。如果不亮了，就表明灯泡已经烧毁，必须进行更换。如果没有完全坏掉，只是亮度降低，灯光发红而暗淡，也应及时处理。另外，还要检查前照灯镜头是否有裂纹，因为湿气会透过裂缝渗入灯具内，对灯泡的性能和使用寿命都有很大影响。如果前照灯有起雾现象，可摘下橡胶盖往里面吹热风以烘干水汽，如图 2–4–9 所示（部分车型因发动机舱内空间有限无法实施）。如果可操作，在原灯出现昏暗、熄灭等故障时，也可直接打开橡胶盖对灯泡进行更换。

图 2–4–9　前照灯的检查

五、蓄电池的检查

蓄电池有使用年限，如果使用时间已多于 3 年，目的地气候比较寒冷，跑长途前一定要注意检查，另外最好随车带两根蓄电池线缆，以备不时之需。蓄电池的检查可以通过以下几种方法进行。

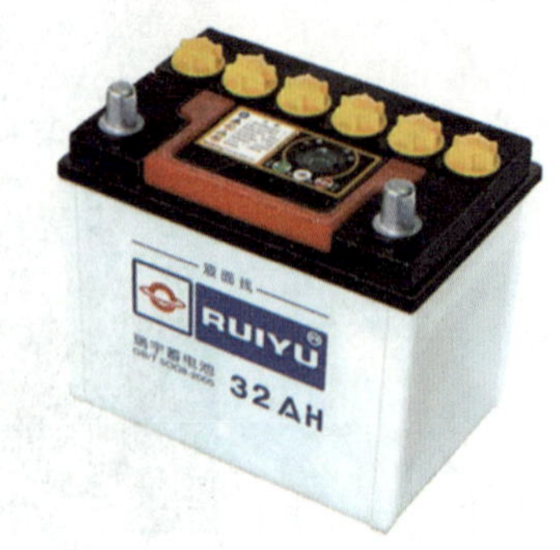

图 2–4–10　蓄电池状态观察窗口

（一）查看蓄电池状态观察窗口

目前超过 80% 的免维护蓄电池都带有蓄电池状态观察窗口，如图 2–4–10 所示。观察窗口中一般能看见三种颜色：绿色、黑色和白色。绿色代表电量充足，黑色代表略微亏电，白色则代表蓄电池接近报废需要更换。根据蓄电池厂家的不同设计，还可能有其他的观察形式，具体可以参考蓄电池上的标签提示。

（二）查看电压

使用蓄电池测量仪或万用表测量蓄电池的电压，如图 2–4–11 所示。正常情况下，蓄电池的空载电压为 13 V 左右，满载电压一般不会低于 12 V。如果蓄电池的电压偏低，有可能会出现车辆起动困难或无法起动的情况；若蓄电池长时间保持低电压状态，会降低其使用寿命。

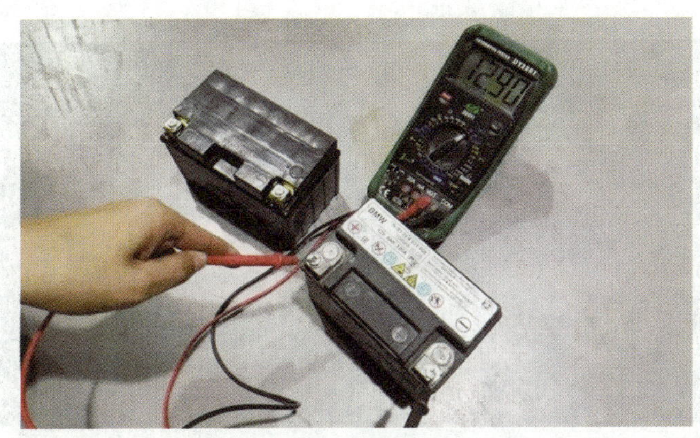

图 2–4–11　蓄电池电压的测量

小提示：

在检查蓄电池电压的同时，还需要测量车辆发电机的发电情况，一般行驶里程数较高的车，发电机内部的碳刷会变短，发电量有所下降，无法满足蓄电池的正常充电需要，这时应考虑更换发电机碳刷以解决电压偏低的情况。

（三）查看外观

观察蓄电池的两侧是否出现比较明显的膨胀变形或鼓包的情况。一旦出现这种情况，就表示蓄电池的寿命已尽，应及时更换。

小提示：

蓄电池在使用一段时间后有轻微的膨胀变形是正常现象，但如果鼓包比较明显就需要更换，以避免车辆出现“趴窝”的情况。

（四）查看极桩

观察蓄电池极桩四周是否出现一些白色或绿色粉末，那是蓄电池的氧化物，质量好的或新的蓄电池一般不会出现这些氧化物，一旦出现，就意味着蓄电池的性能开始老

化。如果这些氧化物不及时清除，会造成发电机充电量不足，使蓄电池处于亏电状态，严重时会使车辆无法起动，或蓄电池过早报废。

小提示：

直接按喇叭，如果喇叭声音不如以前响了，说明蓄电池的电量不足。也可以打开前照灯进行检查，如果灯光白亮，表明蓄电池电量正常；如果灯光红暗，则表明电量不足。另外，仪表上有个蓄电池故障灯（如图所示），如果这个故障灯长亮就说明蓄电池即将没电，需要及时充电或更换。

蓄电池故障灯

六、汽车外部主要部件的检查

（一）轮胎的检查

1. 检查轮胎气压

轮胎的标准气压为 2.2 ~ 2.6 bar，过高易增加轮胎的磨损，还可能造成爆胎；过低则会增加油耗和车辆的颠簸感。一般夏季时轮胎气压可稍低一点，冬季时可稍高一点。有些车型配有胎压监测系统，可以方便地了解轮胎气压。无胎压监测系统的车型，可以用气压表测量轮胎气压，如图 2-4-12 所示。

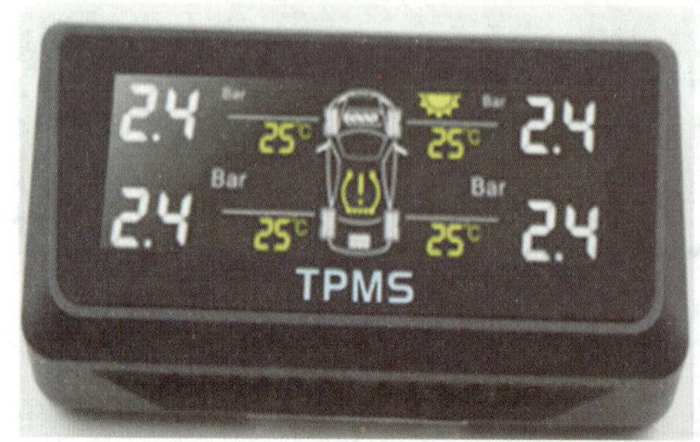

图 2-4-12　测量轮胎气压

2. 查看轮胎是否有鼓包现象

轮胎的损毁会集中在某一个点处爆裂，如图 2–4–13 所示。如果以高速驶过凹坑、障碍物或路肩锐边后，应检查轮胎是否有鼓包。已经出现鼓包的轮胎必须立即更换，否则有爆胎隐患。

3. 查看花纹磨损情况

花纹对轮胎附着力有重要影响。一般来说，正常使用的家用轿车可以每行驶 60 000 km 或 5 年更换一次轮胎，对于花纹磨损严重的轮胎则应提早更换。轮胎胎面上有磨损指示标记（图 2–4–14），这些稍微突起的磨损指示标记位于胎面花纹沟槽的底部，高度为 1.6 mm（法定的最小沟槽深度），如果轮胎磨损面到达指示标记的位置，则需要及时更换轮胎。

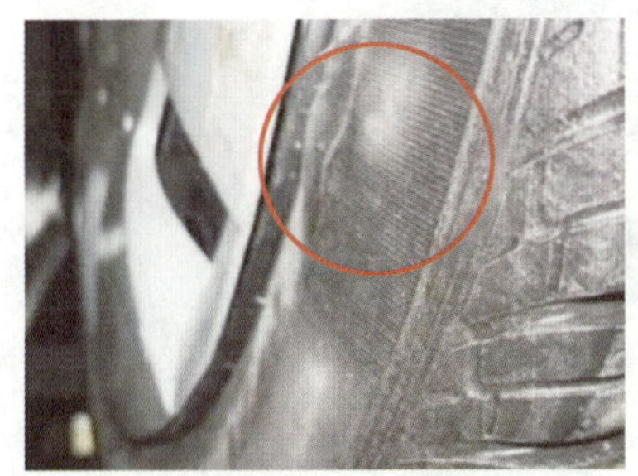

图 2–4–13　轮胎鼓包

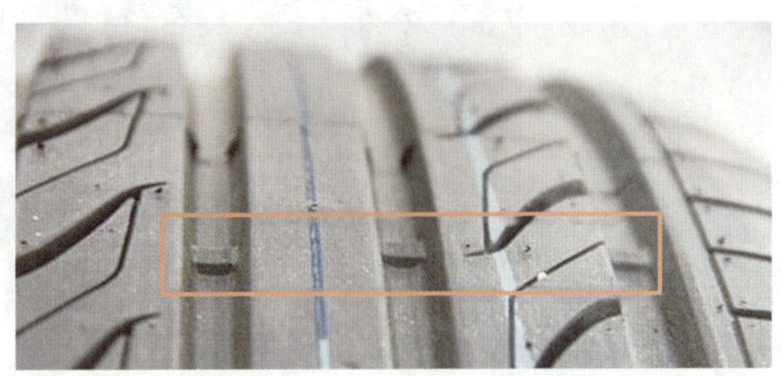

图 2–4–14　轮胎胎面的磨损指示标记

4. 查看备胎

首先要经常检查备胎的气压，其次要注意防油蚀。备胎是橡胶制品，最怕各种油品的腐蚀。轮胎沾油后，很快就会发生胀蚀，这会大大降低轮胎的使用寿命。所以备胎的日常检查不能忽视，如图 2–4–15 所示。

图 2–4–15　查看备胎及其附件

5. 查看轮圈

查看轮圈是否有变形、损伤，若有应及时处理；查看轮圈是否洁净，清洁的时候注意镀铬镜面处理过的轮圈，避免产生伤痕。

6. 查看轮胎的保质期

正常状态下，轮胎的保质期为 5 年左右，超过保质期，即便轮胎行驶的里程非常少，也需要更换。轮胎生产日期的查看如图 2-4-16 所示。

图 2-4-16 轮胎生产日期的查看

小提示：

夏季气温高，要随时关注轮胎气压的情况。轮胎上夹杂的一些石子也要及时清除掉。

（二）制动器的检查

制动器是汽车的重要制动装置，如果制动器出现故障，驾驶汽车时便没有安全保障，而在制动器中，制动摩擦片（刹车片）对于制动效果有着重要影响。在车辆的日常维护中，可以从以下几个方面对制动器进行检查。

1. 检查制动摩擦片的厚度

新的制动摩擦片厚度一般为 1.5 cm 左右，随着使用中不断磨损，制动摩擦片的厚度会逐渐变薄。当肉眼观察到制动摩擦片的厚度已经仅为原先厚度的 1/3（约 0.5 cm）左右时，就要更换。每个制动摩擦片的两侧都有一个突起的标志，标志的厚度为 2 ~ 3 mm，如果制动摩擦片的厚度已经变薄至与此标志平行，则必须进行更换，如图 2-4-17 所

图 2-4-17 制动摩擦片两侧的标志

示。目前不少车型的制动摩擦片过薄时，仪表上的驻车制动器指示灯会有所提示，如图 2-4-18 所示。

图 2-4-18　制动摩擦片过薄指示灯

小提示：

制动摩擦片没有严格的更换周期，一般行驶 60 000 km 左右就要考虑更换。当肉眼观察发现制动摩擦片较薄时应在汽车保养时要求技术人员进行检查，因为肉眼观察会存在误差，专业的维修保养店通过卡尺测量要比肉眼观察更严谨一些。

2. 听声音

如果在轻踩制动踏板的同时伴随有“铁蹭铁”的嗞嗞声，此时必须立即更换制动摩擦片。遇到这种情况，在更换制动摩擦片的同时要配合检查制动盘（鼓），出现这种声音时往往制动盘已经受到损坏，即便更换新的制动摩擦片仍然不能消除响声，严重时需要更换制动盘。

小提示：

当制动时听见有声音，制动盘多多少少会受到损伤。制动盘的价格相比制动摩擦片要高很多，因此建议勤检查制动摩擦片，避免出现损伤制动盘的情况。

3. 感觉力度

当制动摩擦片变薄时制动效果会受到影响，此时前半程制动效果明显减弱，要更深地踩下制动踏板才能达到原先轻踩就能达到的制动效果。当驾驶员感觉汽车的制动迟缓，有点制动不住，就需要检查制动摩擦片是否需要更换。

小提示：

这个方法相对主观，凭感觉可能有些不好把握，因此养成一个良好的自检习惯很重要。另外制动效果降低会导致制动液的消耗增加，因此更换制动摩擦片的同时要着重检查制动液的情况。

如果发现驻车制动器的制动效果或灵敏度不理想，通常可以通过调节驻车制动器的操作铜缆来解决。在驻车制动器操纵杆的底部与铜缆的连接处（一般由内饰件覆盖）有一个可调的补偿机构，用扳手松开再锁紧螺母，就可以拉伸铜缆的长度。

新手一般踩制动踏板较多，制动摩擦片的磨损会大一些。自动挡汽车比手动挡汽车的制动摩擦片磨损更快，因为自动挡汽车的换挡就是靠加速踏板和制动踏板的协调作用。常在市区道路行驶的汽车，制动摩擦片的磨损会比常在跨区公路行驶的汽车快，因为在市区道路行驶时，经常要走走停停，制动次数多，而在跨区公路行驶时可能走几十千米才需要减速或停车，制动次数相对少。载重量大的汽车，制动摩擦片磨损快。同样车速情况下的制动，载重量大的汽车惯性大，需要制动摩擦片摩擦的力就大，因此磨损快。

一般来说，在混合道路行车的情况下（一半公路、一半市区），前轮的制动摩擦片可以行驶 6 万 ~ 7 万千米，后轮的制动摩擦片可以行驶超过 10 万千米。前轮的制动摩擦片磨损比较快，是因为制动时，车的重心会向前倾，前轮制动摩擦片承受的力量要比后轮的大，比例大概为 7∶3。所以，前轮的制动摩擦片一般都比后轮的大。

（三）整车检查

检查车身是否有划痕、玻璃是否有裂痕、车门开关是否有异常、仪表是否正常工作，检查空调的制冷与制热功能、后视镜的位置，检查喇叭、导航、转向、刮水器等是否正常，这些都是日常检查时需要注意的地方，如图 2-4-19 所示。

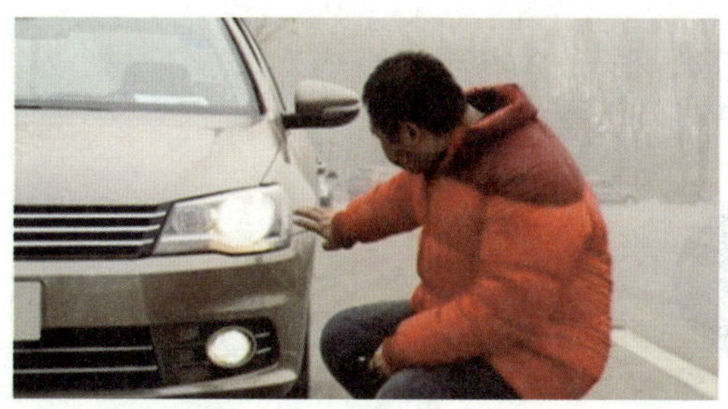

图 2-4-19 整车检查

小提示：

驾驶员从仪表上可以直观地看到汽车的使用状况，在日常检查的时候一定不能忽视。对这些指示灯的报警信号，要及时排除故障，确保行车的安全性。车内报警信号的检查是通过相应开关的开启与关闭进行的，可以观察仪表上相应指示灯点亮与熄灭的情况进行判断。一般在点火开关到“ON”位置的时候指示灯都会自检一遍，发动机正常运转后指示灯会熄灭。如果在检查时出现问题，一定要记录下来，然后去维修保养店进行检修。

汽车仪表上一些常见的指示灯符号及含义如下所示。

驻车制动器指示灯

该指示灯用来显示车辆手刹的状态，平时为熄灭状态。当手刹被拉起后，该指示灯自动点亮。手刹被放下时，该指示灯自动熄灭。有的车型在行驶中未放下手刹会伴随有警告音。

蓄电池指示灯

该指示灯用来显示蓄电池的使用状态。当接通点火开关，车辆开始自检时，该指示灯点亮。起动后自动熄灭。如果起动后蓄电池指示灯长亮，说明该蓄电池出现问题，需要更换。

制动盘指示灯

该指示灯用来显示车辆制动盘磨损的情况。一般该指示灯为熄灭状态，当制动盘出现故障或磨损过度时，该灯点亮，应及时更换摩擦片。

机油压力指示灯

该指示灯用来显示发动机内机油的压力状况。当接通点火开关，车辆开始自检时，指示灯点亮，起动后熄灭。若该指示灯长亮，说明该车发动机机油压力低于规定标准，此时需立即停车关闭发动机进行检查。

冷却液温度指示灯

该指示灯用来显示发动机冷却液的温度，当接通点火开关，车辆自检时，会点亮数秒，后熄灭。若冷却液温度指示灯长亮，说明冷却液温度超过规定值，需立刻停车并关闭发动机，待冷却至正常温度后再继续行驶。冷却液温度正常后指示灯熄灭。

安全气囊指示灯

该指示灯用来显示安全气囊的工作状态，当接通点火开关，车辆自检时，该指示灯自动点亮数秒后熄灭，如果长亮或不亮，则安全气囊出现故障。

ABS 指示灯

该指示灯用来显示 ABS 的工作状况。当接通点火开关，车辆自检时，ABS 指示灯会点亮数秒，随后熄灭。如果未闪亮或者起动后仍不熄灭，表明 ABS 出现故障。

发动机指示灯

该指示灯用来显示车辆发动机的工作状况，当接通点火开关，车辆自检时，该指示灯点亮后自动熄灭，如长亮则说明车辆的发动机电控系统出现故障，需要维修。图中 CHECK 是“检查”的意思。

燃油指示灯

该指示灯用来显示车辆内燃油量的多少，当接通点火开关，车辆自检时，该指示灯会短时间点亮，随后熄灭。如起动后该指示灯点亮，则说明车内燃油量已不足。

车门指示灯

该指示灯用来显示车辆各车门的状况，任一车门未关上或未关好，都会点亮相应的车门指示灯，提示驾驶员车门未关好。当车门关闭或关好时，相应车门的指示灯熄灭。

玻璃清洗液指示灯

该指示灯用来显示车辆所装玻璃清洗液的多少，平时为熄灭状态，该指示灯点亮时，说明车辆所装玻璃清洗液已不足，添加玻璃清洗液后，指示灯熄灭。

安全带指示灯

该指示灯用来显示安全带是否处于锁止状态，当该灯点亮时，说明安全带没有扣紧。有些车型会有相应的提示音。当安全带被扣紧后，该指示灯熄灭。

O/D 挡指示灯

该指示灯用来显示自动挡的 O/D 挡（Over–Drive，超速挡）的工作状态，当 O/D 挡指示灯闪亮，说明 O/D 挡已锁止，此时加速能力获得提升，但会增加油耗。

（四）随车工具的检查

车内必备的自救工具：支顶器、6 ~ 19 mm 扳手 / 套筒、一字 / 十字旋具、破窗工具、牵引带等，如图 2–4–20 所示。

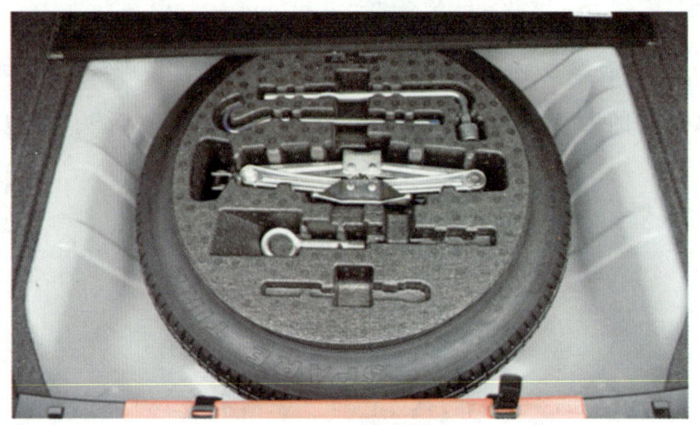
图 2–4–20 随车工具

车内必备的应急装备：三角警示牌、灭火器、警示灯等。

行车必备的证件：驾驶证、行驶证、保险单等。

第三章 安全驾驶与文明行车

§3-1 安全驾驶基础

学习目标

1. 了解安全驾驶的基本要求。
2. 掌握安全驾驶的规范操作要领。
3. 形成安全驾驶的职业素养。

一、上、下车动作及驾驶姿势

（一）上车前动作

驾驶员在上车之前，应进行安全检查，确认周边环境及车辆外观无安全隐患，如图 3–1–1 所示。上车前不观察车辆周边环境及车辆外观便直接开启车门上车，可能存在以下安全隐患：

车辆停放位置的周围存在凸起障碍物，有发生剐蹭的隐患；

车辆轮胎损伤或轮胎气压不一致，有行驶危险的隐患；

车辆后方有机动车或行人通过，有造成交通事故的隐患；

车辆后视镜未打开，有影响驾驶视野的隐患。

在确认停车处周边环境安全的前提下，自车尾逆时针绕车一周，观察车辆轮胎有无外观损伤、轮胎气压是否正常、车身下方有无水渍或油污滴漏、车灯外罩有无破损、车辆前后有无影响安全起步的障碍物等，如图 3–1–2 所示。

图 3-1-1　确认周边环境安全

图 3-1-2　检查车辆外观

（二）上车动作

1. 站立于驾驶员门的后方，再次确认车辆左侧前、后方无车辆或行人通过，右手使用遥控器或钥匙解锁车门，左手拉开车门，按右脚、腰部、上身、左脚的顺序，先坐后收，进入驾驶室，左手顺势握住车门内侧扶手，防止车门自由打开导致损伤车门铰链或影响道路交通，如图 3-1-3 所示。

2. 关闭车门时，左手将车门拉至距车门框 10 cm 左右，再用力关闭车门，关门后应再次确认车门是否关闭严实。如车内有儿童，应把车门上的儿童锁按要求锁止后再关闭车门，如图 3-1-4 所示。

图 3-1-3　上车

图 3-1-4　车门上的儿童锁

小提示：

虽然目前汽车大都具备行驶时车门自动锁止功能，但驾驶小型汽车时，尽量养成开车前从车内使用门锁开关手动锁好车门的习惯（如右图），保障车辆行驶时乘员的安全。

门锁开关

（三）下车动作

1. 车辆停靠安全之后，车辆换挡杆应置于空挡，自动挡车辆换挡杆应置于 P 挡，如图 3–1–5 所示；拉起驻车制动器操纵杆或踩下驻车制动踏板，电子驻车制动器应向上扳动至仪表上驻车制动器指示灯亮起，熄火发动机。

2. 驾驶员通过内、外后视镜和侧头观察车辆前方和后方交通情况，确认开启车门无安全隐患后，方可开启车门，如图 3–1–6 所示。

图 3–1–5　P 挡显示红色

图 3–1–6　确认安全

3. 驾驶员右手打开车门锁，左手控制车门扶手，推开车门 15 ～ 20 cm，再次观察后方，如图 3–1–7 所示，确认安全后，由左手控制车门打开，切忌让车门自由打开。

4. 下车时，驾驶员按左脚、上身、腰部、右脚的顺序下车，如图 3–1–8 所示。

图 3–1–7　再次观察

图 3–1–8　下车

5. 下车后，驾驶员左手推动车门至距车门框约 10 cm 处再用力关闭车门，如图 3–1–9 所示。

6. 右手使用遥控器或钥匙锁止车门，车门锁止后应拉动门把手，确认车门落锁。观察车辆周围，无异常情况后，方可离开车辆，如图 3–1–10 所示。

图 3-1-9　关闭车门

图 3-1-10　锁车门

小提示：

使用遥控器锁止车门后，养成逐个车门检查是否锁止的习惯，防止有车门未锁止或被人为阻止锁止的情况出现，造成车内财物丢失。

（四）驾驶姿势

正确的驾驶姿势，可以让驾驶员在驾驶过程中方便、灵活地进行驾驶操作，并能保持身体自然、放松的状态，减少驾驶疲劳，所以正确的驾驶姿势是安全驾驶的基础，如图 3-1-11 所示。错误的驾驶姿势会影响驾驶员的驾驶操作，增加驾驶疲劳，产生安全隐患，如图 3-1-12 所示。

图 3-1-11　正确的驾驶姿势

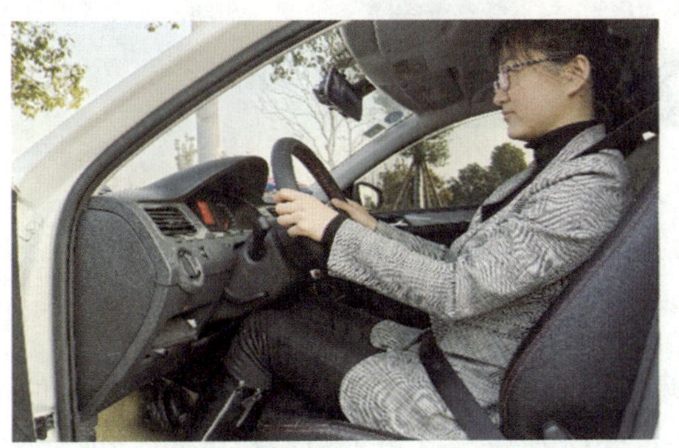

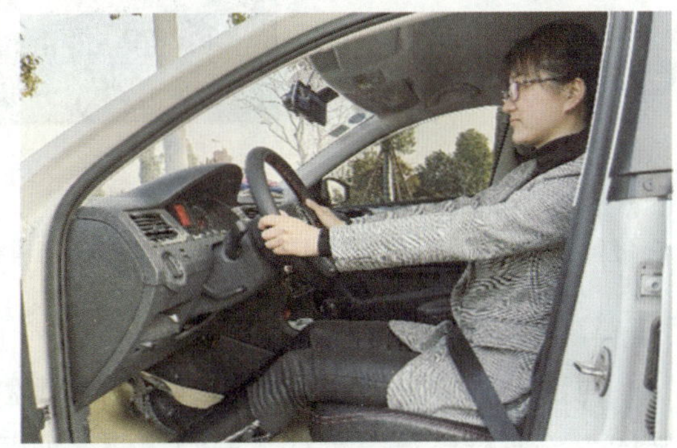

图 3-1-12　错误的驾驶姿势

小提示：

你能看出图 3-1-12 中驾驶姿势的错误在哪里吗？为什么这种驾驶姿势是错误的？

1. 调整座椅

驾驶员上车后，首先要根据自身的身体条件，操作车辆的座椅调整装置，对座椅的高度和靠背的倾角进行适应性调整，使腰部、臀部与座椅贴合，起到支撑作用，减少驾驶疲劳。双腿自然前伸，大腿、小腿成 120° ~ 130° ，且双脚可灵活踩踏离合器踏板、制动踏板和加速踏板至底为宜。双臂自然平伸，超出转向盘最高点约一拳距离，否则可调整座椅靠背位置或转向盘角度。头枕的高度应调至与驾驶员头部高度一致的位置，以使头枕能在车辆行驶和制动过程中对驾驶员的头部和颈部起支撑和保护作用，如图 3-1-13 所示。

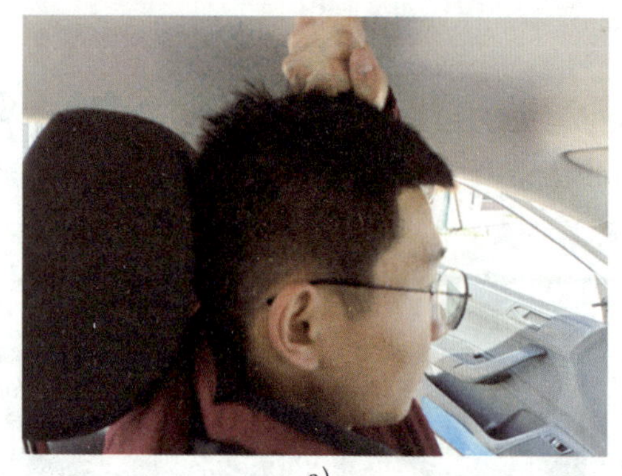

a)

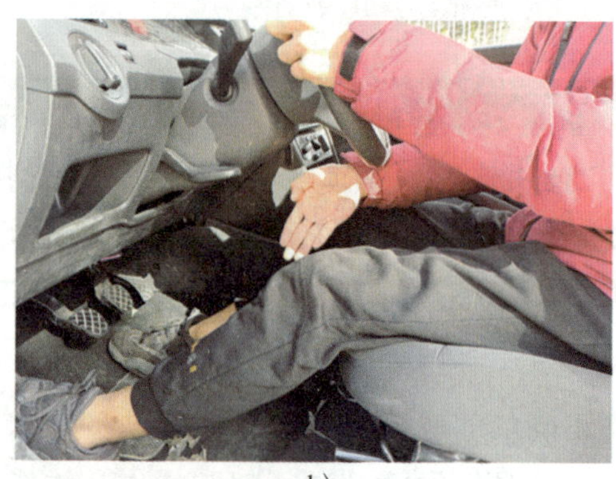

b)

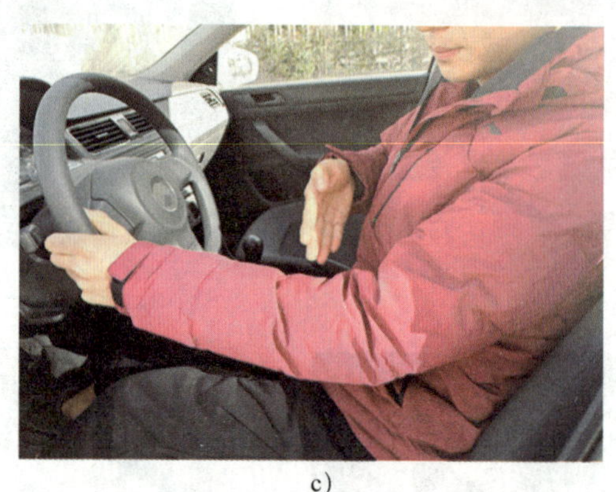

c)

图 3-1-13　座椅的调整

a）座椅高度位置　b）座椅前后位置　c）座椅靠背角度

2. 转向盘的握姿

肘部自然弯曲，双手握住转向盘两侧盘缘，食指到小指四个手指由内向外自然握住转向盘，拇指沿转向盘盘缘自然按住，如图 3-1-14 所示。注意不要握得太紧，切忌拇指环扣转向盘。

3. 坐姿

驾驶员双手握转向盘两侧，胸部略挺直，两眼平视前方，双膝自然分开，左脚放在离合器踏板左下方，右脚放在加速踏板上，背部应与座椅靠背充分贴合，安全带应自驾驶员左侧肩部和腰部卡扣牢固，如图 3–1–15 所示。切忌安全带勒住脖子，防止紧急制动时损害驾驶员身体。

图 3–1–14　转向盘的握姿

图 3–1–15　正确坐姿

小提示：

安全带的高度可调整，通过调整使安全带贴紧驾驶员左肩锁骨处。

安全带的高度调整

4. 调整后视镜

车辆后视镜有内、外之分，两个外侧后视镜主要用来观察车辆两侧的道路交通情况，车辆内部后视镜主要用来透过后风窗玻璃观察车辆正后方的道路交通情况。在车辆起动前应通过手动或电动方式进行相应的调整，尽量减少行车中的视野盲区，如图 3–1–16 所示。

图 3–1–16　后视镜的调整

建议调整方法如下。

（1）内部后视镜的调整：保持正确的驾驶姿势，面向正前方，侧视车内后视镜，后视镜的中心应为车辆后风窗玻璃的中心。

（2）左侧外后视镜的调整：保持正确的驾驶姿势，面向正前方，侧视左侧外后视镜，车身在后视镜内约占纵向 1/4，地平线应位于后视镜横向中心线。

（3）右侧外后视镜的调整：保持正确的驾驶姿势，面向正前方，侧视右侧外后视镜，车身在后视镜内约占纵向 1/4，地平线应位于距后视镜上方横向 1/4 处。

小提示：

目前很多汽车的内部后视镜具有防眩目功能，夜间行车时可扳动下图中红色箭头所指防眩目开关至防眩目位置。防眩目后视镜有自动防眩目和手动防眩目两种。

手动防眩目后视镜

二、起动车辆

（一）起动前检查

起动车辆前，驾驶员首先要对车辆操纵装置的布局和车辆的技术状况进行检查，做到心中有数后才能起动车辆。起动前的检查可以加快驾驶员对车辆的熟悉，提高驾驶中操作的准确性，增加驾驶活动的安全性。

1. 车辆操纵装置的布局检查

不同品牌、不同型号的汽车，其操纵装置的布局也不尽相同，驾驶员起动发动机之前应先观察车辆操纵装置的布局、安装位置，并对其各项功能进行检查、熟悉。比如换挡杆的位置，一般布置在驾驶员右手侧的主、副驾驶中间位置，但也有些车型的换挡杆安装在仪表台上或转向盘下方组合开关处，还有部分自动挡车型的换挡杆演化为旋钮，如图 3–1–17 所示。驾驶员应重点检查将要驾驶车型的灯光开关、驻车制动器操纵杆、换挡杆、仪表等位置布局。

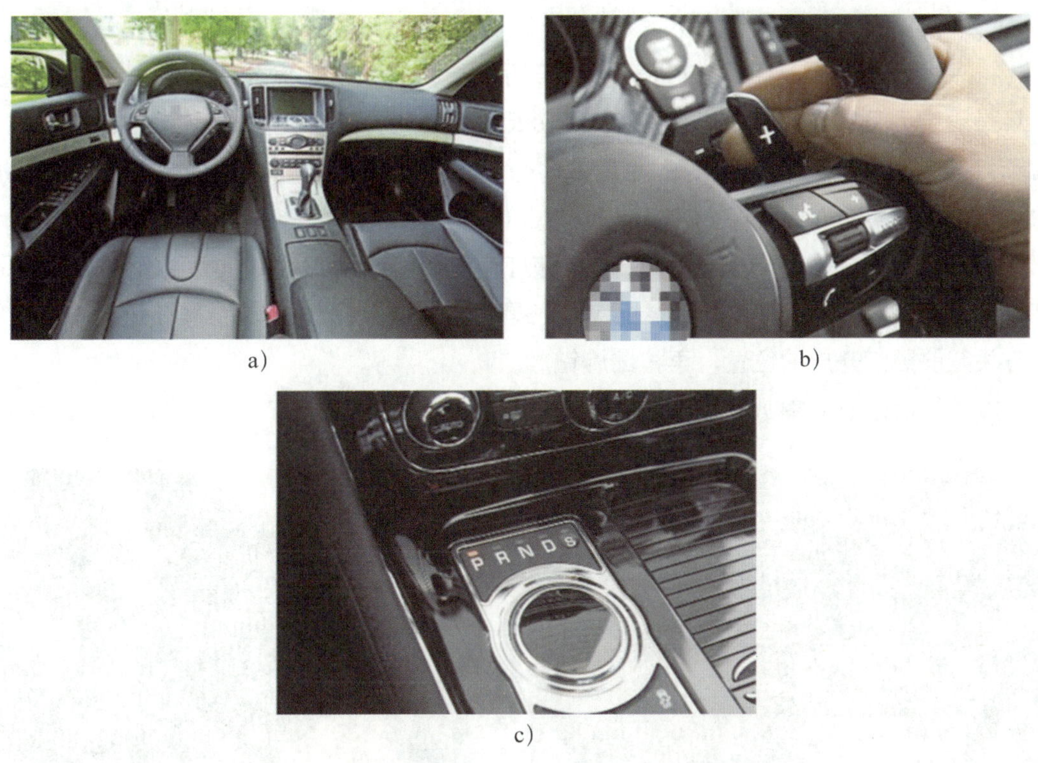

a) b) c)

图 3-1-17 换挡杆布局

a）挡杆式 b）拨片式 c）旋钮式

2. 车辆技术状况的检查

（1）检查驻车制动器操纵杆及换挡杆所处挡位

驾驶员用右手拇指按驻车制动器操纵杆的解锁按钮，四指握紧驻车制动器操纵杆，向上拉升，检查驻车制动器操纵杆是否处于拉紧状态，如图 3-1-18 所示。

驾驶员用右手握住换挡杆，依次上下左右晃动，确认换挡杆处于空挡位置，如图 3-1-19 所示。自动变速器的换挡杆应处于“P”挡或“N”挡位置。

图 3-1-18 驻车制动器操纵杆的检查

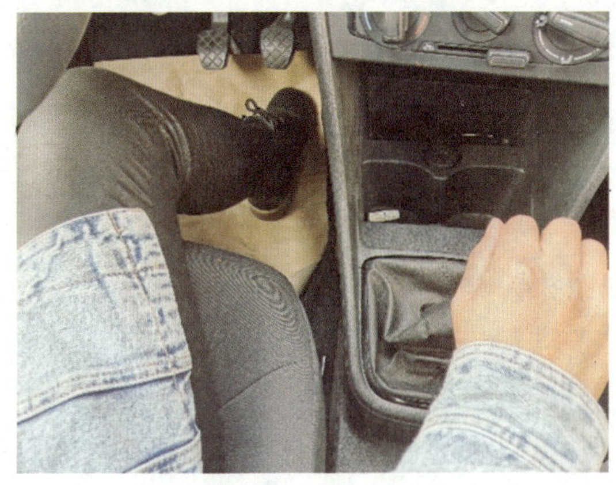

图 3-1-19 空挡位置的检查

（2）检查仪表、灯光和喇叭

将点火开关旋至“ON”位置，此时车辆仪表的部分模块点亮。查看各个仪表和指示灯是否显示正常。一般情况下，车辆仪表上的充电指示灯、故障指示灯、机油压力指示灯等会点亮显示，水温表、油量表、行车电脑等仪表会显示数值或指示位置，如图 3–1–20 所示。

打开灯光开关，依次开启和关闭示廓灯、前照灯、雾灯、转向灯、倒车灯和制动灯，如图 3–1–21 所示。下车观察相应灯光是否正常。桑塔纳轿车的雾灯开启需旋转灯光开关至前照灯开启的位置，再拉出旋钮。

按转向盘中心的喇叭按钮，喇叭声音应当清脆明亮。

图 3–1–20　检查仪表

图 3–1–21　检查灯光

（二）起动发动机

左脚将离合器踏板踩到底，右脚踩紧制动踏板，如图 3–1–22 所示。右手将点火开关从“ON”位置逆时针旋回初始位置，再顺时针旋至“START”位置，保持一定时间，待发动机开始自行运转后，松开点火开关，并放松离合器踏板和制动踏板。此时点火开关会自动回旋至“ON”位置，如图 3–1–23 所示。自动变速器车辆在起动发动机时应踩下制动踏板。

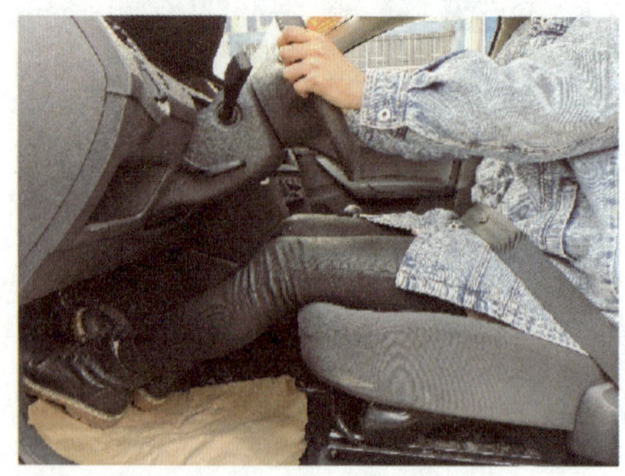

图 3–1–22　踩下离合器、制动踏板

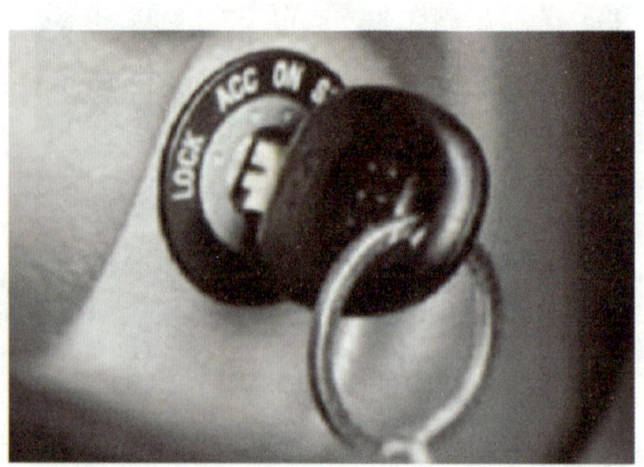

图 3–1–23　点火开关的挡位

小提示：

发动机的起动机每次持续起动时间不能超过 10 s，每 2 次起动的间隔时间不能少于 2 min，否则易损坏起动机、蓄电池，若连续 3 次起动失败应查明原因，故障排除后再起动。

（三）起动后检查

起动发动机后，驾驶员应检查发动机运转是否平稳，此时发动机转速表的指针指示的转速应为 1 200 r/min（冷车）或 800 r/min（热车）。发动机应无异响，仪表上的充电指示灯和故障指示灯应熄灭，如图 3–1–24 所示。

图 3–1–24 起动后的仪表显示

三、换挡操作

换挡操作一般指驾驶员驾驶手动变速器车辆时应熟练掌握的操作技能，是“换挡杆操作”的简称，是驾驶员根据车辆行驶速度和交通环境的变化而对换挡杆位置进行变动的操作，使车辆的行驶状态符合交通环境和驾驶员的预期。换挡操作时不允许驾驶员低头确认，禁止双手同时离开转向盘。换挡操作的熟练程度，直接影响到行车的安全性。自动变速器车辆在行驶过程中的换挡一般由车载电脑根据车辆运行的需要自动调整，不需要驾驶员的干涉，但提前升挡和强制降挡的操作也需要驾驶员熟练掌握。

换挡操作分为增挡、降挡、强制降挡、倒车挡、空挡五种操作方法。换挡操作时要求驾驶员做到“及时、准确、平稳、迅速”。

及时是指驾驶员应根据车辆速度和交通环境的实时变化，掌握合适的换挡时机，不应增挡过早，也不应降挡过晚。

准确是指驾驶员换挡操作时，对离合器踏板、加速踏板、换挡杆的配合要准确、到位。

平稳是指驾驶员换挡操作完成后，放松离合器踏板时要先快后慢，使车辆动力平稳传递。

迅速是指驾驶员的换挡动作要迅速、规范，缩短换挡时间，减少车辆的动能损失，减少燃料消耗。

（一）增挡操作

1. 手动变速器车辆的增挡操作

增挡操作是将换挡杆换入高一级挡位的操作过程，常用于需要提升车辆行驶速度的驾驶场景。当交通条件满足车辆提速需求，车辆行驶速度也达到了增挡的条件时，驾驶员应及时改变变速器工作挡位，提升车辆的行驶速度，如图 3–1–25 所示。

（1）驾驶员保持正常驾驶姿势，观察前方交通情况，左脚快速把离合器踏板踩到底，右脚松开加速踏板。

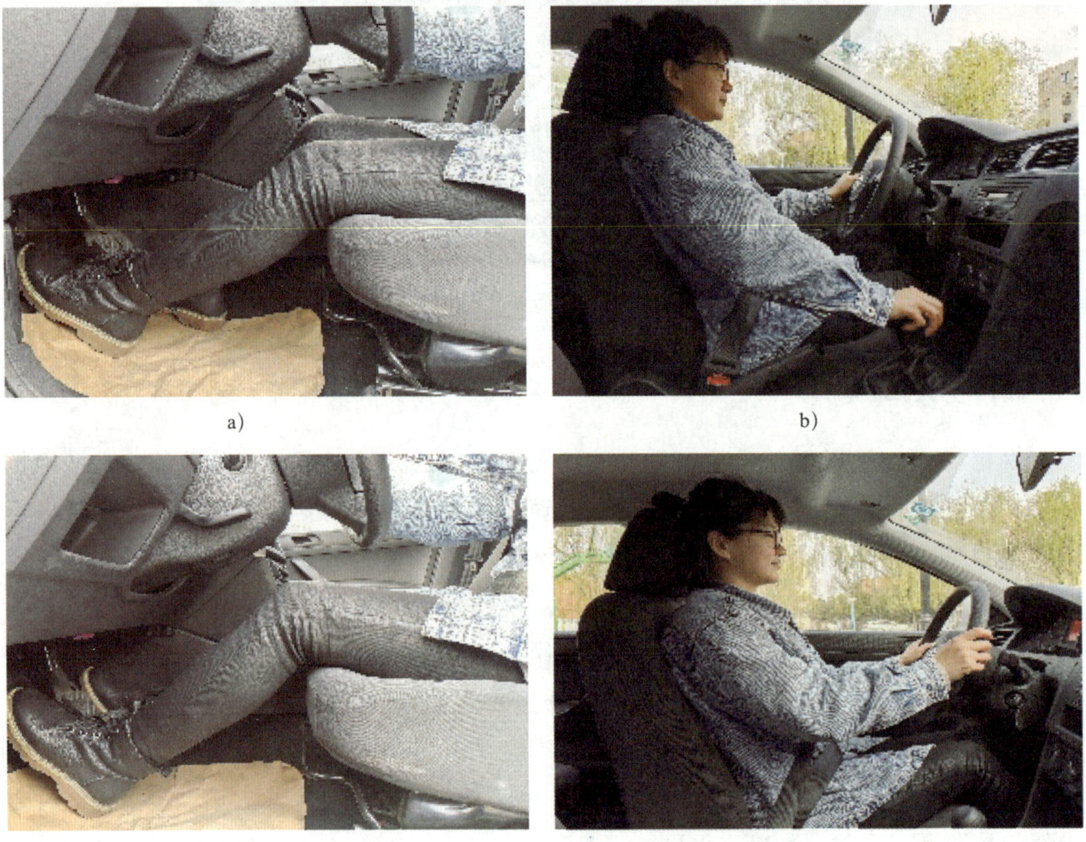

a)　　b)

c)　　d)

图 3–1–25　增挡操作的顺序

a）踩下离合器踏板　b）换入挡位　c）抬离合器至半联动位　d）正常驾驶

（2）右手离开转向盘，顺势握住换挡杆，按照车辆挡位的布局，推入高一级挡位。

（3）左脚轻抬，放松离合器踏板，注意要“先快后慢”，即快速抬脚至离合器到达半联动位置时，稍作停留再慢慢抬起，使车辆的动力平稳传递，避免离合器接合过快造成车辆闯动。

（4）右脚同步轻踩加速踏板，及时增加发动机供油量，使发动机转速快速提升，满足车辆新挡位的动力输出需求。

（5）右手离开换挡杆，回归转向盘控制位置，双手控制转向盘，保持车辆行驶方向。

小提示：

现在车辆变速器的变速机构内安装有同步器，挡位变化时，不需要在空挡位置停留冲速。

增挡操作完成后发动机转速下降、动力不足，说明增挡过早；车速下降，说明换挡过迟。换挡时机应根据发动机的声音、转速和动力输出特性来确定。

2. 自动变速器车辆的提前升挡操作

与手动变速器车辆的增挡操作有所不同，自动变速器车辆在行驶过程中的增挡和降挡由电脑进行控制，但在车辆负载较小、道路平直、道路交通环境安全的情况下也可进行快速增挡操作，使车辆提前提升一个挡位，较快提高车速，节省燃油。

（1）驾驶员在需要车辆快速增挡的时候，确认车辆挡位处于D挡，并保持正常的驾驶状态。

（2）右脚缓慢踩下加速踏板，待发动机转速接近换挡转速区间（AT变速器一般为1 500 ~ 2 000 r/min）时，快速松开加速踏板。

（3）此时变速器电脑会认为发动机负荷需求减小，控制变速器自动提升一个挡位。

（4）驾驶员从挡位显示屏上看到挡位提升后，右脚再缓慢踩下加速踏板，自动变速器就完成了提前升挡的动作。

小提示：

自动变速器的快速增挡操作与车辆的驾驶模式和驾驶员的驾驶习惯有很大关系，驾驶员可以在确保安全的前提下，进行相应的练习。自动变速器电脑也会不断地学习驾驶员的驾驶习惯，满足驾驶员的驾驶要求。

（二）降挡操作

降挡操作是将换挡杆换入低一级挡位的操作过程，常用于需要降低车辆行驶速度但又没必要采取制动的驾驶工况，也适用于需要增加车辆驱动力的驾驶工况。

1. 驾驶员保持正常驾驶姿势，观察前方交通情况，右脚松开加速踏板，利用发动机制动，降低车辆行驶速度至合适速度。

2. 左脚将离合器踏板踩到底，右手离开转向盘，顺势握住换挡杆，摘－空－挂，按照车辆挡位的布局，推入低一级挡位。如图3–1–26所示，右手稍用力将换挡杆沿箭头所示方向从3挡位置向下移至N挡位置，向左平移至挡杆槽尽头，再稍用力向下移入2挡位置。

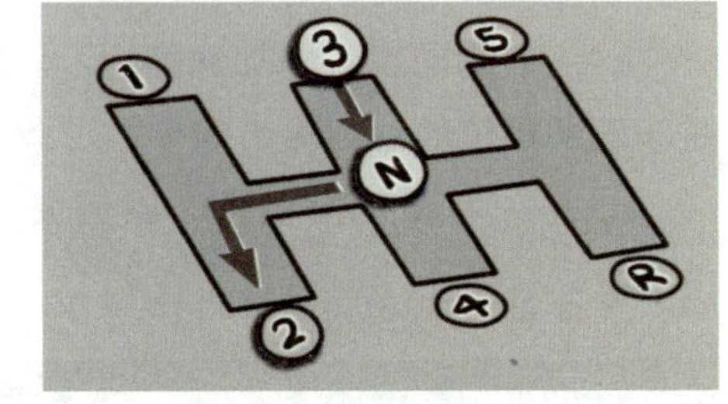

图3–1–26　降挡操作的顺序

小提示：

早期车辆的机械齿轮式变速器缺少同步器，一旦挡位齿轮脱离啮合状态，由于车辆行驶惯性，挡位齿轮的转速高于主动齿轮，换入低挡位时由于齿轮转速不同步，会出现打齿或无法降挡的现象。因此在进行降挡操作时，尤其是跨挡位降挡操作时，驾驶员需“两脚离合一加油”，即左脚踩下离合器踏板，右手稍用力将换挡杆从3挡位置向下移至N挡位置，松开离合器踏板，右脚轻踩加速踏板，提高发动机转速；左脚再次踩下离合器踏板，右脚松开加速踏板，同时右手将换挡杆从N挡位置移至2挡位置；左脚放松离合器踏板，右脚踩下加速踏板，完成降挡操作。现在车辆的机械齿轮式变速器均安装有同步器，已经不需要在N挡时踩加速踏板以提升发动机转速来进行转速匹配。

3. 左脚轻抬，放松离合器踏板，注意要“先快后慢”，避免离合器接合过快造成车辆闯动。

4. 右脚同步轻踩加速踏板，及时增加发动机供油量，使发动机转速快速提升，满足车辆新挡位的动力输出需求。

5. 右手离开换挡杆，回归转向盘控制位置，双手控制转向盘，保持车辆行驶方向。

小提示：

车辆行驶过程中，当感觉发动机动力不足、车速逐渐下降时，应及时换入低一级挡位；车辆在需要减速慢行、接近高速公路出口、准备上坡等驾驶场景时应及时换入低一级挡位。

（三）强制降挡操作

1. 手动变速器车辆的强制降挡

强制降挡操作实际上是降挡操作的一种特殊方式，一般适用于高速超车、辅助车辆快速减速的驾驶场景。强制降挡的基本操作与降挡操作相同，只是降挡时机不同。一般情况下，强制降挡是交通环境突然变化需要驾驶员快速降低车辆行驶速度或快速增加车辆驱动力时进行的降挡操作，尤其是车辆制动失效时，必须采用强制降挡操作，有效利用发动机的制动特性，快速降低车辆行驶速度。强制降挡可逐级降挡也可越级降挡。

2. 自动变速器车辆的强制降挡

自动变速器车辆的强制降挡操作一般适用于高速超车或进入坡道行驶的场景，控制车辆快速降低一个挡位，提升车辆驱动力。

（1）驾驶员在需要车辆强制降挡的时候，确认车辆挡位处于 D 挡，并保持正常的驾驶状态。

（2）右脚迅速踩下加速踏板后再松开加速踏板。

（3）由于发动机节气门突然增大，车速却并未随之迅速提升，自动变速器电脑会认为发动机负荷突然增大，会控制换挡机构降低变速器一个挡位。

（4）驾驶员从挡位显示屏上看到挡位下降后，右脚再缓慢踩下加速踏板，自动变速器就完成了强制降挡的动作。

（四）倒车挡操作

倒车挡操作是将换挡杆换入倒车挡位置的操作过程（自动变速器车辆是将换挡杆置于 R 挡），常适用于在公路上掉头、倒车等驾驶场景。倒车挡操作必须在车辆静止的状态下进行，禁止在车辆移动的状态下进行倒车挡操作。

1. 驾驶员保持正常驾驶姿势，先观察清楚车辆周边交通情况，再通过左、右两侧外后视镜及车内后视镜观察车辆后方交通情况，确定安全的情况下，才能进行倒车挡操作。

2. 左脚将离合器踏板踩到底，右手离开转向盘，顺势握住换挡杆，按照车辆挡位的布局，换入倒车挡挡位。

3. 左脚轻抬，放松离合器踏板，注意要“先快后慢”，避免离合器接合过快造成车辆闯动。

4. 右脚同步轻踩加速踏板，及时增加发动机供油量，使发动机转速快速提升，满足车辆新挡位的动力输出需求。

5. 自动变速器车辆的倒车挡操作需要在车辆完全停稳的状态下，驾驶员右脚踩下制动踏板，左手控制转向盘，右手将换挡杆推入“R”挡位。当感觉车身轻微振动时，缓慢松开制动踏板，即完成倒车挡操作。

（五）空挡操作

空挡操作是将换挡杆换入空挡位置的操作过程（自动变速器车辆是将换挡杆置于N挡），常用于临时停车、等候红灯、暖机等驾驶场景。

1. 驾驶员保持正常驾驶姿势，待车辆驶近停车位置时，左脚踩下离合器踏板，右脚松开加速踏板，移动右脚至制动踏板，并缓慢踩下。

2. 待车辆停稳后，右手离开转向盘，顺势握住换挡杆，按照车辆挡位的布局，换入空挡挡位。

3. 左脚轻抬，放松离合器踏板，注意要“先快后慢”，防止换挡不到位，造成车辆闯动。

4. 右手顺势拉紧驻车制动器操纵杆，防止车辆溜车，造成碰撞事故。

5. 自动变速器车辆的空挡操作需要驾驶员轻踩制动踏板，待车辆停稳后，右手将换挡杆推入”N”挡位即可。此时建议驾驶员持续踩下制动踏板或拉紧驻车制动器操纵杆，防止溜车。

小提示：

安全驾驶严禁空挡滑行（非停车工况）！由于现代车辆上装备的液压动力转向和真空助力制动装置，均需在发动机运转状态下才能正常工作。一旦空挡滑行中发动机熄火，车辆将失去大部分转向和制动能力，严重危及驾驶安全。所以，驾驶过程中严禁车辆在空挡滑行状态下行驶。

（六）换挡操作注意事项

1. 换挡时两眼注视前方，保持正确的驾驶姿势，不可低头确认，以防方向跑偏，发生危险。

2. 当换不了挡或齿轮发响时，不可强拉硬推，应再次把离合器踏板踩到底，进行换挡操作。

3. 换挡结束后，左脚不要踩在离合器踏板上，应移至离合器踏板左侧空处。

4. 在行驶中变速时，非特殊情况，不可越级换挡。

5. 在行驶中需换倒车挡时，必须待汽车完全停稳后方可换挡。

6. 汽车在严寒季节起步后，先用低速挡慢行，待车辆动力系统、传动系统和行驶系统等各运动部件充分润滑后，再逐级换入高速挡。

四、热车

热车是指车辆起动后，依靠混合气燃烧产生的热能对发动机组成部件进行加热，使各部件达到正常配合状态，以减少机件过度磨损的过程。根据相关统计数据显示，发动机运动部件的磨损，有超过 90% 是在冷车起动后 3 min 内产生的。所以热车是车辆正常行驶前驾驶员必须执行的一项操作步骤。

（一）热车的原因

1. 车辆经过长时间停放，发动机内的机油会逐渐流回油底壳，再次起动时发动机的运动部件处于没有机油润滑的状态，起动后 10 s 左右，机油泵才能将足够的机油输送到各个运动副表面，进行润滑。

2. 发动机刚刚起动，机油的温度较低，黏度较大，流动性差，所以发动机各运动副的润滑效果差，磨损程度大。如果此时车辆加速行驶，发动机承受的负载增大，会加剧机件的磨损。

3. 车辆刚起步时，变速器、轮毂轴承等运动部件也会因为温度较低，造成磨损加剧。

（二）热车操作

1. 正确起动发动机，原地怠速运转 10 ~ 20 s，检查发动机运转是否平稳。

2. 换入低速挡，在怠速状态让车辆低速行驶，保持 10 ~ 20 km/h 匀速行驶。

3. 待发动机冷却液温度升至 50 ~ 60 ℃时（水温表第二格），驾驶员可以正常速度驾驶车辆，但应尽可能将发动机转速控制在 2 000 r/min 以下，并避免发动机转速变化幅度过大。

4. 待发动机冷却液温度升至 80 ~ 90 ℃后，驾驶员就可以按照驾驶需求正常驾驶车辆。

小提示：

车辆正常行驶前，无论夏季和冬季都需要热车，冬季热车时间比夏季略长。不要原地怠速热车，这会导致油耗增加和发动机积碳过多，减少三元催化转化器的使用寿命，同时由于变速器和行驶系的温度没有提升，会使得换挡发涩，磨损加剧。

五、起步与停车

（一）起步

1. 驾驶员应在上车前提前观察车辆周围道路交通情况，对车辆四周的障碍物及道路环境做到心中有数。准备起步前，打开左转向灯向其他车辆及其他交通参与者提醒示意，如图 3–1–27 所示。

2. 准备移动车辆前，再次通过内、外后视镜或向左后侧转头观察，确认左侧后方及后视镜盲区内通行条件正常，如图 3–1–28 所示。

图 3-1-27　起步前观察

图 3-1-28　左转起步

3. 左脚踩下离合器踏板，右脚踩下制动踏板，换入起步挡位（自动变速器车辆换入“D”挡），释放驻车制动器操纵杆，再次确认车辆前后通行条件，将离合器踏板缓慢升至联动点并保持半联动状态，右脚同时从制动踏板移至加速踏板，缓踩加速踏板，平稳提高发动机转速，左脚缓慢放松离合器踏板至自由状态，使车辆平稳起步，如图 3-1-29 所示。

4. 待车辆进入正常行驶路段，关闭左转向灯（回正转向盘时转向灯会自动关闭），驾驶员可进行道路驾驶操作，如图 3-1-30 所示。

图 3-1-29　进入行驶车道

图 3-1-30　回正方向

小提示：

雾天驾驶机动车起步时，要开启前、后雾灯和危险报警闪光灯，必要时开启近光灯，要比正常气象条件下更仔细地观察前方及车辆两侧情况。

夜间驾驶机动车起步时，要开启近光灯、左转向灯，注意观察两侧的车辆和行人，特别要注意提防黑暗中的车辆和行人。

驾驶机动车在雨、雪天气起步时，要开启近光灯，雨天要使用刮水器，雪天用中速挡，要注意预防雨、雪中的行人抢行。

（二）停车

1. 需要在道路右侧靠边停车时，如图 3–1–31 所示，应观察车辆右侧及右后方道路交通条件，打开右转向灯，提前把车辆从行驶车道并入右侧路边车道，选择允许停放的路段，按照顺行方向靠边停车。

小提示：

在道路边临时停车时，右侧车轮与路肩的距离不能超过 30 cm，严禁逆向或并列停放。有停车位标线的，车辆需停放在停车位标线内。雨、雪、雾天气或夜晚路边临时停车时，应及时打开危险报警闪光灯、示廓灯。

2. 车辆停稳后，驾驶员应及时回正转向盘，关闭车窗，挡位换至空挡位置（自动挡车辆可换至“P”挡或“N”挡），关闭发动机并拉紧驻车制动器操纵杆或踩下驻车制动踏板，按照下车动作的要求，离开车辆。

3. 车辆长时间停放时，应选择停车场或路面有停车位标线的区域。无停车位标线的，应选择车辆出入方便且不影响他人通行的方式停放，如图 3–1–32 所示。

图 3–1–31 观察右侧交通情况

图 3–1–32 停入停车位

小提示：

临时停车是指车辆在非禁止停车的路面，在驾驶员不离开车辆的情况下，靠道路右侧按顺行方向作短暂停留。长时停车是指车辆在非禁止停车的路面，在驾驶员离开车辆的情况下，靠道路右侧按顺行方向停放。

六、直线驾驶

直线驾驶是驾驶操作的一项基本技能，驾驶员控制车辆的行驶状态，保持车辆尽量行驶在车道中心，防止车辆行驶中发生偏移或驶出车道，引发交通事故。

1. 驾驶员直线驾驶时要目视前方，注意观察前方道路交通情况，可选择车道线或道路边固定物体为参照物，双手控制转向盘，保持车辆直线运动状态，时刻注意前方各种交通情况，做到及时发现、及时处理，如图 3–1–33 所示。

2. 要看远顾近，握正方向，驾驶员应随着车速的变化调整目视前方的距离。车速较快时，应看得远些；车速较慢时，应适当看得近些；并用余光适时注意车辆周围的情况，如图 3–1–34 所示。

3. 当驾驶员观察到车辆行驶出现偏移时，应及时修正方向，修正幅度不应过大，操作转向盘时要一手轻拉一手轻推，保持平稳、自然，双手保持与肩同宽。

4. 修正方向时，操作转向盘要早转、少转、有转有回，做到一手拉动一手推送，双手合力操作，保持车辆直线行进。

图 3–1–33　选择参照物

图 3–1–34　观察远处道路

七、倒车

倒车驾驶比前进驾驶困难一些，主要是由于驾驶员的视线受到一定的限制，不容易看清车后的道路和障碍情况，同时倒车时后轮变为前导，前轮变为后跟，驾驶员的主观感觉容易产生错位，车辆的转向控制也发生了变化。因此，驾驶员进行倒车操作时往往没有前进时顺利。

（一）倒车操作

1. 倒车前应先看清车后情况，规划好倒车路线，确认倒车过程中车头是否会碰到障碍物。特别是在转向盘转动幅度大时，汽车转向轮的转弯半径大于后轮的转弯半径，倒车时车头部位向外甩的幅度也大，这时一定要注意避免剐蹭车头。

2. 驾驶员保持正确的驾驶姿势，通过车辆后视镜确认后方及两侧交通环境符合倒车需求后，左脚踩下离合器踏板，右手握住换挡杆换入倒车挡（部分车型的倒车挡需配合倒车挡开关才能换入，如图 3–1–35 所示）。

3. 左脚放松离合器踏板至半联动位置后保持住，利用离合器控制车辆的倒车速度。

a)

b)

图 3-1-35 倒车挡开关

a）下压后换入倒车挡 b）上提后换入倒车挡

4. 双手控制转向盘，修正车辆的行驶方向，控制车辆按规划的倒车路线行驶。

5. 若车尾需要向右后方行进，则应将转向盘向右转动；反之，则将转向盘向左转动，与汽车向前行驶时的转向操作一致。

6. 倒车时不要一直看着车后，确认车后安全的前提下，应不时观察左、右两侧外后视镜，注意障碍物与车身之间的距离，以障碍物为参照物转动转向盘，修正车身后退时的位置。

7. 倒车时尽量不要踩加速踏板，控制车速不要太快，防止失去控制。

8. 倒车中遇到影响倒车的突发情况，应先踩下离合器踏板，再踩下制动踏板，停止倒车，并确保发动机不熄火。待突发情况解除，松开制动踏板，轻抬离合器踏板继续倒车。

（二）操作注意事项

1. 倒车前要通过观察后视镜或转头透过后风窗玻璃观察车辆后方和车辆左、右两侧的交通情况。必要时驾驶员应下车观察车辆后方的道路交通情况，规划好倒车路线。

2. 倒车时注意车辆前、后方有无来车或行人，发出倒车信号，以提醒其他车辆和行人。倒车时，应保持车速为 5 km/h，不可忽快忽慢，防止车辆熄火或车速过高而失去控制。

3. 倒车时驾驶员左脚做好随时踩下离合器踏板的准备，右脚做好随时移动到制动踏板进行制动的准备，预防倒车过程中的突发情况。

4. 自动变速器车辆倒车时驾驶员应使用制动踏板控制车速。在坡道或不平路面倒车时，还应使用右脚交替踩下制动踏板和加速踏板，防止车辆熄火，控制倒车速度。

小提示：

夜间在地形地貌不熟、周围空间狭窄、照明不良等情况下倒车时更要谨慎驾驶，车窗玻璃上贴膜的车辆倒车时难度会更大。另外，不要盲目听从停车场、饭店等工作人员的指挥，因为他们不清楚驾驶员的驾驶水平，仅片面追求缩小间距，由此引发的撞车、撞墙等事故时有发生。

§3–2 驾驶员心理和生理对安全行车的影响

学习目标

1. 了解驾驶员的基本心理和生理特点。
2. 掌握影响安全驾驶的心理和生理因素。
3. 养成安全驾驶必备的心理和生理条件。

一、驾驶员心理对安全行车的影响

交通安全与所有参与交通的人都有直接关系，在汽车的行驶过程中，驾驶员的感知、注意力和操作方式缺一不可，三者中任何一项行为出现失误，均可能引起交通事故，可见驾驶人员的心理素质与交通安全的关系极为密切。应用心理学的观点、方法和原则，研究人在道路交通中的行为规律，分析人产生失误的原因，寻找预防失误的方法，以求达到减少交通事故、保证交通安全的目的。

心理是人脑对客观现实的主观反映。在这一概念里，我们应注意三个方面的内容，一是人脑是心理的前提，正常健康的心理必须有一个正常健康的大脑，如果脑功能受损，那么健康心理就无从谈起；二是客观现实必须存在，如果我们处在一个真空环境中，没有任何刺激或客观现实存在，心理也就随之消失；三是心理包含我们的主观成分，这是人的心理和动物心理的最大区别。

心理学是研究人的心理现象及其发生规律的学科，心理现象包含心理过程和个性心理两个方面。

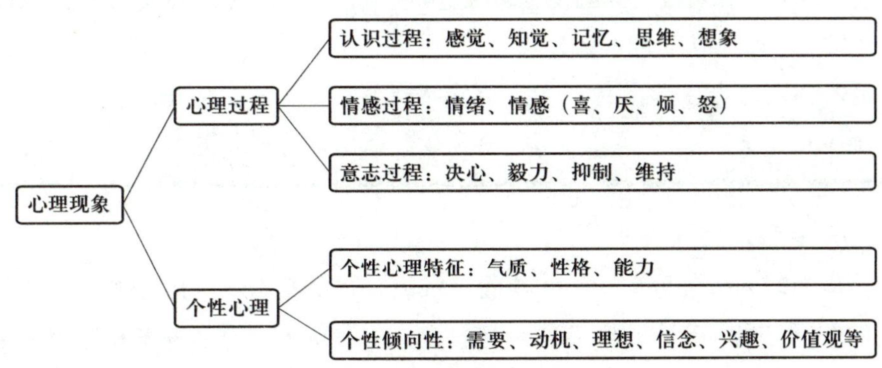

并不是所有人都具备与驾驶工作相适应的心理条件，在驾驶员中，总有一些人比其他人更容易发生交通事故。因此，对人的心理特征做出综合评价，具有十分重要的意义。

（一）驾驶员的注意

1. 注意

注意是人们熟悉的心理现象，在人们的心理活动中占有特殊地位，在安全行车中占有重要地位。

注意就是人们的心理活动对一定事物对象的指向和集中。指向就是在某一瞬间人们的心理活动有选择地指向一定的对象，同时离开其余的对象。集中就是人们的心理活动专注于某一事物对象，表现为全神贯注、聚精会神等。注意可分为无意注意和有意注意。

2. 无意注意和有意注意

无意注意是没有自觉目的，也不需要主观努力的注意。无意注意主要是由车、物的特点所引起的，如强烈的光线、声响、路上其他自己关注的车型等。

有意注意是有预定目的，必要时还需要主观努力去实现的注意。有意注意主要是由安全行车所需的条件而引起的，它不一定强烈或新奇，例如，必须注意交通信号，必须注意道路上的车与行人动态，转弯时必须注意对面来车等。

无意注意可以转化为有意注意，有意注意也会转化为无意注意。

3. 驾驶员应集中注意

集中注意就是要把全部精力集中到安全行车上，并具有抵抗其他事物干扰的能力，不因无关刺激而影响安全驾驶。集中注意并不是把注意仅仅指向某一个单一的对象，如在行车中，不是把注意集中去观察前方的某一点，而是注意的总方向不变。至于在行车中时而注意观察远方，时而注意近处左右情况，时而注意观察仪表，时而注意倾听各部件有无异响等是允许的，这也是有意注意。总体来说，驾驶员在行车中必须集中注意，集中注意的对象就是“安全驾驶”。

小提示：

集中注意可以从以下几点做起。

1. 要有高度的责任感。
2. 要有一颗平常心，热爱生活。
3. 要防止分散注意。
4. 要劳逸结合，保持精力充沛。

4. 应善于转移注意

驾驶员应有较大的注意范围，才能看远及近，顾及左右。有经验的驾驶员不但能注意近距离的交通信号、行人、障碍物等情况，也能注意远距离的来车和道路情况。要做好转移注意，要善于总结经验；要了解注意对象的特征；要善于分配注意。

小提示：

分配注意就是在同一时间内把注意分配到几种不同的活动中去，例如驾驶员一边观察前方道路通行条件，一边需要用眼睛余光观察左、右两侧外后视镜内的交通状况。

5. 应掌握行人的心理特征

在交通流量中，行人占有一定的比例。由于人员流动频繁，造成交通拥挤，使交通情况复杂化，直接影响行车安全。据统计，在城市交通事故中，汽车伤及行人的比例为31.4 %，这个比例是很大的，应当引起足够的注意。驾驶员应抱着生命至上的心理，在行车中应能掌握行人的心理特征，根据其规律性做到有预见、有准备、有措施，以保证行车安全。

小提示：

以下是几种需要特别留意的行人。

1. 盲目自信，不避让汽车的行人。
2. 注意力分散的行人。
3. 缺乏避车常识，遇车惊慌的行人。
4. 恶劣天气抢过马路的行人。
5. 老弱病残的行人。
6. 少年儿童。
7. 雨雪天气穿雨衣等包裹严实的行人。
8. 聋哑行人。

（二）驾驶员的情感

1. 情感

情感是人们对待客观事物的一种态度，反映着主、客观之间的关系。当客观事物能满足人的需要，与人的主观愿望相吻合时，则人对客观事物抱有肯定的态度，从而表现出满意、愉快、高兴、欢喜的情感；如果客观事物不满足人的需要，与人的主观愿望相违背，则人对客观事物抱有否定的态度，从而表现出厌恶、愤怒、恐惧、悲哀的情感。

2. 情感对驾驶员的影响

实践说明，当人在满意、愉快、高兴、欢喜时，人感到舒适，人的反应灵敏度提高。如果是驾驶员，则表现为在行车中精神集中，精力充沛，观察分析道路交通情况灵敏果断，驾驶操作迅速、敏捷、及时。这是一种增力的情感，对行车安全是种保证。当人在厌恶、愤怒、恐惧、悲哀时，人感到痛苦，反应能力下降。如果是驾驶员，则表现为在行车中精力分散，无精打采，懒于观察和思考，反应迟钝，驾驶操作时有失误，动作迟缓。这是一种减力情感，对行车安全是种威胁。

3. 驾驶员如何调节情感

驾驶员学习和掌握一些自我心理调节的方法是十分必要的，这有利于在受到挫折时有效地化解因挫折而产生的焦虑、紧张、郁闷等不良情绪，从而提高挫折承受力，减少不良情感对安全行车的干扰。常用的驾驶员情感调节方法有以下几种，驾驶员可以根据自己的喜好和实际情况选择适合自己的调节方式。

（1）暗示调节

心理学研究表明，暗示作用对人的心理活动和行为具有显著的影响，内部语言可以引起或抑止人的心理和行为。自我暗示即通过内部语言来提醒和安慰自己，如提醒自己“不要灰心”、“事情并不像我想象得那么糟”等，以此来缓解心理压力，调整不良情绪。

（2）放松调节

学习身体放松的方法来调节挫折所引起的紧张不安感。放松调节是通过对身体各部分主要肌肉的系统放松练习，抑制伴随紧张而产生的血压升高、头痛、手脚冒汗、腹泻、睡眠等生理反应，从而减轻心理上的压力和紧张焦虑情绪。

放松调节首先要学会体验肌肉紧张时的感觉，即收缩肌肉群，注意体验其感觉；然后再放松肌肉群，注意体会相反的感觉。

呼吸调节也是放松调节的一种。通过某种特定的呼吸方法，来解除精神紧张、压抑、焦虑、急躁和疲劳。例如，紧张时，采用深呼吸的方法可减缓紧张感。平时也可以到空气新鲜的大自然中去做呼吸训练。

（3）想象调节

想象调节法是指在想象中对现实生活中的挫折情境和使自己感到紧张、焦虑的事件的预演，学会在想象的情境中放松自己，并使之迁移，从而达到能在真实的挫折情境和紧张的场合下对付各种不良的情绪反应。

想象调节的基本做法是：首先学会有效的放松；其次把挫折和紧张事件按紧张的等级由低到高排列出来，制成等级表；然后依据等级表由低到高逐步进行想象脱敏训练。

（4）转移注意调节

转移注意力在心理保健中是必不可少的，当心绪不佳，有烦恼时，可以外出参加一些娱乐活动，换个环境，换个想法，因为新异刺激可以忘却不良的情绪。如果能有意识地强迫自己转移注意力，对于调节情绪有特殊的意义。

（5）合理宣泄调节

有的情绪可以升华，有的不一定有必要升华，在适当的场合下，合理地宣泄情绪，可以起到心理调节的作用。因此，要学会合理宣泄情绪，但是要注意情感宣泄的对象、地点、场合、方式等，切不可任意宣泄，无端迁怒于他人或他物，造成不良后果。

（三）驾驶员的意志

1. 意志

意志就是为实现目的而有方向、有信念地坚持的一种心理活动（含潜意识中的心理活动）。它是人类特有的有意识、有目的、有计划地调节和支配自己行动的心理现象。无意识的本能活动、盲目的冲动或一些习惯动作都不含有或很少有意志的成分。

2. 意志对驾驶员的影响

积极的意志表现为自觉性、果断性、自制性和坚持性。消极的意志表现为依赖性、冲动性等。

（1）自觉性

一个人具有自觉性是指其能充分认识到自己行动的社会意义。例如，当我们认识到做好行车安全是关系到人民生命财产安危的大事这一点时，在行车中就能自觉地遵纪守法，做好行车安全。

（2）果断性

果断性对安全行车有很大影响，意志果断的机动车驾驶员在行车中遇到紧急情况时能及时采取适当的措施，确保行车安全。

（3）自制性

机动车驾驶员应能自觉控制自己的行为。一名好的机动车驾驶员应具有坚强的组织纪律性，在行车中善于控制和支配自己的情绪，处处为他人着想。

（4）坚持性

机动车驾驶员必须时刻保持饱满旺盛的精力，为达到目的，与各种困难作斗争，特别是在遇到各种复杂情况时，也能克服困难，保证行车安全。

（四）驾驶员的气质

1. 气质

气质是一个人心理活动动力特点的总和，气质具有先天性的、固有的、稳定的特征。它决定了人的心理活动能力方面的自然属性，决定了心理活动进行的速度、强度和产生的持久性等。气质可分为多血质、胆汁质、粘液质、抑郁质四种类型，不同气质类型的驾驶员在驾驶时表现出不同的行为特征。

2. 气质对驾驶员的影响

多血质驾驶员的操作动作敏捷，反应较快，处理情况准确，行车中能坚持礼让，并乐于帮助其他驾驶员解决困难，遇紧急情况时采取的措施也较有力。但这类驾驶员驾驶车辆的平顺性随情绪变化有较大的波动，车速时快时慢；经常耍小聪明违反交通规则，对一些重要情况的观察不细致导致行车中险情和小事故不断。这类驾驶员，应注意锻炼和培养自己坚定顽强的意志品质，努力克服轻浮好胜的性格。

胆汁质驾驶员的操作动作干脆有力，处理情况果断，行车速度较快；行车中易被对方不礼貌的行为激怒，一旦被激怒将会做出危险的报复行动；处理危险情况时不够沉着仔细，喜欢冒险尝试。这类驾驶员不适宜长途驾驶，因为他们很难长时间保持良好的工作效率。

粘液质驾驶员的操作动作稳定自如，行车中不急躁，不开快车，车速具有较强的节奏性，不易受外界的干扰，能较严格地遵守交通规则；驾车的工作节奏较慢，车队行进时经常掉队，对意外情况的处理不够果断。这类驾驶员性子慢，适宜在道路情况不复杂的条件下长途驾驶，而不适宜在道路情况复杂的条件下短途驾驶。

抑郁质驾驶员能严格按操作规程和交通规则驾驶车辆，行车中有主动礼让的精神。但这类驾驶员处理意外情况时会出现顾此失彼的现象，致使处理意外情况时不知所措；行车中，情绪虽稳定，但一种意念产生后，就非要付诸行动以实现，不易改变主意；一旦遇到超车、让车、会车不顺心而产生固执情绪时，便会强行付诸行动。这类驾驶员积极性低，易疲劳，工作效率不高，在紧张情况下尤其如此。因此，他们不适宜做专用车辆驾驶员，如救护车、消防车等车辆的驾驶员。

小测试：

气质类型测试与分析

题号	内容	题号	内容
1	做事力求稳妥，不做无把握的事	9	羡慕那些善于克制自己感情的人
2	遇到使自己生气的事就怒不可遏	10	生活有规律，很少违反作息制度
3	宁肯一人干事，不愿意和很多人在一起	11	在多数情况下情绪是乐观的
4	到一个新环境很快就能适应	12	碰到陌生人觉得很拘束
5	厌恶那些强烈的刺激，如尖叫噪音、危险镜头等	13	遇到令人气愤的事，能很好地自我克制
6	和人争吵时，总想先发制人，喜欢挑衅	14	做事总是有旺盛的精力
7	喜欢安静的环境	15	遇到问题常常举棋不定，优柔寡断
8	善于和人交往	16	在人群中不觉得过分拘束

续表

题号	内容	题号	内容
17	情绪高昂时，觉得什么都有趣，情绪低落时，又觉得干什么都没意思	39	接受新知识时，总希望别人讲解慢些，多重复几遍
18	当注意力集中于一件事物时，别的事很难放到心上	40	能够很快地忘记那些不愉快的事情
19	理解问题总比别人快	41	做一件事或完成一项工作总比别人花的时间多
20	碰到危险情况时，有极度恐怖感	42	喜欢运动量大的剧烈体育活动，也喜欢参加多种文艺活动
21	对工作、学习、事业有很高的热情	43	不能很快地把注意力从一件事情转移到另一件事情上去
22	能够长时间做枯燥、单调的工作	44	接受一个新任务后，就希望把它迅速解决
23	符合兴趣的事，干起来劲头十足，否则就不想干	45	认为墨守成规比冒险强些
24	一点小事就能引起情绪波动	46	能够同时注意几件事物
25	讨厌那种需要耐心细致的工作	47	烦闷的时候，别人很难使自己高兴起来
26	与人交往不卑不亢	48	喜欢看情节起伏跌宕、激动人心的小说
27	喜欢热烈的活动	49	对工作认真、严谨，持始终如一的态度
28	喜欢看感情细腻、写人物内心活动的文学作品	50	喜欢重复做已经掌握技巧的工作
29	工作、学习时间长了，常感到厌倦	51	和周围人的关系总是相处得不好
30	不喜欢长时间谈论一个问题，愿意实际动手干	52	喜欢变化大、花样多的工作
31	宁愿侃侃而谈，不愿窃窃私语	53	小时候会背的诗歌，似乎比别人记得更清楚
32	别人说自己总是闷闷不乐	54	别人说自己”出语伤人”，自己并不觉得这样
33	理解问题常比别人慢	55	在体育活动中，常因反应慢而落后
34	厌倦时只要短暂的休息就能精神抖擞，重新投入工作	56	反应敏捷，头脑机智
35	心里有话宁愿自己想，不愿说出来	57	喜欢有条理而不甚麻烦的工作
36	认准一个目标就希望尽快实现，不达目的誓不罢休	58	兴奋的事情常使自己失眠
37	学习工作一段时间后，常比别人更困倦	59	朋友们讲的新鲜事物，常常听不懂
38	做事有些鲁莽，常常不考虑后果	60	假如工作枯燥无味，马上就会情绪低落

请按自己的真实情况记下每一题的分数，非常符合自己情况的记“+2”，比较符合的记“+1”，拿不准的记“0”，比较不符合的记“–1”，完全不符合的记“–2”。注意：做题时，不要累计加分，每题记每题得分。

典型气质类型得分表

气质类型	题号	总分
多血质	4 8 11 16 19 23 25 29 34 40 44 46 52 56 60	
胆汁质	2 6 9 14 17 21 27 31 36 38 42 48 50 54 58	
粘液质	1 7 10 13 18 22 26 30 33 39 43 45 49 55 57	
抑郁质	3 5 12 15 20 24 28 32 35 37 41 47 51 53 59	

气质类型的诊断如下。

多血质：多血质一栏超过 20 分，其他三栏得分均较低，为典型多血质。多血质一栏得分在 10 ~ 20 分之间，其他三栏得分较低，为一般多血质。

胆汁质：胆汁质一栏得分最多，其他三栏相对较低。

粘液质：粘液质一栏得分最多，其他三栏相对较低。

抑郁质：抑郁质一栏得分相对较高，其他三栏相对较低。

混合气质：其中两栏得分显著超过另外两栏，而且分数比较接近。如胆粘、血胆、血粘、粘抑等，为两种气质的混合。如有一栏得分较低，其他三栏相差不大，则为三种气质混合型。

二、驾驶员生理对安全行车的影响

驾驶并不是一件轻松的事儿，尤其是长时间连续驾驶是相当辛苦和劳累的，驾驶员只有具备良好的身体条件和心理素质，才能保证在各种复杂路况和气候条件下安全行车。

（一）驾驶员的视觉特性

1. 概述

驾驶员在驾车时，80% 以上的信息是依靠视觉获得的。驾驶员的眼睛是保证安全行车的重要感觉器官，眼睛的视觉特性与交通安全有密切关系。

2. 视力

视力是指分辨细小的或遥远的物体或物体细微部分的能力。视觉敏锐度的基本特征就在于辨别两物体之间距离的大小。视力分为静视力、动视力和夜间视力三种。

（1）静视力

静视力是指人和视标都不动的状态下检查所得的视力。在报考驾驶员时都要进行静视力检查，一般认为 1.0 及以上为正常视力。

（2）动视力

动视力是指人和视标处于运动中（其中一方运动或两方都运动）时检查所得的视力。驾驶员在行车过程中的视力为动视力。驾驶员的动视力随车辆行驶速度的变化而变化，车速提高则动视力下降。例如，以 60 km/h 的速度行驶的车辆，驾驶员可看清离车 240 m 处的交通标志；可是当车速提高到 80 km/h 时，连离车 160 m 处的交通标志都看不清。

驾驶员的动视力随客观刺激显露的时间长短而变化，一般来讲，目标做垂直方向移动引起的视力下降，比目标做水平方向移动所引起的视力下降要大得多。

（3）夜间视力

夜间视力与光线亮度有关，亮度加大可以提升视力。由于夜间亮度低而引起的视力下降叫做夜近视，通过研究发现，夜间的交通事故往往与夜间光线不足、视力下降有直接关系，如图 3–2–1、图 3–2–2 所示。

图 3–2–1　黄昏时驾驶员视角

图 3–2–2　夜色下驾驶员视角

对于驾驶员来说一天中最危险的时刻是黄昏。因为黄昏时，光线较暗，不开灯看不清楚，而当打开前照灯时，其亮度与周围环境亮度相差不大，因而也不易看清周围的车辆和行人，往往会因观察失误而发生事故。夜间打开汽车前照灯行车时，驾驶员应注意以下几种情况。

1）夜间视力与物体大小的关系

在白天，大的物体即使在远处也可以确认，但在夜间，离汽车前照灯的距离愈远，亮度愈低，因此在远处，即使大的物体也不易看清。

2）夜间视力与物体对比度的关系

在夜间，对比度大的物体比对比度小的物体更容易确认，夜间行车时物体的对比度显得特别重要，在驾驶员夜间行车可能遇到危险的地方要设置对比度大的警告标志，就是这个缘故。

3）夜间视力与物体颜色的关系

交通环境中的众多信息是靠色彩来表达和传递的。汽车车身的色彩也是交通环境的一个重要组成部分，与交通有着密切的关系。通过对夜间与白天各种气候条件下不同颜色的识认性对比可知，在同样的气候条件下，同样一种颜色，夜间的识认性较白天差得多。夜间行车时，驾驶员对于物体的可见度因物体的颜色不同而不同。红色、白色及黄色是最容易辨认的，绿色次之，而蓝色是最不容易辨认的。

4）夜间驾驶员对路面的观察

由于车灯直射路面处显得明亮，而凹陷处很黑，驾驶员在行车中可根据路面明暗来避让凹坑。不过由于灯光晃动，有时判断不准。若远处发现的黑影在车辆驶近时消失，可能是小凹坑；若黑影仍然存在，可能凹坑较大、较深。月夜路面为灰白色，积水的地方为白色，而且反光、发亮；无月亮的夜晚，路面为深灰色，若行驶中前面突然发亮，则是公路的转弯处。

5）夜间驾驶员对行人的辨认

有学者对夜间行车时行人的辨认度进行了实验，其结果表明，在夜间行驶时，行人的衣服颜色对辨认距离影响很大。有些国家规定，夜间在道路上作业的人员必须穿黄色反光衣服，以确保安全。

研究结果也指出，驾驶员由于受到对面来车前照灯灯光的影响，对行人的辨认能力降低，降低的程度与对面来车前照灯的光轴方向、对方车辆与本车及行人的相对位置等因素有关。

3. 适应与眩目

（1）适应

在实际道路交通中，驾驶员行车时遇到的环境光照度是变化的。当光照强度发生变化时，驾驶员的眼睛要通过一系列生理过程进行适应。适应需要经过一段时间，不可能在一瞬间完成，所以，当外界光线突然发生变化时，人眼便会出现短时间的视觉障碍，这就是人眼的适应过程。

小提示：

光线突然由明亮变暗时的适应过程称为“暗适应”，反之称为“明适应”。“明适应”过程较快，但“暗适应”却慢得多。

“暗适应”过程对行车安全影响最大，例如汽车在白天驶入公路隧道时，光线突然由明变暗，在进入隧道的最初几秒钟内，驾驶员可能感到视觉障碍。为了适应人眼的特性，隧道入口处应加强照明，汽车进入隧道后必须打开前照灯。“暗适应”过程因人而异，“暗适应”速度过慢、眼睛机能调节较差则易出现事故。

（2）眩目

图 3-2-3　眩目

眩目会使人的视力下降，下降的程度取决于光源的强度、光源对视线的位置、光源周围的亮度、眼睛的适应性等多种因素。汽车夜间行驶时遇到的多数是间断性眩光。一般认为，以人眼视线为中心线的 30° 角以内的范围是容易发生眩目的区域，在此区域内最好不要有发出强烈光线的光源，如图 3-2-3 所示。

为防止夜间会车时眩目，汽车前照灯应有远、近两种灯光，会车时使用近光。在道路设施方面也要注意防眩目，如在上、下行车道间设置隔离带，在隔离带上设置防眩板，加强路灯照明等。

（二）驾驶员的反应特性

反应特性又称反应时间，是指从刺激到反应之间的时间间隔。

驾驶员的反应时间与交通安全有密切关系。由于反应时间是人体本身固有的特性，不可能通过某种技术手段来改变，故只能通过对反应时间的研究来认识其特点，以尽量减少反应时间对交通安全的影响。

1. 简单反应与复杂反应

简单反应是给驾驶员单一的刺激，要求驾驶员做出反应。生理上的条件反射，往往都是简单反应，因为它不经过大脑的分析、判断和选择。一般说来，简单反应时间较短。

复杂反应是给驾驶员多种刺激，要求驾驶员做出不同的反应。例如，驾驶员在超车过程中，既要知道自己车辆的行驶速度，又要估计前面被超越车辆的速度和路面的情况，操作上便有选择地准备超越时间。若超越时间长，至中途时，还要观察被超越车辆的前方有无障碍或骑车、走路的人是否多占了有效路面以及被超越车辆的避让情况等，待万无一失确保安全时，再决定加速超车或停止超车。因此，超越车辆的驾驶员必须有选择余地和预知准备的余地，懂得这样的道路行驶规律，才能在复杂道路环境中安全行驶。复杂反应的复杂程度取决于交通量的大小和车流中另外一些车辆的速度、行驶路线以及道路环境情况的变化等多种因素。

2. 影响驾驶员反应的因素

由于驾驶员的反应对车辆的安全行驶有很重要的作用，故有必要分析哪些因素会影响驾驶员的反应时间，并以此为依据在车辆、道路及交通环境的设计方面，采取有利于提高驾驶员反应速度的措施，以尽量减少反应时间对行车安全的影响。一般情况下，影响驾驶员反应的因素分为客观刺激物和驾驶员自身的特性等方面，下面分别加以分析。

（1）刺激与反应

1）刺激对象不同，反应时间不同，反应最快的是触觉，其次是听觉，再次是视觉，反应最慢的是嗅觉。刺激部位不同，反应时间不同，手的反应速度比脚快。

2）同种刺激，强度越大，反应时间越短。这是因为刺激物作用于感觉器官的能量越大，则在神经系统中进行的过程也快。所以如果以光线作为刺激物，则应提高它的亮度；如果以声音作为刺激物，则应提高它的响度。这些都有利于缩短驾驶员的反应时间。

3）刺激信号数目的增加会使反应时间增长。如红色信号和有声信号同时作用，驾驶员的反应时间比只用红色信号作用时增长 1 ～ 2 倍。

4）刺激信号显露的时间不同，反应时间也不同。在一定范围内，反应时间随刺激信号显露时间的增长而缩短。

（2）年龄和性别与反应

反应时间与人的年龄和性别都有关系。一般来讲，在 30 岁以前反应时间随年龄的增加而缩短，30 岁以后反应时间逐渐增长；同龄的男性比同龄的女性反应时间要短。

一般而言，男性驾驶员反应时间短，女性驾驶员则反应时间长。遇到紧急情况时，男性和女性驾驶员的反应差别较大。例如，在遇到正面冲撞之前的刹那，多数男性驾驶员设法摆脱，而女性驾驶员则多惊慌、手足无措。在培训驾驶员时，应适当延长女学员的训练时间。另外，女驾驶员更适合驾驶轻便车，这样有利于保证交通安全。

（3）车速与反应

汽车行驶速度越快，驾驶员的反应时间越长；车速慢，反应时间变短。从人的生理角度来看，车速越快，驾驶员的视野越窄，看不清视野以外的情况，同时情绪和中枢神经系统都处于相对紧张的状态，导致反应时间变长。

（4）驾驶疲劳

疲劳是许多重大交通事故的根源。由交通事故统计资料可知，驾驶员疲劳影响反应时间，是造成死亡事故发生的重要原因之一。

1）驾驶疲劳及其产生原因

驾驶疲劳是指驾驶员长时间连续驾驶所产生的疲劳。驾驶员长时间在速度快、噪声大、驾驶姿势单调、注意力高度集中、身体肌肉紧张的状态下行驶，在条件恶劣的道路状况和环境下行驶，或长时间得不到及时的恢复和调剂，驾驶员的身体就会出现生理机能和心理机能下降的现象，这就是驾驶疲劳。造成驾驶疲劳的原因很多，在日常生活中，常见的因素主要有睡眠质量、驾驶时间、驾驶员身体条件、车内与车外环境等。

2）驾驶疲劳对安全行车的影响

疲劳会使驾驶员的驾驶机能失调、下降，对安全行车带来不利影响。驾驶员的疲劳

主要是神经系统和感觉器官的疲劳，由于驾驶员在行车中要连续用脑来观察、判断和处理情况，脑部比其他器官需要更多的氧，长时间驾驶车辆，脑部会感到供氧不足而产生疲劳，开始出现意识水平下降、感觉迟钝等症状。继续工作，感觉会进一步钝化，注意力下降，注意范围缩小。这些症状是中枢神经系统在疲劳时出现的保护性反应，就像机械设备中的安全阀一样。驾驶员在这种状态下驾驶汽车容易出现观察、判断和动作上的失误，发生事故的可能性增加。

§3–3 预见性驾驶

学习目标

1. 了解预见性驾驶的特点。
2. 掌握预见性驾驶的训练方法。
3. 养成预见性驾驶的驾驶习惯。

随着我国经济水平的高速发展，机动车保有量迅速增加，道路交通环境日益复杂，交通安全问题直接影响到公民的人身财产和社会稳定发展。根据道路交通事故统计资料表明，交通事故与机动车有关的占70%，其中驾驶员违章驾驶造成的交通事故占80%。所以要成为一名合格的驾驶员，除必须熟练掌握驾驶操作技能和严格遵守道路交通法律法规外，学习和总结预见性驾驶方法，进行预见性驾驶，也是保障行车安全的有效措施。

一、什么是预见性驾驶

预见性驾驶就是驾驶员在整个驾驶活动中，随时根据所获得的道路交通信息，对驾驶活动中存在的安全隐患进行判别，并提前做出相应的预防性措施，如及时减速、加速通过和紧急制动等，降低或减少驾驶活动中的安全风险。这是一种行之有效的能将驾驶风险减少到最小的自我保护意识，是经过不断的驾驶实践和总结而形成的一种本能的安全意识行为。简单来讲就是采用预防为主的方式完成驾驶活动，达到安全行车的目的。

道路交通法律法规是驾驶员在驾驶活动中采用预见性驾驶的理论依据和前提。规范驾驶操作是进行预见性驾驶的基础。

二、预见性驾驶的重要性

（一）引发道路交通事故的原因

引发道路交通事故的原因可分解为表面原因、直接原因和间接原因。

1. 表面原因

在交通事故的现场，当事双方首先看到或感知到的事故原因为表面原因，比如车速过快、没有看到交通信号指示、行人违章等，表面原因是交通事故处理过程中主诉最多的原因。

2. 直接原因

交通事故的直接原因是指驾驶员由于受影响驾驶行为的因素制约而导致驾驶行为直接恶化的原因。其中，对外界信息的感知失误而直接造成的事故占 50% 左右，判断操作失误占 40% 左右，这两项构成直接原因的 90% 以上。无论是对外界信息的感知失误还是判断操作失误，其根本是因为缺乏对安全隐患的预见性。

3. 间接原因

间接原因是指事故分析中通过调查分析找到的可能产生直接原因和表面原因的因素，其中驾驶员的心理因素约占 90%。导致交通事故发生的主要心理因素是交通参与者过于自信，简单来讲就是行人过于自信机动车不敢撞，驾驶员过于自信可以处理任何突发交通状况。自信是必要的，但过于自信就是盲目自信，会导致缺乏预见性或对可能出现的危险因素视而不见。

（二）预见性驾驶与交通事故的关系

预见性驾驶能力就是驾驶员可以从表面上十分正常的交通信息中“预先识别出危险信息”，从而提前在心理上做好准备，在行动上做好相应措施。对比一下交通事故的发生过程和安全行车的过程，不难看出预见性驾驶在驾驶活动中的重要性。

交通事故的发生过程：正常行驶—观察道路交通条件—看到危险状况—采取措施—发生碰撞—交通事故发生。

安全行车的过程：正常行驶—观察道路交通条件—分析识别危险因素—采取防范措施—确认安全通过—正常行驶。

在这两个过程中，一个是看到危险状况后采取措施，一个是预先分析识别危险因素后提前采取防范措施，这就是事故和安全的主要区别。看到危险状况再采取措施，交通事故接近或已经发生；预先分析识别危险因素并做好防范措施，可以有效规避安全风险，防止交通事故发生。

三、预见性驾驶能力的培养

预见性驾驶能力对驾驶员安全行车有重要的指导作用。驾驶员在行车中要全面感知前方的道路交通情况，通过对相关交通信息的观察、判断和分析，对可能发生的情况变化进行预测，做好心理和生理上的相应准备措施，就可以减少紧急情况和危险的发生。预见性驾驶能力的培养主要分为安全意识能力培养和应急操作能力培养两个方面，其中较重要的是安全意识能力的培养。预见性驾驶能力的培养是一种通过不断的学习、实践和总结慢慢积累，并贯穿于驾驶员学习、生活、工作过程的能力培养。

四、预见性驾驶的原则

驾驶员应在驾驶活动中遵循以下原则，综合运用驾驶技术，避免交通事故的发生，养成预见性驾驶的能力。

（一）心中有数

驾驶员在进行驾驶活动前，应对驾驶操作能力、车辆技术状况、道路交通信息等有充分认知，做到心中有数，对驾驶活动的安全实施充满信心，这是安全行车的基本条件。例如，不驾驶故障车辆出行。

（二）风险预估

风险预估贯穿整个驾驶活动，也是安全意识能力的重要体现。在驾驶活动中，驾驶员随时面对各种交通风险和潜在危险，往往只有几秒钟的时间对这些风险进行评估，且需要执行应急措施来避免或降低风险，对驾驶员的心理和生理都是严峻的考验。养成风险预估的习惯，可以帮助驾驶员提前做好心理和生理的相关准备，有充分的时间应对突发情况，保障行车安全。例如，看到前方公交车辆靠边停靠，驾驶员应该意识到可能会有行人从公交车前突然出现通过马路。

（三）提前观察

驾驶活动中，车辆技术状况和道路交通情况都在高速变化，超过 90% 的决定都是驾驶员根据眼睛观察到的情况而做出的。驾驶员的心理和生理反应都有极限，需要有充足的反应时间和空间避开危险源，所以驾驶活动中需要提前观察车辆前方和车辆周边的交通状况，且观察车辆前方交通状况的距离范围应至少达到以当前车速行驶 15 s 所能到达处。例如，看到前方出现交通事故，驾驶员应提前减速慢行，观察道路交通情况，做好停车准备。

（四）避免干扰

驾驶活动中，驾驶员必须时刻保持谨慎态度，清楚了解车辆周边交通状况的变化以及车辆在整个道路交通系统中所处的位置，有意识地避免被其他事情分散注意力，排除干扰，专注驾驶。例如，行车过程中不要接打电话、设置导航等。

（五）保持距离

驾驶活动中，驾驶员要时刻保持车辆周边的安全距离。行车中要保持与前车的纵向安全距离，会车中要保持与对向来车的横向安全距离，停车时要保持车辆周围有足够的空间。只有保持足够的安全距离才可以让驾驶员有足够的时间和空间采取应对措施，避免事故发生。

（六）引人注目

交通风险是交通参与者共同承受的，要规避风险也是需要交通参与者相互配合的。在应对可能发生的交通事故时，在考虑其他交通参与者的能力和行为的同时，吸引对方的注意也同样重要。驾驶员要及时清晰地发出提醒信号，向其他交通参与者正确传达自己的意图，并等待对方的回应，然后才能做出正确的应对措施，规避风险，保障行车安全。例如，需要超车时，驾驶员应提前打开转向灯，通知前车和后车自己的驾驶意图，并观察对向来车情况，同时变换远、近光提醒前车驾驶员注意，在保证安全的前提下，加速超越前车，安全通行。

§3–4　安全驾驶行为

学习目标

1. 了解交通参与者的行为特点以及对行车安全的影响。
2. 掌握道路交通活动中的安全驾驶操作技能。
3. 培养安全驾驶的行为习惯。

道路交通环境是作用于道路交通参与者的所有外界影响与力量的总和，包括道路状况、交通设施、地物地貌、气象条件以及其他交通参与者的交通活动。道路交通环境所包含的各种因素都在连续的快速变化，尤其是交通参与者的交通活动。驾驶员必须了解交通参与者的基本行为特征和安全驾驶的基本要求，才能在复杂、多变的道路交通环境中进行安全驾驶操作。

一、其他交通参与者的行为特点

（一）儿童

儿童群体由于心智发育尚未成熟，在参与道路交通过程中容易被兴趣影响，忽略安全要求，其行为具有不可预测性。例如出现嬉戏打闹、相互追逐、突然折返、突然站立等意外行为。所以要求驾驶员发现有儿童参与道路交通时，一定要注意儿童动态，减速慢行，谨慎驾车通过，做好随时停车准备，防止交通事故发生。

（二）老年人

老年人由于身体的原因，行动缓慢，容易受到惊吓而失措。例如出现不关注红绿灯变化、突然横穿马路等危险行为。驾驶员行车中遇到老年人在道路上行走影响通行时，应适当降低车速或停车让行，切勿鸣喇叭催促或冒险提前加速通行。

（三）残疾人

残疾人因身体残疾导致行动不便，经常会在道路通行过程中影响车辆通行。驾驶员应减速慢行，主动礼让，必要时停车让行。切勿鸣喇叭催促其让路或绕行通过。

（四）缺乏交通经验的交通参与者

部分道路交通参与者没有相应的道路交通经验，不能正确遵守道路交通规则。在参与道路交通的过程中，往往表现为不能正确安全避让道路车辆，在车辆靠近时左右徘徊，甚至突然横穿道路。驾驶员在行车过程中应提高警惕，注意观察其行为，控制好车速，做好随时停车准备，低速安全通行。

（五）赶骑牲畜或畜力车的交通参与者

此类交通参与者行动缓慢，且牲畜容易受惊失控，所以驾驶员应提前鸣喇叭示意，适当降低车速，保持较大的安全通行距离，做好随时停车准备，低速安全通行。切勿临近时急加速通行或鸣喇叭，否则可能会使牲畜因受惊而失去控制，导致交通事故。

（六）撑伞或穿雨衣的交通参与者

伞或雨衣的遮挡，会影响交通参与者的视线或听觉，降低交通参与者的判断力。驾驶员应提前鸣喇叭提醒，并适当降低车速，观察其动态，保持较大的安全距离通过，同时要随时准备应付突然情况。

（七）自行车骑行者

自行车稳定性差，受骑行者的控制能力影响，在参与道路交通过程中很容易发生剐蹭或碾压事故。驾驶员遇到自行车影响通行时，应提前鸣喇叭提示，减速并保持较大安全距离通过。遇到老年人骑自行车，应减速避让，切勿鸣喇叭催促。遇成群青少年骑行时，应提前减速慢行，随时准备停车，保持足够的安全距离，防止骑行者摔倒或突然转向。

（八）人力车或低速机动车

人力车或低速机动车体积较大，动力较小，行驶速度缓慢，驾驶者身份复杂，参与道路交通时，随意性较强，经常占用机动车道，影响机动车通行。驾驶员应减速慢行，保持安全距离通行。在下坡或上坡时应保持足够的安全距离，防止人力车动力不足或制动力不足引发交通事故。

小提示：

驾驶员在驾驶车辆时，要及时收集车辆周围的道路交通信息，根据其他道路交通参与者的行为特点，及时进行风险评估，做好心理准备和应对风险方案，确保驾驶安全。

二、其他交通情况对行车安全的影响

（一）行人违章对行车安全的影响

道路上的行人有老人、儿童、青少年等，各类行人都有不同的行为特点，且对交通安全的认识也不相同。驾驶员要根据各类行人的行为特点，在其出现交通违章行为时做出预先判断，规避交通风险，安全驾驶，如图 3–4–1 所示。

（二）非机动车、机动车的违章行为对行车安全的影响

非机动车、机动车的违章行为突发性强，极易引发交通事故。行车过程中一定要注意观察，提前做好应对准备，尽量减速避让，避免交通事故发生，如图 3–4–2、图 3–4–3 所示。

图 3–4–1　行人违章

图 3–4–2　非机动车违章

图 3–4–3　机动车违章

（三）车内物品对行车安全的影响

车内仪表台不要摆放饰品杂物，尤其是硬质尖锐物品，防止制动或发生碰撞时飞出造成人身伤害。车内后视镜不要吊挂饰品（图 3–4–4），防止行车过程中分散驾驶员注意力或影响视线，造成交通事故。车内不要放置香水或圆形透明物品，防止在高温强光下引发火灾。

图 3–4–4　饰物影响驾驶视线

三、安全驾驶基本要求

（一）变更车道时的安全驾驶

1. 车辆需要变更车道时，驾驶员应至少提前 3 s 打开相应的转向灯，提醒后方来车。同时注意观察要并入车道内的交通情况，在变道条件允许的情况下，快速驶入要变更的车道。变更车道应在车道线为虚线的条件下进行，严禁实线变道，如图 3–4–5 所示。

图 3–4–5　变更车道

2. 向左侧变道时应注意左后方车辆的速度和距离，判断采用加速变道还是减速变道的方式，安全变道。向右侧变道时除需要观察右侧后方车辆情况外，还需要注意右侧及右后方道路交通情况（如自行车或行人等），保持安全距离，避免剐蹭事故。

3. 由于车辆存在视野盲区，所以变道具有一定的风险，驾驶员应按需规范变道，严禁随意变道、连续变道、突然变道。例如，在高速公路上行驶，没有做好道路规划、及时变道，错过出口时应保持车道，继续行驶至下一出口驶出。

小提示：

在道路交叉路口前变道一定要遵守交通规则，规范变道，文明驾驶，否则就会演变成“加塞”，是引发“路怒症”的主要导火索。

（二）会车时的安全驾驶

1. 在设有中心虚线的道路上会车时，应在各自的行车道内相向行驶，不得越过中心线。在没有中心线的道路上会车时，驾驶员应根据双方的车型、道路交通情况，选择合适的会车地点及车速进行会车，避免在道路狭窄处会车。

2. 如果道路狭窄，需要会车时，驾驶员应及时降低车速，在确保安全的情况下，靠边行驶或停车，礼让对向来车优先通过。通过凹凸不平路面时，会车应注意两车之间的间隔距离，避免因车辆倾斜造成剐蹭，应低速缓慢通过。不得加速提前抢过或鸣喇叭示意对向车辆让道；不得提前占用车道，逼迫对向车辆停车让道。

3. 夜间道路行驶，会车时应提前观察道路交通情况，调整车辆行驶状态，降低车速或停车让行，关闭远光灯，防止对向车辆驾驶员产生眩目引发交通事故。

（三）超车、让超车时的安全驾驶

1. 驾驶车辆超越前车需选择宽阔的直线路段，视线良好，无对向来车且道路两侧均无影响行车的障碍物。超车之前需确认前车允许超车并有充足的安全距离，从前车左侧快速超越。如前车不允许超车，且道路环境不能保证超车安全时，应主动停止超车。

2. 在没有道路中心线的道路上超车，驾驶员应观察确认道路环境是否允许超车，先开启左转向灯提示前后车辆，向左侧微调方向，便于驾驶员观察被超车辆前方是否通行条件良好且无对向车辆出现，待被超车辆向道路右侧调整行驶位置时，从被超车辆左侧加速通过，且应保持与被超车辆的横向安全距离。

3. 行车中超越右侧停放的车辆时，应保持与车辆 1 m 以上的横向安全距离，减速通过，防止因停放的车辆突然打开车门或突然起步造成剐蹭事故。

4. 遇后车发出超车信号，如前方道路具备让行条件，应主动向道路右侧调整行驶位置或减速让行，并开启右转向灯示意后车超越；如前方道路不具备让行条件，可打开左

转向灯示意后车停止超越。被后车超越时不得紧靠道路中心线行驶或加速不让超越、让车不让速，更不允许向左转向或紧急制动，否则容易引发追尾或侧撞交通事故。

（四）倒车、掉头时的安全驾驶

1. 倒车时的安全驾驶

（1）倒车时，驾驶员的视野盲区较大，所以倒车之前，驾驶员应观察好道路交通情况，确定倒车路线，在具备安全倒车条件后才可以倒车。倒车过程中要缓慢行驶，不可加速倒车，应时刻注意车辆两侧和后方的交通环境，随时做好停车准备，以免因操作过度造成剐蹭事故。

（2）倒车时应避开交通繁忙、道路交通情况复杂的路段。倒车过程中若有车辆或行人通行，应主动停车避让。如有同伴下车协助，切记不要站在车辆行驶路线上。

（3）高速公路上严禁倒车。

小提示：

现在车辆上基本都安装有倒车雷达或倒车监控系统，可以辅助驾驶员进行倒车安全操作，但驾驶员应熟练掌握车载辅助系统的性能，不可完全依赖车载辅助系统完成倒车，因为车载辅助系统仍然存在一定的检测盲区。

2. 掉头时的安全驾驶

（1）车辆掉头应选择无禁止掉头标志、交通流量较小的平坦宽阔路段进行，严禁在禁止掉头的区域或危险路段掉头。车辆掉头前应观察确认周边道路交通环境符合掉头要求，确保安全，如图 3–4–6 所示。

（2）掉头过程中，应低速行驶，认真观察车辆周围道路交通环境，随时做好停车准备。无论前进或倒车都应保证安全可靠。

图 3–4–6　允许掉头标志

（3）如需在坡道路面进行掉头，每次停车都应配合使用行车制动器和驻车制动器，防止因溜车造成交通事故。

（4）高速公路上严禁掉头。

（五）通过弯道时的安全驾驶

1. 车辆进入弯道之前，应提前减速，防止因入弯车速过快造成车辆侧翻或驶出道路。车辆入弯后应沿中心线右侧行驶，不得占用对向车道，做到“左转转大弯，右转转小弯”，如图 3–4–7 所示。

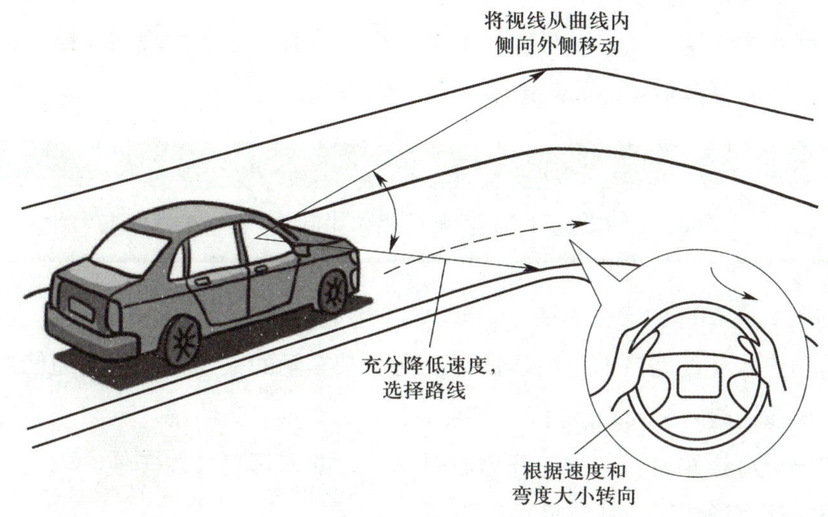

图 3–4–7　通过弯道

2. 车辆进入急转弯处，应及时充分减速，不得借用对向车道行驶，防止与越过弯道中心线的对向车辆相撞。

3. 进入弯道之后应避免紧急制动或靠弯道外侧行驶，防止因车辆转弯时的离心力过大，造成车辆失控侧翻或驶出道路。

4. 在山区道路行驶时，进入弯道前，即使对向车道没有车辆，也要做到“减速、鸣笛、靠右行驶”，弯道会车也应提前选择好会车地点，合理避让，安全通过。转弯过程中不得借用对向车道，避免与对向来车发生碰撞。

小提示：

弯道驾驶应谨记“减速、鸣笛、靠右行驶、避免转向过度、避免紧急制动”。

（六）通过路口时的安全驾驶

1. 通过交叉路口时的安全驾驶

（1）车辆进入交叉路口前，应降低车速，注意观察，提前并入规划车道。在右转车道内应注意观察交通信号灯指示，转弯时注意车辆右侧及后侧行人或非机动车，保持横向安全距离。在左转车道内应在绿灯或直行箭头灯亮起后才能进入左转弯待转区。

（2）没有交通信号灯或交通警察指挥的交叉路口，车辆进入路口前应提前减速或停车观察，遵循“转弯让直行”的通行规则；遇有车辆抢行，应减速让行或停车避让。

（3）交叉路口出现拥堵情况时，即使通行信号绿灯亮起，也应停车等候，待拥堵缓解后方可驶入交叉路口。

（4）车辆在主干道行驶，驶近主、支干道交汇处时，应注意观察支路交通情况，提前减速，避免因支路车辆突然驶入造成相撞。

小提示：

无论是左转弯还是右转弯，车辆必须完全驶出停车线后方能转向行驶。

2. 通过环岛路口时的安全驾驶

（1）车辆进入环岛路口前，因根据环岛内行驶车辆的交通情况或交通信号指示，选择合适的时机按逆时针方向汇入环岛车道。

（2）驶出环岛道路时，应提前开启右转向灯，并入环岛外侧车道。驶出环岛前应注意观察道路右侧交通情况，从环岛路口驶出。

3. 通过铁路道口时的安全驾驶

（1）车辆通过铁路道口前应提前减速降挡，使用低速挡安全通过，避免因发动机熄火影响道口车辆通行或滞留道口内。

（2）通过有人看护的铁路道口，应服从管理人员的指挥，不要抢行通过。通过无人看护的铁路道口，应做到“一停、二看、三通过”。

（3）如前方道路堵车，即使道口信号灯允许通行，也不要驶入铁路道口，防止因堵车滞留道口内，发生与火车相撞事故。

（七）通过学校、小区、公交站时的安全驾驶

1. 通过学校、小区时应注意观察周边交通情况，提前减速慢行，禁止鸣笛，缓慢安全通过。遇列队通过马路的学生时，应停车让行，不得鸣笛抢行。

2. 通过公交站、汽车站时，应提前减速慢行并保持与公交车辆的横向安全距离，预防公交车辆突然起步或行人从公交车前突然横穿道路，随时准备停车。

（八）通过桥梁、隧道时的安全驾驶

1. 通过立交桥时的安全驾驶

（1）立交桥一般都是单向行驶车道，车辆进入立交桥前应提前减速，并注意观察道路指示标志，按照交通标线的引导，及时并入规划车道行驶。

（2）进入立交桥时，应注意道路交通标线的指示，减速行驶，安全并入规划车道。如选择道路错误，应继续行驶至下一立交桥或允许掉头的路口掉头，不得原地掉头或倒车。

2. 通过公路桥梁时的安全驾驶

（1）通过公路桥梁前，应减速并注意观察限制标志，桥梁的通行速度和通行载重均有严格的限制，禁止超限通行。

（2）在山区公路桥梁通行，会受到横向气流的影响，驾驶员应降低车速，控制好方向，安全通行。

3. 通过隧道时的安全驾驶

（1）进入隧道前应提前降低车速，注意观察道路限制标志，按照规定降速，减速通行。

（2）隧道内外的光线变化会造成驾驶员视觉不适，进入隧道前应及时开启前照灯，减小光线变化对驾驶员的影响，并提前观察隧道内的交通情况。隧道内禁止使用远光灯，严禁鸣笛、超速和超车。

（3）隧道出口处的光线变化也可能会导致驾驶员眩目，驾驶员应控制好方向，及时恢复视觉状况。

（4）隧道出口处一般会有横向气流，驾驶员应提前做好准备，控制好方向。

（九）遇异常行驶车辆时的安全驾驶与礼让

1. 行驶中遇见执行任务的警车、消防车、救护车、工程抢险车时，应及时避让，确保其通行无阻。遇见消防车或抢救伤员的救护车逆向行驶时，应靠边停车或减速让行，确保其通行无阻。

2. 高速公路上严禁违法占用应急车道。

3. 行驶中发现行驶异常的车辆时，应及时采取避让措施，不得强行阻挡或开启灯光照射迫使对方让行，以免发生交通事故。

小提示：

礼让执行任务的警车、消防车、救护车、工程抢险车时出现的交通违章，可以通过程序免于处罚。《治安管理处罚法》第五十条规定，阻碍执行紧急任务的消防车、救护车、工程抢险车、警车等车辆通行的，处警告或者二百元以下罚款；情节严重的，处五日以上十日以下拘留，可以并处五百元以下罚款。

§3–5　典型道路条件下安全驾驶

学习目标

1. 了解高速公路、山区道路、桥梁、隧道等道路条件下的驾驶方法和注意事项。

2. 了解夜间驾驶的特点、一般规律、道路识别与判断，正确使用照明和信号装置。

3. 掌握安全行车的方法，养成科学规范的驾驶习惯。

一、高速公路安全驾驶

高速公路驾驶与一般公路驾驶不同，高速公路具有全封闭、单向行驶、多车道、通行速度高的特点，驾驶员应掌握高速公路安全驾驶的方法。

（一）高速公路驾驶特点

高速公路驾驶由于其封闭性和单向性，会让驾驶员长时间处于单一的驾驶状态。长时间的高速驾驶，由于驾驶员的视野范围相对固定，身体也不需要做出过多的反应，常常会让驾驶员注意力涣散，大脑产生倦怠感。但由于车辆通行速度高，遇见紧急事件时比一般公路驾驶需要更长的反应时间，所以高速公路驾驶更需要驾驶员学会调节心理状态，保持头脑清醒，对道路环境做出预见性的判断。

（二）安全驶入高速公路

1. 车辆到达高速公路收费站前，驾驶员需注意收费站的出入车道，选择绿色信号灯亮起的车道入口，依次排队通行，如图 3–5–1 所示。

2. 车辆上安装有“ETC”装置的，可选择从“ETC”专用通道直接通过收费站。没有安装“ETC”装置的，需选择人工通道排队取卡依次通过，尽量将车身靠近人工窗口或自助取卡机，以便交接通行卡或通行费，如图 3–5–2 所示。

3. 交接通行卡时严禁解除安全带探出身体或打开车门下车取卡。

4. 车辆驶过收费站后，应根据指路标志选择需要的匝道口。进入匝道行驶时，车速不得超过限速标志的限定速度，严禁超车、掉头、停车和倒车，如图 3–5–3 所示。

图 3–5–1　高速公路收费站

图 3–5–2　人工窗口

图 3–5–3　匝道

5. 车辆从匝道进入高速公路加速车道后，打开左转向灯，在加速车道内快速将车速提高至 60 km/h 以上，并通过左侧外后视镜和左侧车窗观察行车道内的交通情况，选择合适时机并入高速公路行车道。加速车道内严禁紧急制动或停车。

（三）高速公路安全行车

1. 高速公路车道行驶要求

（1）高速公路上驾驶车辆应严格按照相关规定选择行驶车道。早期高速公路的车道，一般最内侧为超车道，中间为行车道，最外侧为应急车道，规定要求车辆不得长时间占用超车道行驶。现在高速公路的车道，一般最内侧为小客车车道，中间为客、货车车道，最外侧为应急车道，货车不得长时间占用小客车车道行驶。高速公路车道如图 3–5–4 所示。

（2）高速公路应急车道为紧急情况下，急救、消防、工程抢险、公安执法车辆快速通行使用，其他车辆没有特殊原因不得在应急车道内行驶、停车。但如遇车辆故障、驾驶员突发不适等特殊情况，社会车辆可在高速公路应急车道内停车，打开危险报警闪光灯并在车辆后方 150 m 处放置三角警示牌，同时人员撤离至高速公路外并及时报警。高速公路应急车道如图 3–5–5 所示。

（3）高速公路的通行速度最低限速为 60 km/h，一般最高限速为 120 km/h，部分路段最高限速有所不同，驾驶车辆时需及时关注限速标志，以免违章超速行驶，如图 3–5–6 所示。

图 3–5–4　高速公路车道

图 3–5–5　高速公路应急车道

图 3-5-6　高速公路限速标志

2. 车辆行驶速度控制

（1）驾驶员应通过车速表确认车辆行驶速度。长时间高速驾驶，会使驾驶员对车辆行驶速度的感知迟钝，无法准确判断车辆的实际行驶速度，导致车辆超出限速规定。

（2）在高速公路上行车，应根据天气和道路情况调整行车速度，遇雾、雨、雪、沙尘、结冰天气，应减速行驶。能见度小于 100 m 时，应开启雾灯、近光灯、示廓灯，车速不得超过 40 km/h，并与前车保持 50 m 以上的安全距离。

3. 安全距离

（1）车辆在高速公路上超车，车速为 100 km/h 时，车辆间最小横向间距为 1.5 m。

（2）车辆在高速公路上正常行驶时，同一车道的后车与前车必须保持足够的行车间距。正常情况下，当行驶速度为 100 km/h 时，行车间距应为 100 m 以上；行驶速度为 70 km/h 时，行车间距应为 70 m 以上。

（3）高速公路上每隔一段距离，设置有专门用来帮助驾驶员确认安全距离的路段和标志牌。100 m 为安全车间距，50 m 为危险车间距，如图 3-5-7 所示。

图 3-5-7　车辆间距提示

小提示：

部分车辆配置有自适应巡航系统，在通行顺畅、车流量较小的路段，驾驶员可以打开自适应巡航系统，设定与前车的安全距离，降低长途驾驶的疲劳感。

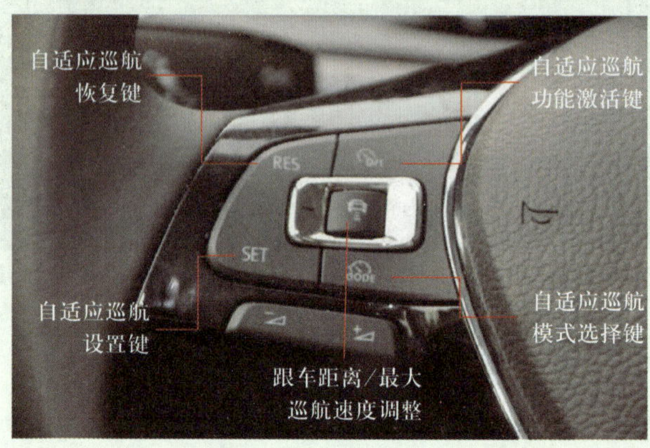

自适应续航系统

4. 变更车道

由于高速公路上的车辆行驶速度快，变更车道比在一般道路上更具风险性。确需变更车道时，应提前开启转向灯，并通过车内、外后视镜及车窗观察要并入的车道内的交通情况，确认安全后，轻转转向盘，驶入需要变更的车道。高速行驶时，切记不要转向过度，否则容易出现操纵失控而导致事故发生。

5. 车道保持

在高速公路上行驶时，应尽量保持车辆行驶在规定车道。车辆行驶时会因各种原因出现逐渐向左或向右的偏移，驾驶员应及时进行方向的修正，让车辆尽量沿车道中心行驶，避免对后车或并行车辆产生影响。

小提示：

部分车辆配置有车道保持系统，长途驾驶时，驾驶员也可开启车道保持系统，辅助驾驶，减少驾驶疲劳。

车道保持系统

6. 通过隧道及桥梁

（1）车辆进入高速公路隧道前，应在距隧道口 50 m 外打开前照灯，以便提前观察隧道内道路情况并提醒后车注意。

（2）车辆进入高速公路隧道前应按照交通标志的指示提前减速，按规定速度行驶，隧道内严禁使用远光灯，严禁超车、超速、鸣笛和临时停车。

（3）车辆驶出高速公路隧道口时，可能会受到横向气流影响，造成车辆行驶不稳定，驾驶员应提前做好准备，握稳转向盘，控制好车辆行驶状态。

（4）车辆通过高速公路桥梁时，会受到横向气流影响，造成车辆行驶方向偏移，驾驶员应降低车速，握稳转向盘，稳定车辆运行状态，安全通过。

（四）安全驶离高速公路

1. 接近目的地时，驾驶员应注意观察高速公路的指示标志。按照出口预告标志的提示，看到 2 km 距离指示标志时，适时向右侧变更车道；看到 1 km 距离指示标志时，应匀速驾驶、严禁超车；在距离出口 500 m 处，开启右转向灯，适当降低车速，驶入减速车道。

2. 车辆在减速车道内逐渐减速至 40 km/h，进入匝道。此时应关闭右转向灯，注意观察道路情况，在收费站出口会有其他车道的车辆汇入，应礼让行车，不得争道抢行。

3. 选择合适的收费通道，驶出高速公路收费站。

小提示：

在高速公路上行车时应注意，如果驾驶员因疏忽错过出口，应继续向前行驶至下一出口再驶出高速公路，或行驶至立交桥掉头。不得通过紧急制动、停车、倒车、掉头、逆行等方式返回出口。

在高速公路上行车中因发生交通事故或车辆故障而停车时，应及时在车辆后方 150 m 处放置三角警示牌，并将人员撤离至高速公路以外的安全区域，拨打报警电话，等待救援，防止二次事故发生。

二、山区道路安全驾驶

在山区道路安全驾驶，驾驶员既需要良好的心理素质，又需要娴熟的安全驾驶技能。

（一）山区道路驾驶特点

山区道路的交通环境与平原道路的交通环境区别很大，坡长路窄，弯多而急，穿洞过涧，风向多变，多雨多雾，道路环境恶劣，驾驶视野不足，会对驾驶员造成极大的心

理压力，如图 3–5–8、图 3–5–9 所示。所以驾驶员驾驶车辆进入山区道路时，要注意观察道路上的交通标志和弯道转角镜，主动避让、适时减速和提前鸣笛，提前选择合适的挡位，保持安全车速，集中注意力，做好突发情况的预测，确保山路行车安全。

图 3–5–8　山间隧道

图 3–5–9　山间公路

（二）山区坡道安全驾驶

1. 车辆进入上坡路段时，应提前观察道路情况、坡道的角度和长度，提前选择合适的挡位，确保车辆有足够的动力完成上坡，避免在上坡过程中出现发动机动力不足，再进行降挡操作和坡道起步。在平原地带的坡道，可以在前方视野开阔的情况下加速冲坡，但山区坡道多为弯路，驾驶员视野受到影响，请勿加速冲坡，以免出现操控不当而引发事故，如图 3–5–10 所示。

2. 车辆在下坡路段，驾驶员应适当控制好车速，根据车速、车重及道路条件，选择合适的低速挡位（自动挡车辆可选择 S 或 L 挡），充分利用发动机制动控制车辆的行驶速度，减少使用车轮制动器的频率，防止制动摩擦片温度过高造成制动失效。

图 3–5–10　山区坡道

3. 车辆在上、下坡过程中严禁超车，严禁在下坡过程中空挡滑行。

4. 在山区坡道行驶过程中应尽量避免停车，严禁在弯道处随意停车。确需停车时，应选择前、后方视野开阔，道路平坦开阔的路段靠边停放，并及时打开危险报警闪光灯，拉紧驻车制动器。

5. 在山区坡道驾驶，跟车时要与前车保持较大的安全距离，防止前车因动力不足停车或溜车。安全距离要根据坡道的宽度、车辆的载重、路面的湿滑等因素进行确定，并做好风险防范准备。

小提示：

发动机制动是利用车辆的驱动轮通过传动系反向驱动发动机运转，利用发动机内部运行阻力降低驱动轮的转速，以此来控制车辆的行驶速度。

严禁车辆空挡滑行是因为发动机在运转过程中可以为车辆的动力转向机构、真空助力制动装置提供动力，如果车辆空挡滑行过程中发动机突然熄火，那么车辆将失去转向和制动的助力，极易造成车辆失控，引发交通事故。

（三）山区弯道安全驾驶

1. 进入山区弯道前，应按照“减速、鸣笛、靠右行”的通行规则，提前降低入弯车速，避免过弯时进行换挡操作，双手有效控制转向盘，稳定车辆的行驶状态，禁止占用对向车道过弯。

2. 通过弯道时，驾驶员应根据道路情况和车速，精准控制车辆转向，防止转向不足或转向过度，如图 3-5-11 所示。

图 3-5-11　山区弯道

（四）跟车、超车和会车时的安全驾驶

1. 在山区道路上跟车行驶，应根据路况、环境、前车车型与车速等条件与前车适当加大安全距离，以防前车突然停车或停车后溜发生碰撞。

2. 在山区道路上超车时，应提前观察前方道路交通情况，根据前车的车型和车速，选择较为平坦宽阔的缓坡路段，打开左转向灯，提前鸣笛提示前车，确认前车有让行动作后方可加速超车。严禁在不具备超车条件的情况下强行超车。

3. 在山区道路遇到对向来车，应选择较为平坦宽阔的安全路段减速或停车让行，不得加速或紧靠道路中心会车，以防发生剐蹭事故，如图 3–5–12 所示。

图 3–5–12　山路会车

（五）山区危险路段的安全驾驶

山区危险路段一般指狭窄路段、涉水路段和可能发生落石、塌方、泥石流等的路段。驾驶车辆通过山区危险路段时，应注意观察周边环境，谨慎驾驶，避免停车。通过涉水路段时还需要注意涉水路段的通行条件，需下车确认安全后，方可驾车低速通过。

（六）山区隧道安全驾驶

山区隧道包括单向行驶隧道和双向行驶隧道。隧道内一般比较狭窄和湿滑，光线不足。尤其雨天穿行隧道时由于光线变化和雨水会给驾驶员带来一定的影响，应尽量低速通行。山区隧道如图 3–5–13 所示。

1. 单向行驶隧道的安全驾驶

（1）进入单向行驶隧道前，应提前减速，及时开启前照灯，观察对向有无来车或有无灯光，确认安全后方可驶入。

（2）如发现对向有来车或有灯光，应在隧道口外侧靠右停车让行，待对向来车通过后方可驶入。

图 3-5-13　山区隧道

（3）在有交通信号灯的隧道入口，应严格遵守交通信号灯的指示通行。

2. 双向行驶隧道的安全驾驶

（1）车辆驶入前应打开示廓灯或前照灯，靠右行驶，注意对向来车，安全会车。

（2）在隧道内会车，应加大车辆间的横向距离。严禁开启远光灯或鸣笛。

三、夜间行车安全驾驶

夜间安全行车是驾驶员必须掌握的一项驾驶技能。夜间行车是一种特殊行车环境，驾驶员需要了解夜间行车的特点，掌握夜间行车的一般规律，正确使用照明和信号装置，保障夜间安全行车。

（一）夜间行车的特点

夜间道路环境对行车安全的主要影响是能见度低，驾驶员的视距变短，不利于观察道路交通情况。夜间行车时，驾驶员对物体的观察与判别能力明显下降，同时注意力高度集中，容易产生疲劳。行车中遇到对向车辆灯光的照射后，短时间内视力不能恢复，看不清前方道路情况，尤其是弯道驾驶时，驾驶员很难观察到道路边缘的交通情况，如图 3-5-14、图 3-5-15 所示。因此，夜间行车时虽然交通参与者减少，但行车的风险更高。

1. 夜色使驾驶员视力变差、视野变窄

夜间驾驶时由于夜色的关系，驾驶员的视野范围仅限于车辆灯光的照射范围，车辆灯光的强度决定了驾驶员对道路或障碍物的分辨能力，但由于道路或障碍物不同外形对光线的反射不同，也会极大影响驾驶员的分辨能力。所以夜间驾驶和白天驾驶对驾驶员来说是两种截然不同的驾驶体验。

图 3-5-14　灯光影响

图 3-5-15　视野受限

（1）夜间驾驶时，驾驶员对道路环境的观察能力明显比白天差，视距变短，视野变窄。

（2）光线的直线特性使得驾驶员不能观察到障碍物之后的道路条件。

（3）驾驶员在驾驶过程中会高度紧张，努力分辨道路环境，并且容易受到对面车辆灯光的照射和物体反射光的刺激，极容易产生视觉障碍和疲劳。

（4）光线的明暗快速变化，会使驾驶员的眼睛调节出现短暂的不适。

（5）光线不能到达的位置存在很多的未知，过多的视野盲区会加重驾驶员的心理负担和精神压力。

2. 驾驶员的观察能力和判断能力下降

夜间驾驶时，由于驾驶环境较为安静，视觉反射刺激减弱，驾驶员的兴奋性会随着驾驶时间的延长而逐渐下降，反应速度也会逐渐变慢，容易导致交通事故的发生。

例如，夜间行车时，驾驶员缺乏路面周边参照物作为距离和速度的判断依据，跟随大型车辆前行时，往往会以对方的尾灯作为目标参照物，但由于参照物过少，会对距离和速度判断不准确，极容易造成追尾事故，如图 3–5–16 所示。

图 3–5–16　夜间行车参照

（二）夜间行车的一般规律

1. 灯光照明与车速的关系

夜间行车，车速在 30 km/h 以内时，可使用近光灯照明，保证 30 m 范围内的道路交通条件能够及时辨析；车速超过 30 km/h，应打开远光灯，保证 100 m 范围内的道路交通条件能够及时辨析。

2. 夜间行车速度的控制

夜间行车最重要的就是对速度的控制，尤其是在没有封闭的一般道路上驾驶，降低行车速度可以让驾驶员对前方道路环境有更长的时间进行观察和判断，并且可以增加对突发情况的反应时间，保障行车安全。

3. 夜间道路情况的判断

（1）道路反射光线的距离逐渐变小，意味着即将进入一侧有山体或屏障的弯道，或接近上坡路段。

（2）道路反射光线的距离逐渐变大，意味着即将进入直线道路。

（3）道路反射光线不连续，意味着即将进入起伏路面或路面有坑洞。

（4）道路反射光线消失，意味着车辆到达道路边缘，或前方出现急转弯，或行驶到坡道的顶端。

（5）道路反射光线的范围变窄，意味着前方出现弯道。

（6）道路路面反射出现黑影，若车辆接近时黑影消失，说明路面有浅坑；车辆接近时黑影没有变化，说明前方道路中有黑色障碍物或深坑。

（7）道路路面反射出现亮光，意味着路面存在积水或油渍。

（8）远方高处出现逐渐明亮的或移动的光线，意味着前方可能会有来车。

（9）行车中路边出现黑影，应及时减速慢行，认真观察。接近集镇的道路边经常会有行人、电动车辆、农用车辆出现。

（三）夜间行车时车辆灯光的使用

夜间行车时，车辆灯光具有照明和信号两方面的作用，驾驶员应按照规定要求正确使用车辆灯光。

1. 基本规定

（1）车辆起步前，先开启前照灯，观察车辆前方及周边的道路交通情况，确认安全后，开启左转向灯，再起步。停车时应最后关闭灯光。

（2）夜间通过光线不良或没有照明条件的路段时，应使用远光灯。但会车时应提前变换为近光灯，不得使用远光灯。

2. 会车时灯光的使用

夜间行车遇到对向来车，应在距离来车 150 m 以外改用近光灯。如对方不变换灯光，应连续变光提示对方变光，同时减速靠右行驶或停车。不得用远光灯与对向来车对射。

3. 超车时灯光的使用

夜间行车应尽量避免超车，必须超越前车时，应选择合适路段，提前打开左转向灯，并切换远、近光提示前车驾驶员，确认前车让行后，方可超越。

小提示：

夜间行车时，由于驾驶员对道路交通环境的观察受到光线条件的限制，无法预测突发事件的出现，存在一定的交通安全风险。同时，长时间单调的驾车，极容易产生身体的疲劳感，麻痹驾驶员的安全意识。因此，在驾驶过程中可以进行短暂的停车休息，舒缓一下眼睛和身体的疲劳。也可以在驾驶途中播放一些自己喜欢的音乐，提高驾驶员的兴奋性，缓解精神压力。

§3-6 特殊气象条件及特殊路段的安全驾驶

学习目标

1. 了解雨天、雾天、冰雪天、高温天气等特殊气象条件下的行车方法和注意事项。

2. 了解冰雪路面、泥泞路面、翻浆路面、涉水路面、施工路段的特点及驾驶方法。

3. 掌握安全行车的方法，养成科学规范的驾驶习惯。

驾驶环境是作用于驾驶员的所有外界影响与力量的总和，包括道路状况、交通设施、气象条件以及其他交通参与者的交通活动。简单来讲，驾驶员驾驶车辆时的一切行动都是由驾驶环境决定的，受到驾驶环境的限制。绝大多数交通事故都是由于驾驶员不适应驾驶环境所导致的，因此，作为驾驶员，必须了解自己与驾驶环境之间的关系，了解驾驶环境对安全驾驶的影响，有针对性地采取预防措施，才能保障行车安全。

风、雨、雪、雾、沙尘等特殊气象条件，不仅会给驾驶员的行车带来影响，同时也会使道路通行条件恶化，增加驾驶活动中的安全风险。所以在特殊气象条件下行车，应提前了解特殊气象条件对行车安全的影响，在驾驶过程中采取相应措施以减小因特殊气象条件带来的交通风险，保障行车安全。

一、气象条件对行车安全的影响

气象条件包括温度、雾、雨、雪、冰冻、大风、沙尘暴等。气象条件作为道路交通安全系统的重要因素，对行车安全有着重要影响，有时甚至是决定性的影响，尤其是雾、雨、雪、沙尘暴等恶劣气象条件，会使能见度降低从而导致交通事故发生。

（一）温度对行车安全的影响

1. 高温

高温天气首先会影响驾驶员的情绪，容易产生疲劳感；其次会增加道路及周边建筑物的光线反射强度，影响驾驶员的视野；还会导致路面的黑色沥青吸热变软或泛油，造成路面的承重能力减弱，降低轮胎的附着力，如图 3–6–1 所示。这种情况下行车的舒适度和安全性都将受到严重影响，而且会导致驾驶员无意中变换车道，增加交通事故的发生概率。此外，高温环境下车辆的轮胎气压会增大，导致爆胎的概率增加，如图 3–6–2 所示；同时还会使得车辆容易抛锚或自燃。

图 3–6–1　高温时路面泛油

图 3–6–2　高温时爆胎

2. 低温

低温条件下道路内部热胀冷缩会造成道路路面开裂，如图 3–6–3 所示；同时地基内会积蓄水分，使得气温变化时路面翻浆导致湿滑，造成轮胎附着力下降，存在较大的交通事故隐患，如图 3–6–4 所示。温度过低时，路面很容易结冰结霜，导致车辆打滑失控，引发交通事故。此外，当环境温度过低时，汽车燃油不易雾化，润滑油黏度变大，使得汽车发生机械性故障的概率增大。

图 3-6-3　低温时路面开裂

图 3-6-4　低温时路面翻浆

（二）雾天对行车安全的影响

雾天对行车安全的影响主要是降低行车时的能见度，对驾驶员获取路况信息、判断车辆行驶距离等带来干扰，如图 3-6-5 所示；其次，雾气中的水分对路面有一定的湿润作用，会降低路面的摩擦系数，使车辆制动距离增加。

图 3-6-5　雾天驾驶时的视野

（三）降雨对行车安全的影响

降雨对行车安全的影响主要是影响驾驶员的视野，降低能见度，影响驾驶员对交通环境的判断，如图 3–6–6 所示；其次，降雨会导致路面湿滑，甚至积水，导致轮胎附着力随车速的增加而急剧下降，制动时容易产生侧滑或横滑，引发交通事故。大量的降雨还会导致道路条件突然发生改变，如路面塌陷、泥石流等情况的发生。对于不熟悉的道路条件，积水甚至会导致车辆熄火或被水淹。

图 3–6–6　雨天驾驶时的视野

小提示：

在不同等级的降雨中，小雨的危害较高，甚至超过大雨的危害，原因在于小雨对行车视野影响较小，降低驾驶员警惕性，但小雨可将路面尘埃湿润成润滑剂，在突发状况下，容易造成制动失效或侧滑，引发交通事故。

（四）降雪对行车安全的影响

相对于降雨，降雪对行车安全的影响更大。降雪不仅降低能见度，掩盖路面坑洼情况或障碍物，还会反射光线造成驾驶员眩目和雪盲，如图 3–6–7 所示。更严重的是路面积雪被碾压后会出现冰冻现象，大大降低路面的摩擦系数，使得车辆轮胎的抓地能力大幅下降，在制动或上坡时，轮胎很容易出现拖滑或打滑，导致严重的交通事故。

（五）大风天气对行车安全的影响

大风天气对交通安全的影响主要体现在以下几点：一是大风会增加车辆的行驶阻力，同时由于风速和风向的不稳定性，车辆高速行驶时易受侧风影响，降低车辆的行驶稳定性；二是大风会对行人或非机动车骑乘人造成较大干扰，分散其注意力，影响其行走或骑车路线，增加与机动车发生碰撞的概率；三是在高速行驶过程中超越大型车辆时，超车时产生的气体对流加上大风干扰，严重影响车辆的行驶稳定性，容易引发交通事故。

图 3-6-7　雪天驾驶时的视野

（六）沙尘暴对行车安全的影响

沙尘暴天气出现时，空气浑浊不清，能见度降低，对驾驶员判断路况和行车间距等带来很大影响，如图 3-6-8 所示；车辆的行驶阻力变大，行驶稳定性变差。沙尘暴严重时，驾驶员视野全无，造成严重的心理恐慌，风力甚至可以掀翻车辆，引发交通事故。

图 3-6-8　沙尘暴天气驾驶时的视野

二、特殊气象条件下安全驾驶

（一）大风天气安全驾驶

在大风天气驾驶车辆，车身承受的风力和风向是不断变化的。一般而言，逆风会增加车辆的行驶阻力，侧风会影响车辆的行驶方向。所以大风天气时的安全驾驶需要注意以下几个方面。

1. 大风天气会造成扬尘，遮挡阳光，造成驾驶员的视线受限，所以驾驶员应提高注意力，认真观察道路交通情况，减速慢行。

2. 侧风条件下，车辆在转弯及直行时都会受到风力变化的影响，车辆的行驶方向会产生一定的偏差。驾驶员应在行驶过程中双手稳定转向盘，匀速行驶，减少不必要的换挡，增加车辆的行驶稳定性。

3. 在城市道路行驶时，要注意增大与其他车辆及路边行人的安全距离，减速慢行。防止风力变化造成行人、骑者摔倒或突然转向，引发交通事故。

4. 会车时应注意增大与对向来车的横向距离，防止因大风造成车辆行驶方向突然变化，发生剐蹭。

5. 行车中注意观察路边的广告牌、树木、电缆等是否有异样，防止因大风造成广告牌或其他物品坠落，造成车辆损伤。

（二）雨天安全驾驶

雨滴会模糊风窗玻璃并影响驾驶员的视线，同时也会造成路面湿滑、反光，刺激驾驶员的眼睛并降低轮胎的附着力。久雨天气还会造成路面松软、坍塌和积水，所以需要驾驶员提前分辨道路交通情况，并减速慢行，避免紧急制动。

1. 车轮附着系数对车轮滑转的影响

下雨时，雨水和路面灰尘结合在一起，形成一层糊状泥浆，极大减小轮胎与路面的接触面，并在二者之间产生润滑作用，降低轮胎与路面的附着系数，见表 3–6–1。因此，雨天行车，车辆容易发生侧滑和甩尾，应避免急转方向和紧急制动，防止车辆失控，造成交通事故。

表 3–6–1　车轮附着系数对车轮滑转的影响

路面状态	附着系数	车轮打滑程度
干燥水泥路面	0.7 ~ 1.0	不打滑
潮湿水泥路面	0.4 ~ 0.6	比较滑
下雨时的水泥路面	0.3 ~ 0.4	最滑

2. 雨天车辆行驶速度的控制

雨天造成路面积水，水对车轮的支撑作用减小了轮胎对路面的压力，并在轮胎与路面间产生润滑作用，车轮的附着力随车速的增加而急剧减小甚至为零，极易造成车辆侧滑和甩尾，所以雨天行车需要降低行驶速度。

（1）雨水附着在车辆风窗玻璃上，雨帘影响驾驶员的观察范围，所以驾驶员雨天驾驶一定要及时开启刮水器，认真观察道路交通环境，控制车辆行驶速度，谨慎驾驶。

（2）雨天路面湿滑，车轮的附着力降低，当轮速突然变化时，会产生打滑或制动力不足，驾驶员应控制车辆行驶速度和行驶方向，并避免轮速的突然变化，防止车辆失控。

（3）路边有行人或骑者时，应提前降低车速，并做好停车让行准备。防止行人或骑者为躲避积水转向或滑倒，造成交通事故。

（4）雨天行驶速度过快，会溅起道路上的积水，影响其他交通参与者的交通安全，是一种极不文明的行车习惯。

3. 正确使用刮水器

刮水器可以快速清除风窗玻璃上的雨水，恢复风窗玻璃的透视性，保障雨天行车安全。

（1）雨季来临或大雨之前应及时检查刮水器电机是否可以正常工作、刮水器刮片是否可以正常使用。

（2）刮水器电机运行无力时应及时检修、更换，刮水过程中前风窗玻璃上遗留有较大未清洁的水渍时，应及时清洁或更换刮水器刮片。

（3）行车中视雨量大小选择合适的挡位。

（4）雨量过大，即使选择高速挡也无法及时清除风窗玻璃上的雨水，影响驾驶员观察视线时，应选择安全且地势较高的位置及时靠边停车，并打开危险报警闪光灯，提醒行人及其他车辆，确保安全。

小提示：

刮水器的橡胶条应避免高温或低温，炎热天气或雪天把橡胶条与风窗玻璃分开，可有效延长橡胶条的使用寿命。玻璃水应选择正规合格产品，切勿使用洗涤剂勾兑，否则会使橡胶条快速老化并在风窗玻璃上产生彩色光晕，影响驾驶安全。

（三）雾天安全驾驶

大雾会降低光线强度，阻挡人们的视线，使能见度下降，视野范围变小。大雾会影响所有道路交通参与者，极容易发生交通安全事故。雾天驾驶需要驾驶员控制安全的车速和距离。

1. 雾天灯光的使用

（1）雾天驾驶需要开启车辆近光灯和前雾灯。

（2）雾天不要使用远光灯。因为雾的不透光性，开启远光灯是无法看清道路的。

（3）遵守灯光使用规定，利用灯光辅助提高能见度，增加驾驶员对道路交通情况的观察范围，同时提醒其他交通参与者注意。

（4）后雾灯的开启可能会影响后车驾驶员的视线，所以只有在可视距离小于 50 m 的时候才需要开启后雾灯（部分车辆未配置后雾灯）。

2. 雾天的能见度与最高行车速度

雾天的最高车速应控制在安全范围内，能见度与最高车速的要求见表 3–6–2。

表 3–6–2 能见度与最高车速要求

能见度（m）	最高车速（km/h）
200< 能见度 <500	80
100< 能见度 <200	60
50< 能见度 <100	40
能见度 <30	20
能见度 <10	5

3. 雾天的驾驶原则

（1）由于雾天能见度低，驾驶员视野受限，需要根据能见度控制车辆行驶速度，并加大与前车的安全距离。

（2）雾天严禁在道路中央行驶，也不可压线行驶，避免与其他车辆发生碰撞。

（3）雾天行车中要打开示廓灯、前照灯、雾灯，必要时开启危险报警闪光灯，利用光线变化提醒其他交通参与者注意。

（4）雾天行车中如遇可视距离过小，严禁立即停车，以免发生碰撞。

（5）雾天跟车时，不能以前车尾灯作为判断安全距离和车速的依据。

（四）雪天与冰雪路面安全驾驶

雪天驾驶车辆，路面的积雪会反射光线使驾驶员眩目并导致车辆行驶阻力增大，飘落的雪花也会阻挡驾驶员的视线，影响驾驶员对道路交通环境的观察。同时路面的积雪被碾压后会形成结冰层，造成车轮的附着力急剧下降，车辆行驶过程中容易出现打滑或甩尾。所以雪天与冰雪路面的驾驶必须要稳定方向，加大安全距离，低速缓慢行驶，避免紧急制动。

1. 雪天起动车辆

（1）雪天出行前需观察车辆停放位置周边的道路交通情况，如果进入主路前的道路上有较厚的积雪，应及时清除，防止车辆起步时打滑。

（2）起动车辆前，需先检查车身、刮水器、车轮等是否冻结。

（3）起动发动机后，需先热车，使发动机、机油等的温度提升，减轻因发动机低温造成的过度磨损。

（4）利用热车的时间清除车身的积雪，尤其是前照灯、前风窗玻璃、后视镜、车窗上的积雪。

2. 雪天及冰雪路面的起步

（1）待发动机温度达到 50 ℃以上，车辆就可以起步。

（2）起步前需先观察车辆周围的道路交通情况，确认安全后，打开左转向灯，挂入1 挡或倒车挡，松开驻车制动器，缓慢踩下加速踏板，轻转转向盘，以较低的车速缓慢起步。

（3）起步时控制好加速踏板的位置，避免因动力不足导致熄火或动力过大导致驱动轮打滑。

（4）如果路面已明显结冰，或浮雪下面是冰层，务必在起步前安装好防滑装置。

（5）避免在车辆起步时转向过度，防止车辆出现侧滑，造成剐蹭事故。

3. 雪天及冰雪路面的行车

冰雪路面湿滑，日光反射强烈，极易造成驾驶员眩目而产生错觉，如图 3–6–9 所示；而且路面的摩擦系数急剧减小，轮胎附着力下降，制动力和驱动力降低，容易使车辆制动距离延长或驱动轮打滑，车辆在制动和起步过程中出现侧滑或甩尾，造成交通事故，如图 3–6–10 所示。

图 3–6–9　雪天眩目

图 3-6-10　冰雪路面

小提示：

目前多数车辆配置有驱动防滑系统（ASR）或雪地行驶模式，驾驶员应熟练操作运用，保障行车安全。

（1）在雪天及冰雪路面上行车时，驾驶员应集中注意力，观察前方道路交通情况，双手稳定转向盘，控制好加速踏板，尽量选择沿其他车辆行驶过后的车辙缓慢匀速行驶。

（2）行车过程中注意保持与前车及路边行人的安全距离，预防前车突然停车或行人滑倒等突发事件。

（3）行车过程中前方出现异常交通情况时，应提前松开加速踏板，利用发动机制动缓慢减速，避免使用制动踏板进行减速，防止因车辆制动力不足造成侧滑或溜车。

（4）需要会车时，应提前减速慢行或停车让行。

（5）行车中应尽量保持直线行驶，避免转向过度。若车辆出现轻微侧滑，驾驶员要向侧滑一侧轻转转向盘，修正车辆行驶路线。

（6）行车中避免紧急制动，尽量先利用发动机制动或路面的阻力进行减速，防止因紧急制动时车轮制动力不足造成车辆失控。

（7）如果行驶在被积雪覆盖的道路上无法区分车道，驾驶员应根据路边的树木、灯杆、电线杆等进行判定，沿道路中心行驶。

（8）行车中驾驶员应尽量佩戴遮光镜，减轻雪面反射光对眼睛的伤害。

4. 雪天及冰雪路面的停车

（1）雪天及冰雪路面的停车需提前选择安全的停车位置。

（2）避免在坡道上停车，防止车辆溜车；避免在低洼处停车，防止积水结冰冻结轮胎。

（3）安全停车后可利用挡位控制车辆的前后移动，驻车制动器可能会在极冷天气里冻结。

小提示：

雪天及冰雪路面的驾驶是最为复杂的驾驶操作，无论是驾驶员的观察能力还是道路通行条件都受到天气的极大影响，这也是道路交通事故发生概率最高的一种气象条件。驾驶员应尽量避免在此种气象条件下驾驶车辆，必须进行驾驶活动的，应在出发前做好应急准备，保证车辆具备良好的技术状况，谨慎驾驶，行驶中避免转向过度和紧急制动，确保行车安全。

（五）高温天气安全驾驶

高温天气对驾驶员和车辆都会造成不利影响，所以高温天气的安全驾驶应做到以下几点。

1. 驾驶员应充分休息，保持良好的精神状态，减轻由于高温不适引起的疲惫感和困倦感，防止行车过程中发生事故。

2. 行车前注意检查车辆的冷却液、空调、轮胎及胎压等是否正常。

3. 行车中注意观察冷却液温度的变化，防止冷却液温度异常升高。

4. 驾驶员在行车中应佩戴遮光镜，减轻路面反光和阳光对眼睛造成的伤害。

5. 安装有胎压监测系统的车辆，应注意观察胎压的变化情况，防止爆胎。

6. 长途行车应间歇性停车休息，一方面恢复驾驶员的精神状态，另一方面使轮胎散热，防止轮胎温度过高导致行驶中爆胎。

三、特殊路段的安全驾驶

（一）泥泞与翻浆路段的安全驾驶

泥泞与翻浆路面特别松软和黏稠，对车轮有一定的支撑和吸附作用，会增大车辆的行驶阻力，也会导致车辆行驶过程中发生侧滑和甩尾。因此，驾驶车辆进入泥泞与翻浆路段前必须观测通行条件，并谨慎驾驶，减速慢行通过泥泞与翻浆路段，如图 3–6–11 所示。

1. 车辆行驶至泥泞与翻浆路段前，应停车查看路况，观测泥泞的深度与宽度是否符合通行条件，选择平整、坚实或有车辙的部分通行。

2. 由于泥泞与翻浆路面对车轮的举升与吸附，会导致车轮的附着力急剧下降，通行时应选择合适的挡位，控制速度，保持稳定的动力输出，匀速通过。避免在通行过程中换挡或增减速度，造成车轮打滑，停滞不前。

3. 在泥泞路段通行可选择沿其他车辆通行后的车辙，也可选择道路凸起部分。驾驶员在行进过程中应稳定方向，保持动力，低速行进。行进中若出现轻微侧滑，应及时缓慢修正方向，维持车辆的正常行进路线。

4. 在泥泞与翻浆路段行驶中切忌转向过度与制动，造成车辆失控侧滑或甩尾，引发交通事故。

5. 通过泥泞与翻浆路段时应依次通行，切忌抢行。

6. 若车辆陷入泥泞与翻浆路段，应依次挂入前进挡或倒车挡，使车辆驶离被困位置，利用车辆惯性驶出该位置。

7. 车轮打滑时，切忌猛踩加速踏板，造成车辆侧滑失控。此时应立即停车，使用周边的柴草、碎石等材料对驱动轮下部进行铺垫或支撑，增加驱动轮的附着力，辅助车辆驶离困境。

图 3-6-11　泥泞路段

（二）涉水路段的安全驾驶

涉水路段由于道路隐藏在水流下面，存在很多不确定性，比如路基松软、坍塌等，且由于水流对车辆产生浮力和行驶阻力，车辆的稳定性和可靠性都有变化，常会导致车辆打滑或熄火，如图 3-6-12 所示。因此，涉水路段的通行需要驾驶员谨慎驾驶，甚至需要停车勘察后才能通行。涉水路段的通行要领：

1. 进入涉水路段前，应停车检查水流的速度与水的深度，并实际勘察水下路基的情况，切不可贸然进入涉水路段。

2. 根据勘察结果，驾驶车辆以低速挡平稳驶入水中并保持车辆动力的稳定，匀速前行。

3. 涉水通行过程中应保持车辆动力输出稳定，避免行驶速度变化。

4. 涉水行驶过程中切忌车辆动力突然改变或加速通行。

5. 涉水行驶过程中受水流的冲击和浮力影响，车辆行驶路线会发生一定的偏移，驾驶员应握稳转向盘，修正行驶方向，参照对岸固定的目标，驾驶车辆前行。

图 3–6–12　涉水路段

6. 涉水行驶过程中应避免换挡和停车。

7. 当发动机熄火后应视情况判断是否可以再次起动。如果水位超过发动机进气口或蓄电池的位置，切勿再次起动车辆，以免造成车辆损坏。

8. 通过涉水路段后，应及时擦干被水浸的位置，保持低速行驶状态，并间断性轻踩制动踏板，消除制动装置内的水分，恢复车辆的制动性能。

9. 如果车辆进水，应及时寻找救援，切勿再次起动车辆，否则会导致车辆遭受严重机械损伤。

（三）施工路段的安全驾驶

车辆行驶至施工路段时应按照施工人员的指挥，减速慢行，依照指路标志、告示标志和指示牌绕行，如图 3–6–13、图 3–6–14 所示。

图 3–6–13　施工区域指示牌

图 3-6-14　施工路段车祸现场

第四章 紧急情况的应急处置知识

§4-1 行驶中突发情况的应急措施

学习目标

1. 了解常见突发情况的产生机理。
2. 掌握突发情况的处置原则。
3. 熟练掌握常见突发情况的应急措施。
4. 养成安全驾驶的习惯。

车辆行驶过程中由于车辆技术状况或外界环境的突然变化，会出现突发情况。驾驶活动中常见的突发情况有车辆碰撞、爆胎、制动失效、转向失控、侧滑、自燃等。在这些突发情况出现的时候，要求驾驶员能在极短时间内做出正确判断，并采取相应的应急措施，尽量避免交通事故发生，减少人员伤亡。因此，了解常见突发情况的产生机理，掌握突发情况下的特殊驾驶技术和应急措施，对确保突发情况下的人身安全是非常必要的。

一、突发情况的处置原则

（一）保持沉着、清醒、镇定

遇到突发情况时，驾驶员首先要做到的是保持沉稳的心态、清醒的头脑、冷静的操作，切勿惊慌失措。此时需要驾驶员在瞬间做出正确判断，果断采取相应的应急措施。

（二）车速与方向的控制

为避免或减轻交通事故对人身财产的损害，遇到突发情况时，应采取的最有效措施是减速、停车或控制方向避让障碍物。驾驶员需要根据不同的交通场景采取不同的应对措施。

1. 重方向、轻减速

若出现突发情况时车速较低，驾驶员首先要判断能否避开前方障碍物，利用转向绕开障碍物而避免发生碰撞可以最大程度减少人身财产的损失（但载货重心高的货车或挂车有可能因转向过度而倾翻）。因此，在道路交通条件允许的前提下，车辆行驶速度较低的时候应先转向后制动来规避风险。

2. 重减速、轻方向

若出现突发情况时车速较高，碰撞已经无法避免，此时切记不要猛转转向盘进行避让，否则极易造成车辆侧滑相撞或在离心力作用下翻车的事故。驾驶员应首先采取措施降低车速，车速越低，碰撞损失越小。当减速后仍然不可避免发生碰撞时，再采取转向避让措施，选择损失较小的碰撞方式。

（三）避重就轻，先人后物

驾驶员面对突发情况，应遵循避重就轻、先人后物的原则。当事故可能会危及人员生命安全时，宁可让财物遭受损失，也要确保生命安全。

二、车辆碰撞

（一）车辆碰撞的特点

碰撞是能量瞬间传递的物理过程，碰撞时间极短。碰撞不仅有运动能量的交换，还伴有运动能量转换的现象，因此发生碰撞事故的车辆不仅有平移运动，有时还伴随有车身旋转运动，使车内乘员或货物被抛出车外。由于惯性作用，乘员与车辆之间会产生剧烈的相对运动，这是乘员的二次碰撞，也是乘员受伤害的主要原因。碰撞与碰撞后的运动是人力根本无法控制的纯物理现象。

（二）车辆碰撞的形式

1. 正面碰撞

正面碰撞是指相向行驶的车辆间发生的迎头正面碰撞。该情况多发生在超车过程中、视线不良的弯道上或因其他原因驶入对向车道逆行，而与对向来车发生迎头正面相撞，如图 4–1–1 所示。

2. 追尾碰撞

追尾碰撞是指车辆在行驶过程中，由于跟车距离过近，当前车突然减速或紧急停车时后车采取措施不力，或在雨、雾天行车由于视线不良，后车发现前车时距离太近，来不及采取措施，而导致车头与前车尾部相撞，如图 4–1–2 所示。

图 4-1-1　正面碰撞

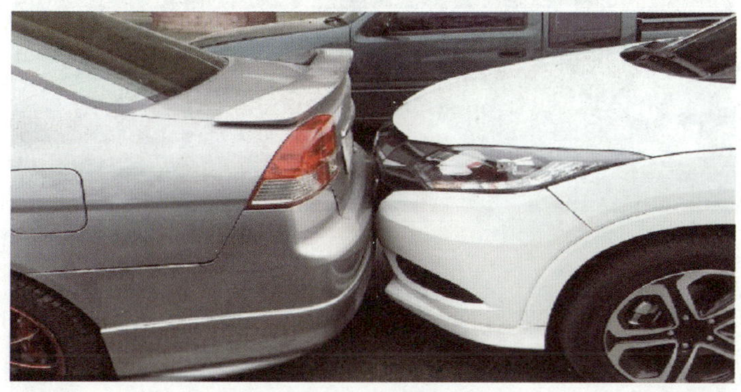

图 4-1-2　追尾碰撞

3. 侧面碰撞

侧面碰撞是指基本垂直于被撞车辆的车身侧面碰撞。该情况多是在无交通信号控制的交叉路口，两车垂直方向直行且同时进入路口时发生的拦腰碰撞。另外，在路口左、右转弯行进的车辆也可能发生此类碰撞事故，如图 4-1-3 所示。

图 4-1-3　侧面碰撞

4. 斜碰撞

斜碰撞是指有别于正面碰撞和侧面碰撞的一种以锐角或钝角形式相互接近的碰撞。该情况多是在躲避正面碰撞和侧面碰撞时，或左、右转弯车与直行车之间，发生斜向碰撞，如图 4-1-4 所示。

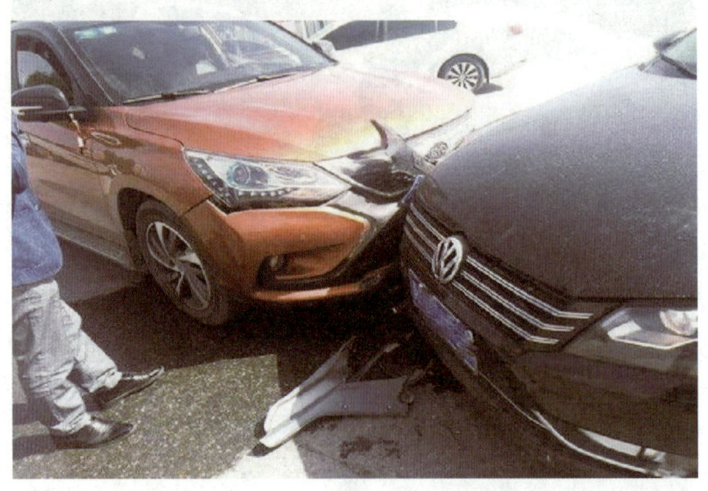

图 4-1-4　斜碰撞

（三）车辆发生碰撞的常见原因

1. 超速、超载。
2. 车辆技术状况恶化。
3. 驾驶员操作不规范。
4. 未保持安全距离。
5. 违章行车。
6. 疲劳驾驶。
7. 道路交通条件不良。

（四）车辆碰撞时的应急措施

1. 当驾驶员发现与其他车辆有发生碰撞的可能时，首先要根据自身车速和载重，视道路交通条件，实施减速措施（减速措施的顺序：强制降挡—发动机制动—紧急制动），并转向进行规避。规避过程中注意车速、载重、转向与制动力之间的配合，防止因转向过大或制动力过大造成车辆失控、倾覆。

2. 如果碰撞无法避免，驾驶员应控制车辆，尽量保持正面碰撞。这种要求似乎匪夷所思，与传统的应急驾驶操作天壤之别。这是因为现在的车辆通常都有被动安全性设计，对驾驶员正面的防护远比侧面防护更完善。由于车辆前部车身的吸能设计、发动机的下沉设计都能更好地吸收撞击能量，正面撞击的撞击面积较大，吸收的撞击能量更多，且安全带、安全气囊、座椅和头枕都能对驾驶员提供保护和缓冲，所以车辆正面碰撞时对驾驶员的伤害是最小的。侧面碰撞还会发生车辆的失控、翻转等现象，不可预测的伤害会更大。

3. 低速撞击时，驾驶员应双手支撑转向盘，双腿蹬直，身体尽量后倾，头部贴紧座椅头枕，使身体绷紧在座椅内。这种姿势可以让驾驶员身体与车身之间保持足够的缓冲空间，为安全气囊预留膨胀空间，同时减小身体与气囊弹出的相对速度。

4. 驾驶员判断撞击力量较大，或撞击位置过于接近驾驶座位时，应使身体迅速离开转向盘，双腿抬起，贴紧座椅，避免撞击导致腿部和双臂受伤，也避免因车身变形和仪表台后移被卡滞在车内。

5. 如果车辆发生侧面碰撞后车身侧翻，驾驶员应用力握住车顶把手，固定身体，把头部保护在双臂和胸部之间。如果被抛出车外，更应沉着冷静，尽量控制身体的运动状态，避免被车辆碾压，落地时应双手抱头顺势滚动。

6. 车辆碰撞时要紧闭嘴巴，不要大声喊叫，防止撞击时上、下颚不受控制而咬掉舌头。

7. 发生碰撞时的应急驾驶操作应视实际情况做出正确判断。虽然车辆的正面防护优于侧面防护，但如果是小轿车与大货车发生不可避免的碰撞时，由于车身的高度差较大，车辆的很多被动安全性设计都失去防护作用，所以此时应选择撞击距离更大的侧面或尾部碰撞。

8. 在高速公路上出现连环撞车时，碰撞之后驾驶员不要立即离开车辆，待情况稳定后或撞击声变远时，再离开车辆，快速撤离到路外安全位置。因为高速公路是封闭区域，出现连环撞车后，驾驶员在车外基本没有安全空间，车体还可以提供一定的保护作用。

（五）车辆碰撞的防范措施

1. 严禁疲劳驾驶、超速、超载和违章驾驶。

2. 确保车辆技术状况良好，出车前应认真检查车辆的制动系、转向系、灯光信号、轮胎等，严禁驾驶带病车辆上路行驶。

3. 车辆在会车、超车或避让障碍物时，车辆之间或车辆与其他物体之间容易发生剐蹭现象，所以行车中应注意保持安全距离。

4. 汽车安装有安全气囊，在紧急情况下，安全气囊能急速膨胀，起到缓冲和保护作用。但安全气囊必须与安全带配合使用才能有效减轻碰撞对驾乘人员的伤害。

5. 车内安全气囊弹出的位置禁止异物覆盖或阻隔。安全带应可靠有效，行车中所有驾乘人员应正确使用安全带。

6. 车辆仪表台上禁止放置杂物。

7. 驾驶中严禁做与驾驶无关的事情，保持注意力，安全驾驶。

8. 现在车辆上均安装有防抱死制动系统（ABS），在紧急制动时，驾驶员应将制动踏板踩到底并转动转向盘进行风险规避，切勿采用传统“点刹”方式进行紧急制动。

三、爆胎

爆胎是指在车辆行驶过程中，轮胎在极短的时间内（一般少于 0.1 s）因破裂突然失去空气而瘪掉的现象。轮胎突然爆胎会导致车辆失去控制而造成严重的交通事故，有关统计数据显示，发生在高速公路上的交通事故，10% 是由于轮胎故障引起的，爆胎占轮胎故障所引发事故总量的 70% 以上。

（一）爆胎的产生机理

爆胎的产生机理有两种，一种是内部气压的突然变化，另一种是外部条件的突然变化。内部气压的突然变化是指轮胎内部气压过高，超出了轮胎的承压能力，导致轮胎破裂发生爆胎，如气体温度过高、轮胎局部承压能力降低等。外部条件的突然变化是指轮胎承受的外部压力发生变化，超出了轮胎的承压能力，导致轮胎破裂发生爆胎，如车辆超载、路面不平、有尖锐物刺穿轮胎等。

（二）导致爆胎的因素

1. 轮胎老化、裂纹、偏磨、鼓包

车辆轮胎在使用过程中，因为使用与保养不当或车辆技术状况不良造成轮胎老化、裂纹、偏磨、鼓包。水、油、酸雨、高温、低温、撞击、刮碰等都会对橡胶轮胎的使用性能产生影响，加剧轮胎的老化、开裂，降低轮胎的承压能力；轮胎的安装定位参数变化会造成轮胎的异常磨损，使轮胎承压能力不均匀，局部承压能力下降；轮胎鼓包意味着该位置内部的帘线断裂，承压能力急剧下降。

2. 轮胎气压过高

轮胎气压高于标准值会加快轮胎的磨损速度，从而加大爆胎的可能性。因为胎压过高，胎体帘线张力增大，使帘线的疲劳过程加快，特别是在过量充气又超载、超速行驶时，更增加了帘线的内应力，胎温快速上升，橡胶老化速度加快，疲劳强度下降，这样会出现胎面中央磨损严重、胎侧花纹呈锯齿状磨损、帘布层折断等现象，加上超载、路面颠簸等因素，很容易造成爆胎。

3. 轮胎气压过低

轮胎气压过低也容易导致爆胎。轮胎气压过低时，轮胎与路面的接触面变大，行驶时摩擦阻力也变大，当轿车高速行驶时，轮胎升温快，轮胎高温会使轮胎本身膨胀而抗压性变差；同时，当轿车高速行驶时，轮胎与路面接触面的前后两端反复高频率地做着被弯曲和拉直的运动，对于气压偏低的轮胎来说，运动的幅度比正常气压情况下大得多，在高速运行一段时间后会很快疲劳而爆胎。

4. 超载、超速

当汽车的实际载重量超过车轮的最大允许载荷时，轮胎的内压就会增大，同时轮胎的摩擦面积加大，升温加剧。当轮胎的内压超过轮胎气门的密封压力时，就会引起轮胎漏气，导致其他轮胎负荷过大而爆胎。尤其是当车辆超速、超载，增加车轮制动器的使用时间，制动鼓或制动盘会逐渐产生高温，高温会使轮胎气门底部的胶皮膨胀变质而密封性变差。那些经常在山区、丘陵地区行驶的汽车，由于不得不经常使用制动器，使得轮胎气门的密封性较差，爆胎的概率更高。

5. 轮胎安装错误

（1）车轮不平衡

当车轮转动时，车轮各个方向的离心力分布不均衡，在离心力的作用下，车轮转动平面中产生巨大的冲击力，使车轮跳动和摆动，从而加快了轮胎的磨损速度，使帘布层受到周期性的冲击载荷，降低帘线的抗疲劳强度，特别是在 100 km/h 以上的高速行驶中，由车轮的不平衡引起的磨损非常剧烈，最终导致爆胎。

（2）前轮定位不当

汽车前轮是起转向作用的，一旦前轮发生爆胎，汽车将会失去转向能力，造成严重的交通事故。更换前轮轮胎时，若对车轮的外倾角和前束没有准确定位，在行驶时，就会使胎冠内侧或外侧磨损得很严重，如果不及时调整，使这种磨损不断加剧，就容易引发爆胎。

6. 轮胎表面过度磨损

许多车辆都存在轮胎表面过度磨损的问题。有些汽车的轮胎花纹已被磨平，这样的轮胎负荷能力及抗压强度已经远远低于正常轮胎，很难维持汽车的正常行驶，若再加上高温天气、超速以及路面颠簸等因素很容易发生爆胎。

此外，如果不及时清除夹在轮胎花纹内的石子，也会加快轮胎的磨损，导致爆胎。修补过的轮胎，其密封性与负荷能力远不及未修补过的轮胎，若经常超负荷行驶或遇路面颠簸，很容易发生爆胎。

除了上面所说的造成汽车轮胎爆胎的种种原因外，气温高、路面不平等也是造成爆胎的不可忽视的因素。气温偏高的夏季是爆胎事故的多发期，公路的路面塌陷路段和路面损毁严重的坑洼路段往往也是爆胎事故的多发路段。

（三）爆胎时的应急措施

当轮胎急剧泄气或爆胎时，车身将立即倾斜，转向盘会朝爆胎方向急转，很容易造成车辆突然失控。此时应注意以下几点。

1. 松开加速踏板，利用发动机制动进行减速，双手紧握转向盘，向爆胎的反方向修正，以保证车辆的直线行驶。

2. 严禁紧急制动，应双手控制方向，调整车辆行驶状态，采取缓慢“点刹”，降低车速直至安全停车。因为在高速行驶的时候突然爆胎会使车辆侧倾，紧急制动会产生较大的离心力，使车辆发生侧滑或侧翻，导致严重的交通事故。

（四）爆胎的预防措施

1. 正确选择轮胎

（1）要在条件允许的情况下优先选用子午线轮胎和无内胎轮胎

子午线轮胎的胎体较软，带束层采用强度较高、拉伸变形很小的织物帘布或钢丝帘布，因此这种轮胎抗冲击能力强，滚动阻力小，能量消耗少。无内胎轮胎质量小，气密性好，滚动阻力小，在轮胎穿孔的情况下，胎压不会急剧下降，完全能继续行驶，同时由于这种轮胎可以直接通过轮辋散热，所以工作温度低，轮胎橡胶老化速度慢，寿命比较长。

（2）采用低压胎

目前轿车、载货车几乎都采用低压胎，因为低压胎弹性好，断面宽，与道路接触面大，壁薄，散热性好，这些特点提高了汽车的行驶平顺性和转向操纵稳定性，大大延长了轮胎的寿命，防止爆胎发生。

（3）注意轮胎的速度级别和承载能力

每种轮胎由于橡胶和结构的不同，都有不同的速度、承载限制。在选用轮胎时，驾驶员要看清轮胎上的速度级别标志和承载能力标志，选用高于车辆最高行驶速度和最大承载量的轮胎，以保证行车安全。

2. 正确使用与维护轮胎

（1）保持轮胎的标准气压

轮胎的寿命与胎压有很密切的关系。胎压过高、过低都会引发轮胎过度磨损，造成爆胎。如果发现由于胎压过高造成轮胎过热，绝对不允许采用放气、向轮胎上浇冷水的方法来降低温度，这样做会加快轮胎的老化速度，大大缩短轮胎的使用寿命，遇到这种情况只能停车，自然冷却降温、降压。如果胎压过低，驾驶员应及时充气，并检查轮胎是否有慢撒气现象，若有，应更换气密性好的轮胎。

（2）轮胎的动平衡

汽车更换轮胎时，在安装前一定要经过动平衡测试，如果发现轮胎不平衡，绝对不允许装车使用。另外，在安装轮胎的过程中，也要注意轮胎的动平衡，轮胎的气门嘴要避开制动鼓上的检视孔，并错开 90°，后轮双胎安装时，气门嘴应错开 180°，以利于平衡和补气。

（3）轮胎定期换位

为使汽车各轮胎磨损均匀，延长其使用寿命，要定期按规定实施轮胎换位，一般在二级维护时进行轮胎换位。配备全尺寸备胎的车辆应把备胎加入循环换位。轮胎换位时应注意轮胎有无方向标识。

（4）严禁超载、超速行驶

经常性的超载、超速不仅增加了行驶中爆胎的可能性，还会引起悬架变形和车身损坏。汽车轮胎有一种“驻波”现象，经常出现于超速行驶时，这种现象可以使胎温迅速升高，加快橡胶的老化速度，易产生脱层和爆皮，导致爆胎。

（5）正确使用轮胎

橡胶制品容易受到温度、水分、酸碱液的侵蚀而加速老化，车辆停放时应注意停至阴凉通风处，避免日光的暴晒和雨雪的侵袭。不要强行驾驶车辆通过凸起的路牙，否则容易对薄弱的胎侧造成损伤，增加爆胎风险。长期停放车辆时注意轮胎气压变化，欠压停放会造成轮胎变形和损伤，增加爆胎风险。

四、制动失效

车辆高速行驶中，遇到障碍物，可靠的制动系统可以提供足够的制动力让车辆减速或快速停车，保障驾乘人员和车辆的安全。绝大多数碰撞事故都是由于制动系统存在问题或驾驶员没有及时采取制动措施造成的。

（一）制动失效的概念

制动失效就是车辆丧失制动能力，包括完全失效和部分失效。完全失效是指车辆实施制动时无任何制动效果，一般是由制动系统的故障引起的；部分失效是指车辆丧失部分制动效能。制动失效的驾驶体验就是车辆无法快速降低车速，制动距离变长。评价车辆的制动性主要有制动效能、制动抗热衰退性（制动效能的恒定性）、制动时汽车的方向稳定性这三个指标。实践中通常用制动距离来衡量，即汽车从 100 km/h 的速度开始制动到车辆完全停止所行驶的距离，一般轿车的制动距离为 40 m 左右。影响制动距离的因素有车速、载荷、车轮与路面的附着力、车轮制动力等。

（二）制动失效的原因

制动失效主要是由于制动系统无法对汽车施加足够的制动力。导致制动失效的原因分两个方面，一是车辆制动系统内部故障，导致制动系统无法正常工作，比如制动主缸漏油、制动管路漏气、制动摩擦片变薄等；二是制动系统的外部环境造成车辆制动力降低，比如轮胎过度磨损、涉水、油污、辅助制动系统故障、制动踏板下有异物等。

（三）制动失效时的应急措施

1. 当驾驶员需要进行制动，踩下制动踏板，感觉不到车速有明显的降低或车速没有变化时，应首先保持冷静，稳定车辆运行状态，规避障碍物并及时观察道路交通情况。

2. 连续踩踏制动踏板，观察车辆制动力是否恢复。及时打开危险报警闪光灯，并连续鸣笛示意路人及其他车辆。

3. 快速将挡位降至最低挡，利用发动机制动降低车速。自动挡汽车应快速换至L挡。

4. 反复踩踏制动踏板，若制动力无明显回升，驾驶员可在车速降低时，左手保持方向，右手反复拉起驻车制动器操纵杆，感觉到车辆减速后快速放下驻车制动器操纵杆并再次拉起。切记不可一直拉紧驻车制动器操纵杆，否则可能会导致车辆甩尾和侧翻，失去控制。利用驻车制动器的制动功能降低车速直至停车。电子驻车制动器可持续扳动电子开关，产生应急制动效果。

5. 以上操作都无法使汽车有效减速时，驾驶员可利用砂石路、土路、隔离带、护栏、上坡路面、山体以及灌木丛等地形特征对车辆产生阻力，降低车辆的行驶速度。

6. 汽车在缓冲减速时不可避免会发生碰撞，驾驶员在采取操作之前要选好角度，做好心理准备并握牢转向盘。

7. 当车辆减速后，应选择安全地带靠边停车，及时报警并放置三角警示牌，驾乘人员撤离至安全位置。

8. 故障没有排除前禁止再次驾驶该车辆上路行驶。

小提示：

当出现制动失效，无论车速是否降低，首要应急措施是稳定操纵转向盘，控制车辆行驶方向，尽量回避碰撞。汽车出现制动失效后严禁继续驾驶，应拨打救援电话，维修后再驾驶。

（四）制动失效的防范措施

1. 定期维护制动系统，做好日常保养，定期检查制动摩擦片和轮胎，排除隐患。

2. 行车前要检查制动液液位是否在正常范围内，有无气泡或液位异常。如有气泡或液位异常，应及时对制动系统做密封性检查。

3. 车辆上路行驶之前，驾驶员应踩踏制动踏板，检查车辆制动系统是否能正常工作。

4. 行驶中规范驾驶，合理使用车轮制动器，减少制动频率，防止制动效能热衰退引起制动失效。

5. 车辆涉水后应间断性轻踩制动踏板，利用制动器摩擦产生热量清除制动器内水分，防止产生制动失效。

6. 驾驶室地板上不要放置杂物，如鞋子，以免滑到制动踏板下导致制动踏板无法踩下。安装脚踏垫后要检查能否将制动踏板踩到底，松开后制动踏板能否正常弹起。禁止穿高跟鞋或拖鞋驾驶车辆。

五、转向失控

驾驶过程中出现转向失控是非常危险的，此时驾驶员基本失去对车辆行驶方向的控制，受车辆自身惯性的影响，如果不能快速稳定车辆的运行状态或及时减速停车，车辆往往发生甩尾、侧滑和侧翻，引发严重的交通事故。

（一）转向失控的概念

转向失控是指驾驶员进行转向操作时，车身的实际偏转角度达不到预期要求或转向轮没有相应的转向反馈。按照车辆转向效果，转向失控可分为转向不足和转向过度两种情况。转向失控在驾驶活动中的体现就是驾驶员无法控制车辆按照预期的线路行进。

1. 转向不足

车辆转弯时，产生朝向弯道外侧行驶的趋势，不能对更大的转向角度做出反应。其后果是车辆不能按照预定路线通过弯道，容易冲出道路，引发交通事故。

2. 转向过度

车辆转弯时，由于各种原因造成车辆围绕自身轴线产生过快的转动。其后果是车辆容易发生甩尾、侧滑甚至侧翻。

（二）转向失控的原因

1. 转向系统故障，如零部件脱落、损坏、卡滞，转向机构突然失灵、失控，转向系统缺油而方向卡死等。

2. 轮胎漏气、爆胎或因其他原因，如异物的刺穿、交通事故等。

3. 底盘部件故障，如悬挂装置变形断裂、磨损松旷、紧固螺栓松动或脱落等。

4. 前、后驱动系统出现故障。

5. 车速过快、酒驾、疲劳驾驶、操作失误、雨雪天路滑也会造成转向失控。

（三）转向失控时的应急措施

1. 发现车辆转向失控时，不要慌张，保持冷静。首先握稳转向盘，完全松开加速踏板，逐步降挡减速，利用发动机制动降低车辆速度。

2. 打开危险报警闪光灯，警告周围其他车辆。连续轻踩制动踏板，使车辆减速。切记不要紧急制动，以免车辆侧翻或甩尾。

3. 车辆出现侧滑时，应向车辆滑移的方向轻转转向盘，增大轮胎横向的摩擦阻力，减少滑移量，稳定车身。

4. 车速下降后，驾驶员应利用驻车制动器或行车制动器将车辆停至安全位置。

5. 在车后 150 m 处放置三角警示牌提醒来车，并及时撤离至安全位置。

6. 没有排除转向失控故障之前，不得再次驾驶车辆行驶。

小提示：

在安全驾驶中，无论常规减速或紧急制动，驾驶员都应学会先利用发动机制动进行车速控制。在转向失控时（大多数是因转向过度），首先应采取的措施是控稳方向，降低车速。降低车速不建议直接踩下制动踏板，一是因为车速过高，直接踩下制动踏板会导致车轮抱死，车辆侧滑；二是发动机制动属于柔性制动，降低车速的同时还能保证车轮不抱死，不拖滑，可控制转向。

（四）转向失控的防范措施

1. 定期维护转向系统，检查转向盘的自由行程是否符合使用要求。

2. 带助力的转向系统，驾驶员突然感觉转向沉重时，应及时检修转向系统，排除转向故障。

3. 出车前检查车轮是否有制动拖滞、两侧制动力是否一致，及时检修车轮制动器。

4. 出车前检查轮胎及车辆悬挂系统的技术状况。

5. 车辆转弯前，应降低车速，入弯车速越高，转向失控的发生概率就越大。

6. 车辆高速行驶时，车速越高，对车辆行驶路线进行修正的转向角度应越小。

7. 避免在转弯过程中空挡滑行或紧急制动。

六、侧滑

（一）侧滑的概念

汽车在行驶过程中，由于惯性、制动以及其他原因，某一轴的车轮或两轴的车轮出现横向移动的现象，即为侧滑。车辆侧滑对行车安全威胁很大，特别是后轮侧滑，会使汽车失去控制，甚至引起碰撞、侧翻等严重交通事故。

（二）侧滑的原因

在冰雪、泥泞、湿滑和沙石等路面上空挡滑行、猛转转向盘、紧急制动和加速及车辆重心过高等都极易造成车辆侧滑。

1. 车辆本身因素

车辆技术状况不良、车辆装载重心偏向一侧或装载超高致重心过高、车身倾斜变形、车桥移位造成轴距不等、车架变形、边梁断裂或车辆制动装置故障，容易产生行驶侧滑；汽车前、后轮制动力不均匀，轮胎气压不一样，轮胎磨损异常等，常会引起制动侧滑。

2. 汽车外部因素

车辆行驶在冰雪、泥泞、潮湿、油污等路面或凹凸不平的颠簸路面，以及汽车发生碰撞引起的侧向力过大、坡道的横向坡度过大等。

3. 驾驶员操作因素

主要是驾驶技巧和经验不足，如在易滑路段突然加速、突然减速、紧急制动、转向过度、车速过高等。

（三）侧滑时的应急措施

汽车侧滑的处置要根据引起侧滑的原因采用不同的方法。

1. 控制好转向盘

车辆发生侧滑时，驾驶员须首先控制好转向盘，不可猛转转向盘和紧急制动，而应立即松抬加速踏板，对车辆侧滑做出定性判断：侧滑发生在前轮还是后轮，是路况不良引起侧滑，还是操作不当引起侧滑。

2. 冷静应对

（1）因路况不良引起侧滑时，如雨雪、泥泞、湿滑路面，应稳定车辆动力，匀速行驶，不可突然加速或突然减速，避免紧急制动或猛转转向盘。前轮侧滑时，向侧滑相反方向转动转向盘；后轮侧滑时，向侧滑方向转动转向盘，但是转动转向盘的速度和幅度一定要适度，动作不能太大，否则会使车的行驶方向偏离过大。

（2）因制动引起侧滑时，应立即松抬制动踏板，并迅速向侧滑方向转动转向盘，再及时回转方向，即可制止侧滑，修正方向后继续行驶。在复杂路面上必须制动时，若车速不高，可踩下离合器踏板，谨慎使用“点刹”，汽车回正以后要平稳地将转向盘转到原来的位置。不能采用驻车制动器制动，因为大部分车辆的驻车制动器都是制动后轮的，更容易引起侧滑或侧翻事故。

（3）因转弯引起的侧滑，与转向过度和车速较快有关，车辆转弯时速度越快，离心力越大，车辆越容易冲出弯道或侧滑。此时应扶稳转向盘，逐渐松抬加速踏板，不可制动或变换挡位，立刻向后轮侧滑的方向转动转向盘，使车辆转弯半径增大，减小离心力，根据车辆侧滑情况不断修正转向盘，直到侧滑消失，恢复正常行驶。

（4）因汽车爆胎引起侧滑时，不论是前轮还是后轮，都应立即扶稳转向盘，保持好方向，轻踩制动踏板，或不踩制动踏板，让汽车慢慢滑行靠边停车。如果紧急制动，车辆会因左、右制动失衡而失控。

（四）车辆侧滑的防范措施

侧滑其实是汽车的一种失控状态，对行车安全威胁较大，极易引发恶性交通事故。因此，若要保证人身财产安全，预防是关键。

1. 确保车辆技术状况良好

（1）确保制动系统状况良好

在调整制动系统时，一定要调到前、后轮同时抱死或前轮略提前抱死，若后轮先抱死，就容易引起后轮侧滑，后轮侧滑危害更大。汽车起动后在不同车速状态下检测制动效果，如果有“跑偏”现象，应检查制动系统，故障排除后再行车。

（2）使用符合标准的轮胎

轮胎对侧滑的影响极大，出车前应检查轮胎花纹、轮胎气压等是否符合使用标准，检查轮胎胎面是否失圆、轮轴轴承是否松旷等。

（3）合理装载，防止侧滑或翻车事故

合理装载是指装载乘客或货物时应尽量降低重心高度，且要装载均匀，避免重心偏向一侧。如果车辆超高、超重、重心偏向一侧，将严重破坏车辆本身为安全操作所设计的性能，使车辆的抗倾翻性降低、行驶稳定性变差。

（4）确保车架与车身状况良好

车架与车身产生变形、移位时应及时修复。

2. 掌握正确的驾驶技巧

（1）平直路段

在平直路段应注意保持行车速度均匀，切勿时快时慢；在经过路况复杂、视线不良的路段时，应提前减速，握稳转向盘，谨慎使用制动器，避免紧急制动。

（2）转弯路段

转弯时，应降低车速，以低速挡通过，同时缓转转向盘，在不影响对向来车的情况下，尽量加大转弯半径，以减小转弯时的离心力，避免转弯过猛造成侧滑。在急转弯、视线不良、路面潮湿的情况下，更应谨慎驾驶，提前降低行驶速度，如果一边降速一边转向，离心力和制动力的合力值容易达到附着力的值，引起侧滑，增加危险程度。

（3）凹凸路段

汽车在凹凸路段行驶时，应注意选择道路并控制车速，保持低速行驶，减小或避免由于路面原因导致的车轮上下严重跳动而引发侧滑。

（4）坡道路段

纵向坡道：上坡时，应根据坡度提前降到合适的挡位，避免车辆驶到坡顶时因躲避对向来车而急转方向引起侧滑，上坡路段如遇冰雪或雨天湿滑道路，不要减速，坡道短的话，可以依靠惯性冲上去；下坡时，应低速挡行驶，依靠发动机制动和制动器控制车速，不可空挡滑行，以防止因惯性过大引起急刹侧滑。

陡坡或长坡：车辆因重心前移，易发生侧滑，此时应双手紧握转向盘，降低车速，根据不同路况、不同车辆技术状况以及驾驶熟练程度控制车速，一般以中低速行驶为佳，同时要合理使用挡位，换挡动作要平稳、迅速、准确，严禁空挡滑行。

（5）湿滑路段

雨后湿滑、泥泞、冰雪等易滑路面的附着系数降低，行车时应集中注意力，谨慎驾驶，降低行车速度，保持动力平稳，不可突然加速或突然减速。发现情况时，应提前减速，切忌紧急制动。

侧滑对行车安全的威胁很大，影响侧滑的因素很多，虽然现在车辆上都配备了ABS、ESP（车身电子稳定系统）等辅助系统，但不能百分百保证车轮能从极限状态下摆脱失控侧滑，因此，日常驾驶车辆还需谨慎，提高驾驶员的驾驶技术和临危应变能力。

七、自燃

（一）车辆发生自燃的原因

车辆自燃的原因主要有以下几种。

1. 车辆电线老化或接驳不当造成短路或产生火花。

2. 车辆缺少维护保养，油路出现问题，造成漏油、漏液，致使行驶时燃油系统故障引起火灾。

3. 乘客违章携带危险化学品上车或违章吸烟造成火灾。

4. 驾驶员违章驾驶导致交通事故或违章操作酿成火灾。

5. 由于车辆撞击或机件故障引起火灾。

6. 发动机上油泥堆积过多，夏季发动机温度高，导致油泥因高温而燃烧。

（二）车辆自燃时的应急措施

车辆起火初期是最佳的灭火时机。驾驶员应冷静果断地判明失火部位及起火大小，并采取相应的灭火措施。

1. 发动机着火

当发现车辆发动机舱盖冒烟或车内有烟雾等异常情况时，驾驶员应迅速停车，然后切断电源，取下随车灭火器，检查车辆冒烟原因。

发现发动机舱内起火时，应从车身底部对准起火部位，使用灭火器灭火。禁止打开发动机舱盖从发动机上部进行灭火，因为打开发动机舱盖会增加燃烧物质与氧气的接触，增大火势。

2. 车厢内货物起火

车厢内易燃货物起火时，驾驶员应选择空旷位置停车，及时报警并取下随车灭火器进行火势控制。若一时无法扑灭，应疏散附近群众，以免发生爆炸事故，造成无辜群众伤亡，使灾害进一步扩大。

（三）车辆自燃的防范措施

预防车辆自燃的措施有很多，只要细心、严格按照规程操作，预防车辆自燃并不难。

1. 车辆应按时进行检修、保养，上路前认真进行出车前检查，尤其对车辆的油路和电路进行仔细检查，防止出现渗漏或老化的情况。

2. 按照规范装载货物，禁止装载不符合要求的危险品。

3. 规范驾驶，禁止超载、超速和其他违章驾驶行为，防止因事故导致车辆起火。

4. 车内仪表台或中控台上禁止放置香水瓶、镜子等物品。

5. 在有阳光的天气清洗车辆后应及时擦干玻璃上的水珠，防止在阳光照射下聚焦引燃车内物品。

6. 车辆停放时应注意周围环境，冬季不可将长途行驶后的车辆停放在有干草或易燃物的路面，防止排气管的温度辐射引燃易燃物。

7. 驾驶车辆时一定要注意驻车制动器是否彻底解除。

8. 对车辆上按要求配备的消防设备，应定期进行有效性检查。

§4–2　车辆发生交通事故时的应急措施

学习目标

1. 理解交通事故的概念和构成要件。
2. 了解交通事故的发生原因。
3. 掌握车辆交通事故的应急处置方法。

一、交通违章与交通事故

（一）交通违章

交通违章是指在参与交通活动的过程中违反道路交通管理规章的规定，影响交通秩序、妨碍交通管理、危害交通安全的行为。

（二）交通事故

1. 交通事故的概念

根据《中华人民共和国道路交通安全法》第一百一十九条的规定，交通事故是指车辆在道路上因过错或意外造成的人身伤亡或财产损失的事件。

2. 交通事故的构成要件

（1）事故必须发生在《中华人民共和国道路交通安全法》中规定的道路上。

（2）事故必须由机动车或非机动车造成。

（3）车辆必须在运行过程中而非停止状态。

（4）必须要有损害后果的发生，即事故必须在客观上造成了人身伤亡或财产损失。

（5）事故责任人的主观心理只能是过失或意外。

3. 交通事故的发生原因

车辆发生交通事故主要与人、车、路、管理四个方面有关，其中驾驶员是造成交通事故的主要原因，具体体现如下。

（1）违章驾驶，例如：超速行驶，酒后驾驶，无证驾驶，任意变换车道，不按规定停放车辆及上、下客，纵向安全车距保持不当，不按规定让行以及超车、让车、转弯、掉头、倒车、制动操作不当等。

（2）判断错误，驾驶员在行驶中对前方车辆、行人动态、道路情况没有做出预判就盲目通过。

（3）驾驶员注意力不集中是造成交通事故的主要原因。

（4）驾驶技术不熟练，不熟悉道路特点，对车辆性能把握不准确，缺乏安全行车经验。

（5）车辆技术状况不佳，驾驶员对车辆技术状况不了解。

（6）行人、乘客等方面的原因。

二、交通事故的现场处置

根据《中华人民共和国道路交通安全法》第七十条规定，在道路上发生交通事故，车辆驾驶人应立即停车，保护现场；造成人身伤亡的，车辆驾驶人应立即抢救受伤人员，并迅速报告执勤的交通警察或公安机关交通管理部门。因抢救受伤人员变动现场的，应标明位置。乘车人、过往车辆驾驶人、过往行人应予以协助。

在道路上发生交通事故，未造成人身伤亡，当事人对事实及成因无争议的，可以即行撤离现场，恢复交通，自行协商处理损害赔偿事宜；不即行撤离现场的，应迅速报告执勤的交通警察或公安机关交通管理部门。

在道路上发生交通事故，仅造成轻微财产损失，并且基本事实清楚的，当事人应先撤离现场再进行协商处理。

具体来说，交通事故的当事人应采取以下措施。

（一）立即停车

事故发生后，驾驶人员首先应安全停车，拉紧驻车制动器操纵杆，打开危险报警闪光灯，在夜间还需开启示廓灯和尾灯，以防止二次事故的发生；然后下车确认事故损害程度，如人员受伤和物品损坏情况，并及时在车后方放置三角警示牌，在城市道路上放置距离为 50 ~ 100 m，在高速公路上为 150 ~ 200 m，如图 4-2-1、图 4-2-2 所示。

图 4-2-1　取出三角警示牌

图 4-2-2　在来车方向放置三角警示牌

（二）根据损伤情况选择撤离现场或报警

1. 适合迅速撤离现场的情形

（1）发生交通事故，未造成人身伤亡，当事人对事实及成因无争议的。

（2）发生交通事故，仅造成轻微财产损失，并且基本事实清楚的。

2. 适合迅速报警的情形

（1）造成人员死亡、受伤的。

（2）发生财产损失事故，当事人对事实或成因有争议的，以及虽然对事实或成因无争议，但协商损害赔偿未达成协议的。

（3）机动车无号牌、无检验合格标志、无保险标志的。

（4）载运爆炸物品、易燃易爆化学物品以及毒害性、放射性、腐蚀性、传染病病原体等危险物品车辆的。

（5）碰撞建筑物、公共设施或其他设施的。

（6）驾驶人无有效机动车驾驶证的。

（7）驾驶人饮酒、服用国家管制的精神药品或麻醉药品的。

（8）当事人不能自行移动车辆的。

（三）保护现场，设立标记

交通事故现场是反映道路交通事故前后过程的空间场所，存在大量的事故痕迹和物证，是交警勘验现场、分析原因、认定责任和处理事故的关键。因此，事故发生后要保护现场，包括车辆、人员、牲畜和遗留的痕迹、散落物等，不可随意挪动位置。现场的范围通常是指机动车采取制动措施至停车的地域，以及受害人行进终止的位置。现场物品或受害人的钱财应妥善保管，防止被盗被抢。为抢救伤者必须离开现场的，应在其原始位置做好标记，不得故意破坏、伪造现场。

应重点保护的现场痕迹如下。

1. 路面痕迹，如车辆制动印痕、轧压痕迹、侧滑痕迹和行人鞋底与路面擦痕以及血迹、油迹、水迹等。

2. 车辆与人体擦撞痕迹，如各种车辆造成的刮痕、沟槽、服装搓擦痕、车身浮尘擦痕等。

3. 路面遗留物，如玻璃、漆片等散落物以及人体组织的剥落物等。

（四）抢救伤者

事故中造成人员伤亡的，当事人应以人为本，根据实际情况采取措施抢救伤者。当事人应立即拨打 120 急救电话将伤员送往医院救治，同时及时拨打交通事故报警电话（交警事故报警服务电话 122，高速公路报警救援电话 12122）和保险公司报险服务电话。

抢救伤员与保护现场同步进行，如需挪动伤者或车辆应做好原始位置标记。

注意：若有人员受伤，不要随意移动伤者，以免造成二次损伤，除非伤者面临危险（如车辆起火或有害物质泄漏等）。

三、交通事故的后期处理

交通事故与保险事故有着本质区别。交通事故是指车辆在道路上因过错或意外造成人身伤亡或财产损失的事件。而保险事故是指被约定在保险合同中，由保险人负责赔偿的事故。保险事故不包括所有的交通事故或意外事故，只有属于保险单中约定的“保险事故”时，保险公司才接受客户的索赔。

（一）当事人自行协商解决

1. 自行协商解决的概念

当事人双方在事故现场就损失的赔偿金额及赔付方式达成一致并及时履行，即为自行协商解决。但事后有一方反悔、不愿履行的，当事人仍然可以向人民法院提起诉讼。

2. 注意事项

（1）应形成书面材料，书面材料应包括事故双方的姓名、住址、联系电话、证件号码和交通事故发生的时间、地点以及事故原因、责任分配、损失的情况、双方协商的结果等内容，最后由双方签字。

（2）请交警出具事故认定书（如果报警的话）。

（3）如果涉及人身伤害的，除了要签署上述书面材料外，还应及时保存相应的证据，以防协商结果得不到履行时无法诉讼。

3. 不能自行协商解决的情形

造成人员重伤、死亡等涉及治安管理处罚或刑事责任的交通事故，不能自行协商解决。

4. 优缺点

（1）优点：便捷、快速、费用低。只要协议内容不违反法律规定，应属合法有效。

（2）缺点：不具有强制执行力，要依靠当事人的自觉履行。所以，一旦被拒绝履行时，只能通过诉讼解决。当然，只要协议不存在欺诈、重大误解、显失公平等法定情节时，法院会判令不履行协议的一方按照约定履行协议。

（二）请求交警或公安机关交通管理部门调解

1. 通过交警现场调解

本办法适用于交警按简易程序处理的交通事故。根据《道路交通事故处理程序规定》第二十五条的规定，当事人共同请求调解的，交通警察应当场进行调解，并在交通事故认定书上记录调解结果，由当事人签名，送达当事人。但是，出现下列情形时，不适用交通警察的现场调解。

（1）当事人提供不出交通事故证据，因现场变动、证据灭失，交通警察无法查证交通事故事实的。

（2）当事人对交通事故认定有异议的。

（3）当事人拒绝在交通事故认定书上签名的。

（4）当事人不同意由交通警察调解的。

2. 通过公安机关交通管理部门调解

本办法适用于交警按普通程序处理的交通事故。根据《中华人民共和国道路交通安全法实施条例》第九十四条的规定，通过公安机关交通管理部门调解交通事故需具备两个条件：一是各方当事人一致请求公安机关交通管理部门调解，二是在收到交通事故认定书之日起 10 日内提出书面调解申请。

（三）直接向人民法院提起民事诉讼

根据《道路交通安全法》第七十四条的规定，对交通事故损害赔偿的争议，当事人可以请求公安机关交通管理部门调解，也可以直接向人民法院提起民事诉讼。经公安机关交通管理部门调解，当事人未达成协议或调解书生效后不履行的，当事人可以向人民法院提起民事诉讼。

（四）保险索赔

如果事故车辆投保了相应的汽车保险险种，除了用上述索赔方法外，机动车的投保人还可以向保险公司索赔。保险索赔的程序如下。

1. 报案

事故发生后的 48 h 内通知保险公司，向保险公司讲明被保险人姓名、保单号、保险期限、保险险别以及出险时间、地点、原因、车牌号、人员伤亡情况、伤者姓名、送医时间、医院名称等。

2. 配合查勘

被保险人应接受保险公司在出险现场检查相关车辆的受损情况，并提供相应的协助，以保障保险公司及时准确地查明事故原因，确认损害的程度和损失金额。

3. 提出索赔

被保险人向保险公司提出索赔的时间，应在公安机关交通管理部门对交通事故处理结案之日或车辆修复起的 10 日内，并向保险公司提供必要的单、证，作为索赔证据。

4. 领取赔款

当保险公司确定赔偿金额后，会通知被保险人领取赔款。

§4–3　自救、急救方法及危险物品常识

学习目标

1. 掌握自救、急救的方法。
2. 了解危险物品常识。

一、自救方法

（一）车辆着火

汽车火灾常由高温、明火、交通事故、电器短路等原因导致，发动机火灾大多是燃油被明火或过热的排气管点燃而引起，如图 4–3–1 所示。

1. 人员逃离

如果汽车发生火灾，驾驶员应立刻关闭点火开关、电源总开关，立即设法组织车内人员远离车体。车门无法打开时，可砸破车窗或前、后风窗玻璃逃离。人身着火时，应采取向水源处滚动的姿势，边滚动边脱去身上的衣服，注意保护好露在外面的皮肤和头发，不要张嘴呼吸或高声呼喊，以免烟火灼伤上呼吸道，如图 4–3–2 所示。

2. 救火措施

（1）若发动机着火，不要打开发动机舱盖，应从散热器、通气孔、车侧、车底灭火。

图 4-3-1　车辆着火

图 4-3-2　逃生演练

（2）若篷式或厢式车厢内货物着火，不要轻易打开车厢门，火势会因进入空气而迅速蔓延。

（3）采用灭火器灭火，或用路边田地中的砂、土掩盖，或用棉被、衣服浸水扑盖，也可用篷布蒙盖。

（4）灭火时，人应站在上风处，灭火器应瞄准火源。

（5）若汽油着火，切记不可用水灭火，否则会使火势蔓延。

（二）车辆翻车

车辆侧翻时，驾驶员应双手紧握转向盘，背部紧靠座椅靠背使身体固定，随汽车一起侧翻。车内乘客应迅速趴到座椅上，抓住车内的固定物，让身体夹在座椅中，稳住身体，避免身体在车内滚动而受伤。当汽车倾翻力度较大或路侧有深沟，出现连续翻滚时，应尽量使身体往座椅下躲缩，抱紧车内固定物，避免身体在车内滚动。

车辆翻车时，也可跳车逃生，跳车时应向车辆翻转的相反方向跳跃，不可顺着翻车的方向跳出车外，否则跳出车外后反而会被汽车碾压。落地前应双手抱头，蜷缩双腿，顺势翻滚，自然停止。不可伸展手与腿去强行阻止滚动，否则可能会加剧损伤。

（三）车辆落水

若车辆不慎落入水中，如图 4–3–3 所示，车内人员应保持冷静，辨明自己的位置，观察所处环境，确定逃生路径。由于车身具有一定的密封性，车辆不会立即沉入水中，驾驶员应在水还没有淹没蓄电池前先打开电子中控锁，以防失灵。

图 4–3–3　车辆落水

逃生先后路径如下。

1. 车门逃生

车辆入水初期，可用力推开车门，快速离开车辆。但由于车门内外压力差较大，车门很难轻松打开，所以这一逃生时机稍纵即逝。

2. 天窗逃生

天窗处于车身的最高位，逃生最顺利，还可保持车辆漂浮状态，赢得逃生时间。可选择砸碎或推开天窗逃生，特别是在车辆未沉没时，从天窗逃生是最好的路径。

3. 侧窗逃生

若车辆没有天窗，可选择从侧窗逃生，如果车窗无法打开，可砸碎车两侧的车窗玻璃逃生，工具可选用座椅头枕插、车内灭火器、安全锤或车内比较尖硬的物品。车窗玻璃的快速破碎位置在四角，不要敲击车窗玻璃中心。

4. 水下逃生

如果天窗和车窗都没有及时打开，水已经淹没车座，此时应保持冷静，深呼吸，等待水完全淹没车体，车内外压力相对平衡时，迅速打开车门逃生。

注意：

1. 切忌采用关闭车窗阻挡车内进水或打急救电话告知救援人员等错误方法。

2. 不可砸前风窗玻璃，可击打两侧车窗玻璃四角。前风窗玻璃有夹胶，即使砸碎，也有一层胶把碎玻璃粘在一起，而车窗玻璃和天窗玻璃是钢化玻璃，击打玻璃四个角，更容易砸碎。逃出后尽快浮上水面，对于不会游泳的人，离开车前应在车内找一些漂浮的物件。

（四）迎面碰撞

迎面碰撞无法避免时，驾驶员应双臂微曲，紧握转向盘，以免肘关节脱位。同时，双腿向前挺直，身体向后紧贴座椅靠背，不致头部前倾撞击风窗玻璃或胸部前倾撞击转向盘。坐在副驾驶位置的人可双手握拳，用手腕护住前额，同时屈身抬膝护住腹部和胸部。后排座椅上的人应迅速向前伸出一只脚，顶在前面座椅的背面，并在胸前屈肘，双手张开保护头面部，背部后挺，紧压在座椅上。

车内乘客应迅速双手用力向前推扶手或椅背，两脚一前一后用力向前蹬，这样可以消耗撞击力，缓冲身体前冲的速度，从而减轻受害程度。相撞时不要喊叫，应紧闭嘴唇，咬紧牙齿，以免相撞时咬伤舌头。汽车相撞导致发生火灾的可能性极大，因此撞击停止后，所有人应尽快离开车辆。

二、急救方法

抢救伤员时，先救命，后治伤。遇重、特大事故有众多伤员需送往医院时，应先送昏迷状态的伤员去医院，颈椎受伤人员最后送往医院。受伤者在车内无法自行下车时，可设法将其从车内移出，避免二次受伤。伤者被压在车轮或货物下时，应设法移动车辆或搬掉货物，根据伤势采取相应的救护方法，切忌拉拽伤者的肢体。

伤员现场急救方法如下。

1. 昏迷急救

昏迷失去知觉的伤者，抢救前应先检查伤者呼吸，搬运昏迷或有窒息危险的伤员时，应采用侧俯卧的方式。

2. 出血症状

撞击或其他原因可能会使驾驶员的头颈部或胸部受外伤。受伤失血过多，将会出现生命危险，如休克等症状。抢救或处理失血伤员，应先通过外部压力，使伤口的流血止住，用毛巾或其他替代品暂时包扎，以免失血过多，等医务人员到来后再仔细处理伤口。另外，救助因失血过多而休克的伤员时，应采取保暖措施，防止热损耗。

3. 烧伤救助

应迅速扑灭衣服上的火焰，向伤员身上喷冷水，脱掉烧着的衣服，用消过毒的绷带包扎烧伤口。不能用沙土覆盖灭火，否则会造成伤口感染，甚至危及生命。烧伤伤员口渴时，可喝少量的淡盐水。

4. 骨折急救

骨折后切记不能乱动或被别人错误移动包扎。为防止骨折伤员休克，不要移动伤员身体的骨折部位，骨折后移动有可能对以后的恢复造成影响。搬动伤者要确保伤肢不会发生相对移动，否则血管和神经都可能在搬动时受到伤害，影响后期治愈。伤员骨折处出血时，应先止血和消毒并包扎伤口，然后再固定。

车祸中，副驾驶座位的乘员容易发生颈部损伤。如颈椎或腰椎受到冲击，应由专业医护人员搬动。人的脊柱中有很多神经，搬动不当会造成永久性的伤害，甚至瘫痪，因此移动伤员应该由专业医生用硬担架以平铲的方式搬动，还要用颈托等固定。

三、危险物品常识

根据国家标准《危险货物分类和品名编号》（GB 6944—2012）规定，危险物品是指具有爆炸、易燃、毒害、感染、腐蚀、放射性等危险特性，在运输、储存、生产、经营、使用和处置中，容易造成人身伤亡、财产损毁或环境污染而需要特别防护的物质和物品。

危险物品主要分为易燃易爆气体、易燃液体、易燃固体、自燃物品和遇湿易燃物品、氧化剂和有机过氧化物、有毒有害品、感染性物品、放射性物品、腐蚀性物品、杂类。

（一）易燃易爆气体

易燃易爆气体遇明火，或与氧化剂接触，或在热传递作用下，能够引起燃烧爆炸。常见的易燃易爆气体有液化石油气、煤气、氢气、乙炔气、氨气等。

（二）易燃液体

易燃液体一般具有高度的挥发性、流动扩散性、受热膨胀性，遇火花能与氧发生剧烈氧化反应而燃烧。当可燃蒸气的浓度达到一定程度时，遇明火就会发生燃烧和爆炸。常见的易燃液体有燃料、工业酒精等一些化工原料。

（三）易燃固体、自燃物品和遇湿易燃物品

1. 易燃固体燃点较低，在遇到明火、受热、撞击、摩擦或与氧化剂接触后，会引起强烈燃烧，并散发有毒烟雾或有毒气体，粉尘具有爆炸性。常见的易燃固体有磷及磷的化合物、硝基化合物、各种金属粉末、硝化棉织品及萘和其衍生物。

2. 自燃物品不需明火也会自行燃烧，本身受空气氧化或外界温度、湿度影响，发热达到自燃点就发生燃烧，大部分自燃物品的化学特性都很活跃，与水反应剧烈，接触氧化剂会立即爆炸。一般自燃点在 200 ℃以下的物质都被列入自燃物品，常见的有黄磷、

硝化纤维素、铝铁熔剂等。

3. 遇湿易燃物品具有遇水燃烧性和自燃性。遇湿易燃物品通常指碱金属、碱土金属及硼烷等物质，常见的有金属钾、钠、镁和石灰氮、硼氢化钾、氢化铝、保险粉、乙炔等。

（四）氧化剂和有机过氧化物

氧化剂和有机过氧化物具有较强的氧化性、不稳定性、化学敏感性，吸水、受热后释放氧气，遇酸碱、强热、摩擦、潮湿、冲击或与还原剂、易燃物等接触，能发生分解反应，并引起燃烧或爆炸。常见的氧化剂和有机过氧化物有硝酸盐类、高锰酸盐类、银催化剂、铝催化剂、氯的含氧酸及其盐类、近氧化钾、过氧化钠等。

（五）有毒有害品、感染性物品

有毒有害品、感染性物品按其化学性质可分为有机有毒有害品和无机有毒有害品，有毒有害品燃烧时，一般都会释放出有毒气体。有毒有害品的形态包括固体、液体和气体，可通过人体的皮肤、消化道、呼吸道对人体造成侵害。部分有毒有害品遇水后还会放出有毒气体。

（六）放射性物品

放射性物品能够自行释放出穿透力很强而人的感觉器官又不能察觉的离子流（射线）。衡量放射性物品是否对人体及环境有危害，通常用测定放射性物品的比活度来判定，只有当比活度大到一定程度时，才属于放射性物品。大剂量地接受射线，易使人患放射病，甚至死亡。

（七）腐蚀性物品

腐蚀性物品是化学性质非常活泼的物质，能与很多金属、非金属及动植物肌体发生反应，比如盐酸。很多腐蚀性物品还具有毒性、氧化性和易燃性。

第五章 汽车维护保养

§5–1 汽车运行材料的使用常识

学习目标

1. 熟知汽车运行材料的正确选用方法。
2. 掌握节约燃料的驾驶方法。

一、燃料的正确选用

燃料的质量对汽车燃料经济性有很大影响，如果燃料质量不符合发动机的要求，发动机就不能正常工作，导致动力性下降，油耗增加；反之，对燃料的要求过高，则会提高燃料的成本，导致燃料经济性降低。

（一）车用汽油的合理选用

1. 汽油的牌号

汽油的牌号代表其辛烷值高低，辛烷值越高，抗爆性就越好。选择汽油实际上是选择汽油的辛烷值。目前我国的汽油牌号有 92 号、95 号、98 号等几种，选择牌号过低的汽油会使发动机产生爆震（爆震是汽油发动机的一种不正常燃烧现象），影响发动机的动力性，增加燃油的消耗，严重时还会使发动机损坏；选择牌号过高的汽油，能改善车辆的排放质量，但会额外增加汽油的使用费用。

2. 汽油的国标等级

目前我国在用的汽油国标等级有“国Ⅳ”、“国Ⅴ”及“国Ⅵ”等。国标等级越高，表明该油品的质量越高，也就是汽油中硫、铅、苯及锰等有害元素的含量越低，能满足

更高的汽车排放要求。

3. 汽油牌号的选用

一般来说，根据车辆发动机的压缩比选择汽油牌号，压缩比高的发动机需要用抗爆性好的汽油，否则车辆发动机容易产生爆震，增加燃油的消耗。因此，压缩比高的发动机应选用高牌号的汽油，而压缩比低的发动机应选用低牌号的汽油。

选择车用汽油的牌号时，可参考车辆的使用说明书，同时在车辆油箱加注口盖上，粘贴有该车辆可选用汽油牌号的标签，如图 5–1–1 所示，根据此标签选用满足车辆要求的汽油牌号即可。

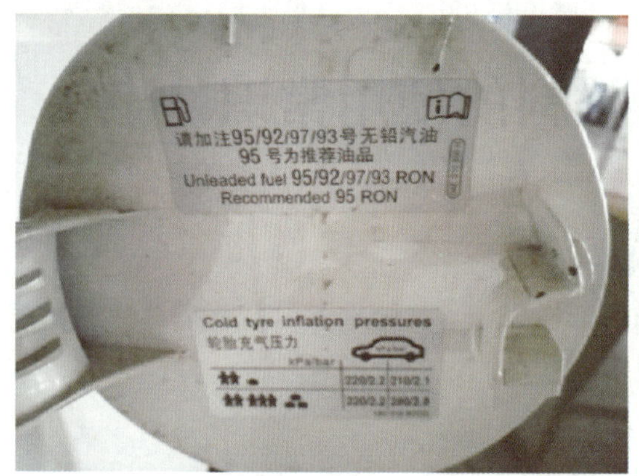

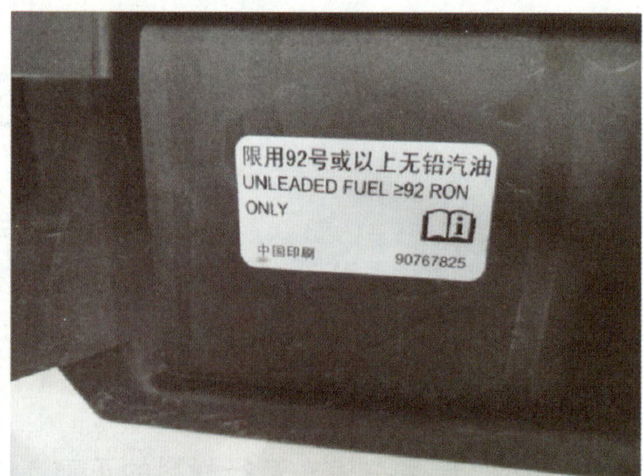

图 5–1–1　车辆油箱加注口盖上的可选用汽油牌号标签

（二）车用柴油的合理选用

车用柴油的质量是影响柴油发动机技术状况和排放质量的重要因素。

1. 车用柴油的牌号

车用柴油的牌号是按照其凝点的高低来表示的。按凝点高低，车用柴油分为 6 个牌号，包括 5 号、0 号、−10 号、−20 号、−35 号、−50 号。车用柴油的凝点随牌号的降低而降低，牌号低的柴油低温流动性好，发动机在低温时易起动，从而减少起动时的燃料消耗。

2. 柴油牌号的选用

（1）主要应根据车辆的使用说明书选用。

（2）根据柴油发动机的强化系数确定质量等级，再根据当地气温确定黏度等级。一般以最低使用温度略高于柴油的冷凝点 3 ~ 6 ℃为宜，如 5 号柴油适用于最低气温在 8 ℃以上的地区使用。车用柴油的适用气温及地区见表 5–1–1。

二、润滑油（脂）的合理选用

汽车润滑剂是指在汽车上使用的各种起润滑作用的润滑油和润滑脂。汽车润滑剂主要包括发动机机油、齿轮油、润滑脂三大类。

表 5-1-1　车用柴油牌号适用气温及地区

牌号	适用气温	适用地区及季节
5 号	8 ℃以上	全国各地 5 月至 8 月，长江以南 3 月至 11 月
0 号	4 ~ 8 ℃	全国各地 4 月至 9 月，长江以南冬季
−10 号	−5 ~ 4 ℃	长江以南冬季，长江以南严冬季节
−20 号	−14 ~ −5 ℃	长江以北冬季，长江以北黄河以南严冬季节
−35 号	−29 ~ −14 ℃	东北和西北地区严冬季节
−50 号	−44 ~ −29 ℃或低于 −44 ℃时使用	最北地区严冬季节

（一）发动机机油的合理选用

汽车发动机机油作为润滑系的工作液，主要作用是润滑、冷却、清净、密封、防腐蚀和减振缓冲等。发动机机油的使用性能主要有润滑性、低温流动性、黏温性、清净分散性、抗氧化性、抗腐蚀性和抗泡沫性等。

1. 发动机机油的类型

（1）按基础油不同分类

分为矿物机油、半合成机油和合成机油。矿物机油的基础油是从原油中提炼的，合成机油的基础油则是化学合成的。与矿物机油相比，合成机油的抗高温氧化、抗黏度变化、抗磨损能力更强。一般使用矿物机油的车辆每行驶 5 000 km 就必须换机油，而使用合成机油的换机油里程可延至 8 000 ~ 10 000 km。

（2）按机油质量等级分类

按照美国石油学会（API）的分类，发动机机油的质量等级分类如图 5-1-2 所示，字母“S”和“C”分别代表汽油发动机机油和柴油发动机机油，然后按英文字母顺序分别排在字母“S”和“C”之后。汽油发动机机油的质量等级为从“SA”到“SN”，英文字母顺序越靠后表示机油质量等级越高，机油的性能表现越出色，“SN”级是最高的级别。若“S”与“C”同时出现，则表示该机油同时适用于汽油发动机和柴油发动机，且优先适用于汽油发动机。

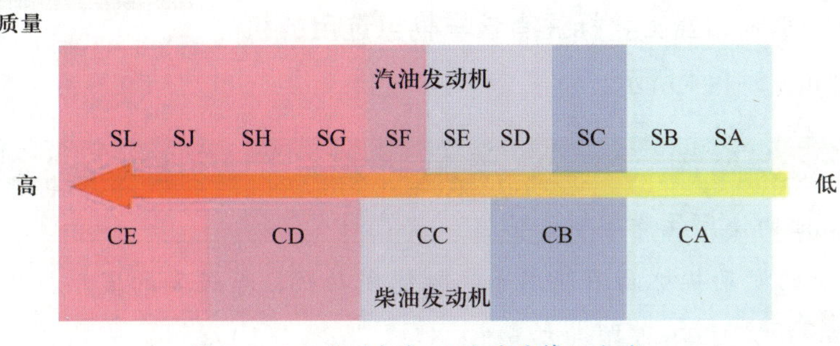

图 5-1-2　发动机机油的质量等级分类

（3）按机油黏度等级分类

按照美国汽车工程师学会（SAE）对发动机机油黏度等级的分类，只能满足一个季节黏度要求的机油称为单级机油，如冬季用机油，分 0W、5W、10W、15W、20W、25W 等黏度等级；夏季用机油，分 20、30、40、50、60 等黏度等级。

能满足冬季、夏季通用黏度要求的机油称为多级机油，如 5W–20、5W–30、5W–40、5W–50、10W–30、10W–40、10W–50、15W–30、15W–40、15W–50、20W–40、20W–50 等。

W 就是英文单词 Winter（冬季）的简写，W 前面的数字越低，代表机油的低温流动性越好，如 SAE 10W–30，10W 表示该机油最低使用温度为 −25 ℃，而 W 后面的 30 则代表机油在 100 ℃时的运动黏度，数值越大，机油在高温时黏度越大。不同黏度等级机油的适用气温如图 5–1–3 所示。

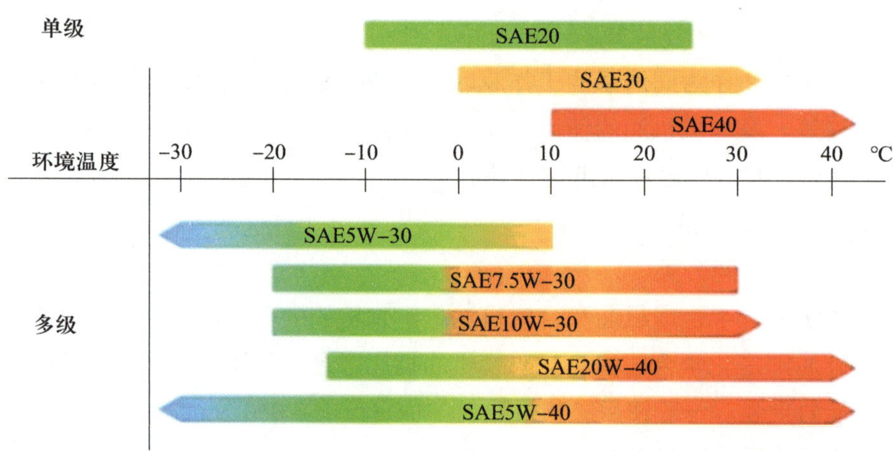

图 5–1–3　不同黏度等级机油的适用气温

2. 机油的选用

（1）原则上主要根据气温、工况和发动机的技术状况等选择机油的黏度等级；主要根据发动机性能、结构、工作条件和燃料品质选择机油的质量等级。

（2）一般在选用机油时要根据车辆的使用说明书，选择合适的机油黏度等级及质量等级或更高的质量等级。有些车辆在机油加注口盖上，标注有该车辆可选用的机油黏度等级，如图 5–1–4 所示。

图 5–1–4　机油加注口盖上标注的黏度等级 SAE 5W–20

小提示：

发动机机油的使用注意事项如下。

1. 等级低的发动机机油不能用于高性能发动机，等级高的发动机机油可以用于稍低性能的发动机，但不可降级太多。

2. 在保证润滑的条件下，优先选用黏度低的发动机机油，以减少机件的磨损。

3. 保持正常的发动机机油油位，常检查，勤添加。

4. 要定期更换发动机机油，在换机油的同时更换机油滤清器滤芯。

（二）齿轮油的合理选用

车辆齿轮油用于变速器、驱动桥、主减速器等汽车传动机构和转向机构中，作为齿轮传动的润滑油。对齿轮油的主要要求是较强的承载能力、适当的黏度、良好的热氧化安定性、抗腐蚀性、抗泡沫性等。

1. 车辆齿轮油的分类和牌号

车辆齿轮油的分类与发动机机油一样，大部分国家采用美国 SAE 的车辆齿轮油黏度分类和 API 的车辆齿轮油质量等级分类。

根据 SAE 的分类法，车辆齿轮油黏度分为 70W、75W、80W、85W、80、85、90、110、140、190、250 等黏度等级。

根据 API 的分类法及工作条件的苛刻程度，车辆齿轮油质量等级分为 MT-1（非同步手动变速箱油）、GL-3（普通车辆齿轮油）、GL-4（中负荷车辆齿轮油）、GL-5（重负荷车辆齿轮油）。

2. 齿轮油的选用

原则上根据齿轮类型和传动装置的功能选择车辆齿轮油的质量等级；根据最低气温和最高油温选择车辆齿轮油的黏度等级。若气温低，选用凝点较低、黏度较小的牌号；反之，选用凝点较高、黏度较大的牌号。

选用齿轮油时，应严格按照车辆使用说明书的规定选用合适的牌号，如图 5-1-5 所示。

图 5-1-5　车辆齿轮油

小提示：

车辆齿轮油的使用注意事项如下。

1. 等级低的齿轮油不能用在要求较高的车辆上，等级高的齿轮油可降级使用，但若等级过高则经济上不划算。

2. 齿轮油的黏度应以能保证润滑为主，尽可能选用多级齿轮油，如果黏度过高会显著增加油料消耗。

3. 不同等级的车辆齿轮油不能混用。

（三）润滑脂的合理选用

汽车润滑脂是一种增稠的润滑油，呈半固体状，对金属表面有良好的黏附性，主要用于汽车底盘、各种轴承等零部件的润滑。

对润滑脂的要求是较好的耐热性、抗水性、无腐蚀性等。常用的汽车润滑脂有钙基润滑脂、钠基润滑脂、钙钠基润滑脂、铝基润滑脂等。

润滑脂的主要指标是稠度，选用润滑脂时，应严格遵照车辆使用说明书的规定。

小提示：

汽车润滑脂的使用注意事项如下。

1. 根据汽车润滑部位的要求，使用合适的润滑脂，一般在车辆的使用说明书上均有规定，按使用说明书上规定的润滑脂种类、牌号进行使用。

2. 注意避免不同牌号和新、旧润滑脂的混合，避免装脂容器、工具在润滑部位上随意混用。

3. 严防机械杂质混入润滑脂中。

4. 润滑脂的加注量不要过多。

三、冷却液的合理选用

冷却液是保证发动机正常工作的重要运行材料，是为防止汽车冷却系统在冬季结冰而在冷却系统中加入的冰点较低的液体。对冷却液的主要要求有防锈、防腐蚀、抗泡沫、抗氧化等，可使发动机冷却系统不易积垢，散热效果好，不易过热。冷却液温度过高或过低都不利于汽车的动力性、经济性、排放性，正常温度应保持 80 ~ 95 ℃。

（一）冷却液的类型

冷却液一般由水、防冻剂、添加剂三部分组成，按防冻剂成分不同可将冷却液分为酒精型、甘油型、乙二醇型等。

目前市面上广泛使用的是乙二醇型冷却液。乙二醇型冷却液具有沸点高、泡沫倾向低、黏温性能好、防腐和防垢等特点，一般可用 2 ~ 3 年。

（二）冷却液的选用

可根据汽车维修及保养手册的规定，优先选用推荐的冷却液，并按要求定期更换，有些车型在膨胀水箱上标注有该车所加冷却液的型号，如图 5-1-6 所示。也可根据环境温度条件选择合适冰点的冷却液。

图 5-1-6　膨胀水箱上标注的冷却液型号 G12

小提示：

冷却液的使用注意事项如下。

1. 使用中若液位过低，应补充同类型冷却液；若因蒸发而过低，则应补加软水。

2. 乙二醇型冷却液的膨胀系数较大，向膨胀水箱中注入时，注入量要比膨胀水箱的容积少 5% ~ 6%。

3. 乙二醇有毒，使用时切忌进入口腔。

4. 不同型号的冷却液不能混用，以免产生沉淀和气泡。当发现有悬浮物与沉淀物或变质发臭时，应更换冷却液。

四、制动液的合理选用

汽车制动液是在液压制动装置中传递动力的，对制动液的主要要求有对橡胶密封件有较小的溶胀率、好的抗腐蚀性、良好的低温流动性、较高的沸点等。制动液有吸水性，使用中会不断吸收空气中的水分，水分过高会腐蚀制动系统的零部件，同时降低制动液的沸点，在紧急制动时出现气阻，造成制动不良，故车辆正常行驶 5 万千米或使用超过 2 年时，应及时更换制动液。

（一）制动液的类型

有醇型、醇醚型、酯型、矿油型、硅油型等几种类型。

（二）制动液的品种和牌号

国外标准：美国汽车工程师学会（SAE）的规格，有 DOT3、DOT4、DOT5 等。DOT 后数字越大，级别越高。

国内标准：国产制动液依据其平衡回流沸点，可分为 JG0、JG1、JG2、JG3、JG4、JG5 六个质量等级，序号越大，平衡回流沸点越高，高温抗气阻性越好，行车制动安全性越高。

（三）制动液的选用

原则上根据环境条件、汽车速度性能等选择制动液的质量等级。一般在车辆的使用说明书上、制动液加注口盖上或储液罐的上方标有本车辆使用的制动液牌号，如图 5-1-7 所示，应严格按要求进行选择。

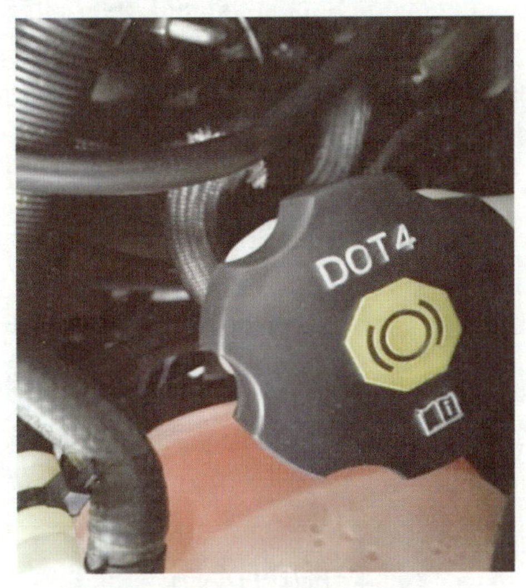

图 5-1-7　制动液加注口盖上标注的制动液牌号 DOT4

小提示：

汽车制动液的使用注意事项如下。

1. 不同品种、牌号的制动液原则上不能混用。
2. 按汽车使用说明书的要求，按期更换制动液。
3. 制动液应密封存放，避免吸收大气中的水分后沸点下降。
4. 在对制动液进行加注及排气操作时，必须由经过培训的专业技术人员在通风良好的环境中进行。

五、自动变速器油的合理选用

（一）自动变速器油的作用

自动变速器油简称 ATF，是指专用于自动变速器的油液。自动变速器油的作用除了润滑、降温和清洗以外，更主要的是通过油的流动传递扭矩，也就是传递发动机和变速器之间的动力。应严格按照车辆使用说明书规定的换油里程或换油周期更换自动变速器油，如果车辆使用说明书中未标明自动变速器油的更换时间，则按照行驶里程 4 万～6 万千米进行更换。

（二）自动变速器油的选用

应严格按照汽车使用说明书的要求选用合适的自动变速器油，并由专业维修人员利用专业设备进行更换。

§ 5–2　轮胎的检查与更换

学习目标

1. 熟知轮胎的日常维护内容及方法。
2. 熟知轮胎的选用、更换及换位方法。
3. 掌握应急更换轮胎的方法及行车注意事项。

一、轮胎的选用

轮胎是汽车的重要部件和运行材料，由于使用轮胎的习惯不同，轮胎的使用寿命相差很大。轮胎的技术状况可直接影响汽车的安全性和燃料经济性。因此，加强轮胎的日常维护，对降低汽车运输成本、提高经济效益，具有重要意义。

（一）根据车型选用适宜的轮胎

1. 轮胎必须搭配合理。装在同一车轴上的轮胎，其规格、型号、轮毂材料也应相同，轮胎规格、型号所表示的含义如图 5-2-1 所示。

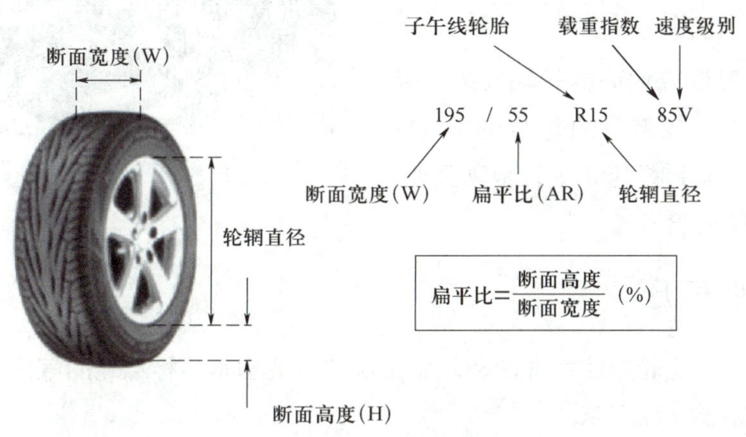

图 5-2-1 轮胎规格、型号的含义

2. 磨损程度及新旧程度相差较大的轮胎不宜同轴安装。

3. 双胎并装时要求两个轮胎同品牌、同厂生产，且两个轮胎的磨损程度相差不得超过 3 mm，以免使个别轮胎磨损加剧。

4. 更换轮胎时，成色新的轮胎装在前轴上，旧轮胎装在后轴上。

5. 轮胎的花纹不同，适用的道路环境也不同。部分车辆前、后轮的轮胎花纹不同，安装时，应按照车辆要求正确安装前、后轮的轮胎。轮胎花纹如图 5-2-2 所示。

图 5-2-2 轮胎花纹

（二）换用新轮胎的季节

冬季和春季适宜换新轮胎，因为夏天气温高，轮胎工作时产生热量多，新胎的胎冠厚度较厚，不宜散热，此时更换新轮胎会加剧橡胶的老化及轮胎的磨损。

（三）正确安装轮胎

不能选用变形或偏心的轮辋安装轮胎，如图 5-2-3 所示。安装好的轮胎在充气前，要检查各部件的安装是否正确，特别是要对轮胎进行动平衡检验。

图 5-2-3　变形的轮辋

二、轮胎气压

轮胎气压是决定轮胎使用寿命和轮胎工况的主要因素，标准轮胎气压标注在燃油加注口盖上，如图 5-2-4 所示。

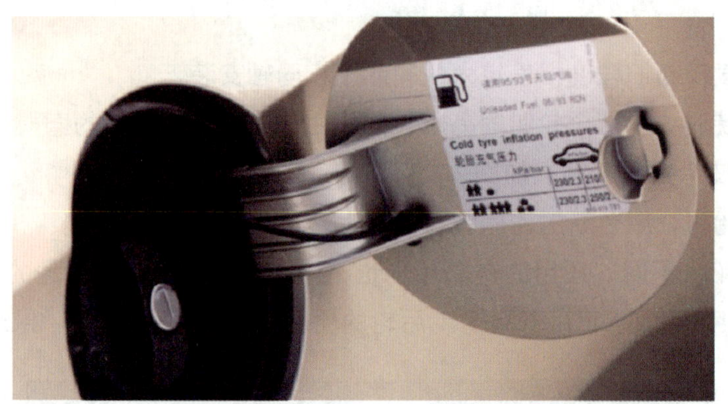

图 5-2-4　标准轮胎气压的标注位置

轮胎气压达不到标准是造成轮胎早期损坏的主要原因之一。轮胎气压正常时，胎冠与路面的接触面积较大，承受载荷均匀，磨损正常。轮胎气压过低时，胎体变形增大，内应力增加，滚动阻力增大，容易引起胎体过热升温、胎体分层损伤，胎冠与路面的接触面积增大，磨损加剧，尤其是胎肩的磨损加剧，如图 5-2-5 所示。

轮胎气压过高时，胎冠中部与路面的接触面积减小，单位接触面积的压力增大，胎冠部分磨损加剧，如图 5-2-6 所示。同时，轮胎的弹性降低，帘线受到过度拉伸，容易引起轮胎爆裂。

三、轮胎换位

轮胎行驶里程达到 6 000 ～ 8 000 km 时，应进行一次轮胎换位，以延长轮胎的使用寿命。

图 5-2-5　胎肩磨损

图 5-2-6　胎冠磨损

（一）六轮两轴轮胎

六轮两轴轮胎换位的基本方法有循环换位法和交叉换位法两种，如图 5-2-7 所示。

（二）四轮两轴轮胎

四轮两轴汽车的轮胎由于驱动方式不同，前、后、左、右各轮的工作条件并不相同，轮胎磨损情况也各有差异，换位时要根据不同的驱动方式进行正确换位，如图 5-2-8 所示。

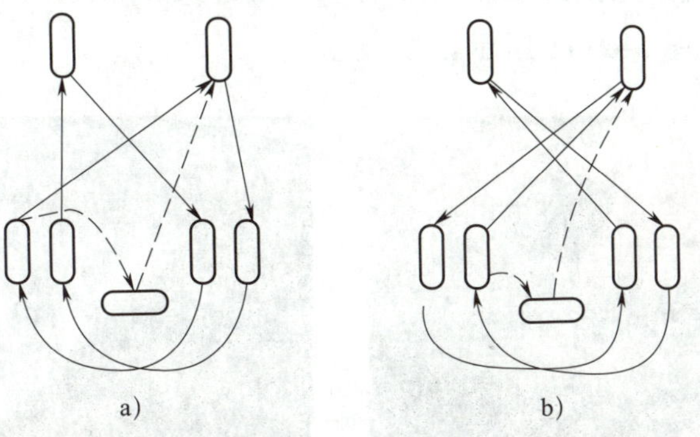

图 5-2-7　轮胎换位方法

a）循环换位法　b）交叉换位法

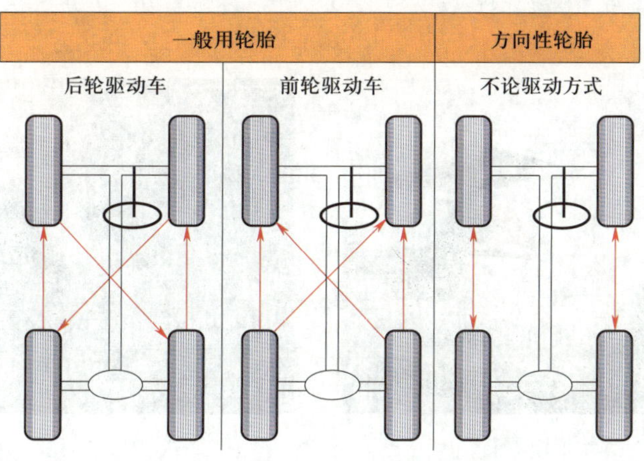

图 5-2-8　轮胎换位方法

四、应急更换轮胎的方法与步骤

1. 当发生事故需在行驶途中紧急停车更换轮胎时，应先把车辆停在安全区域，拉起驻车制动器操纵杆，如图 5–2–9 所示。

2. 按照规定开启危险报警闪光灯，夜间还应同时开启示廓灯和尾灯，如图 5–2–10 所示。

3. 打开后备箱，如图 5–2–11 所示。

4. 拉起地板垫，取出三角警示牌，如图 5–2–12 所示。

5. 将三角警示牌放置在车辆正后方或同一个车道上，位置在车后 50 ~ 100 m 处；若是在高速公路上，则要放在车后 150 m 以外的地方，若遇上雨雾天气，还须将距离提升至 200 m，如图 5–2–13 所示。

6. 取出随车工具，如图 5–2–14 所示。

7. 拧松备胎中部的固定螺母，取出备胎，如图 5–2–15 所示。

8. 撬下 5 个轮胎螺栓装饰帽，如图 5–2–16 所示。

9. 用轮胎螺栓扳手，按照如图 5–2–17 所示顺序，先将每个轮胎螺栓拧松半圈。

10. 在需更换的轮胎附近找到支撑点标记。后部支撑点在下边梁后部标记区域的底板垂直加强件处，如图 5–2–18 所示。

图 5–2–9　拉起驻车制动器操纵杆

图 5–2–10　开启危险报警闪光灯的开关

图 5–2–11　打开后备箱

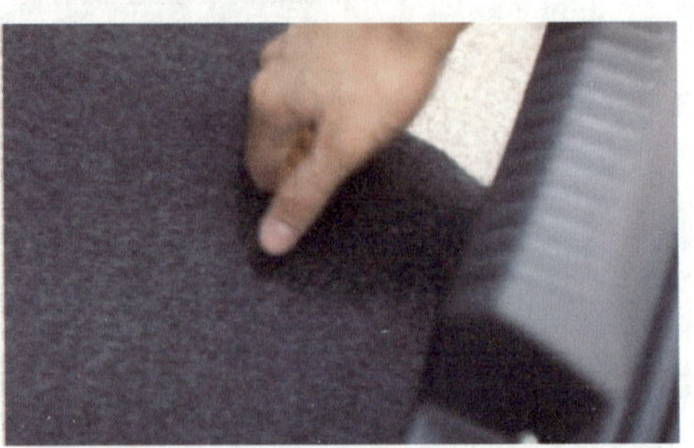

图 5–2–12　拉起地板垫

图 5-2-13　放置三角警示牌

图 5-2-14　取出随车工具

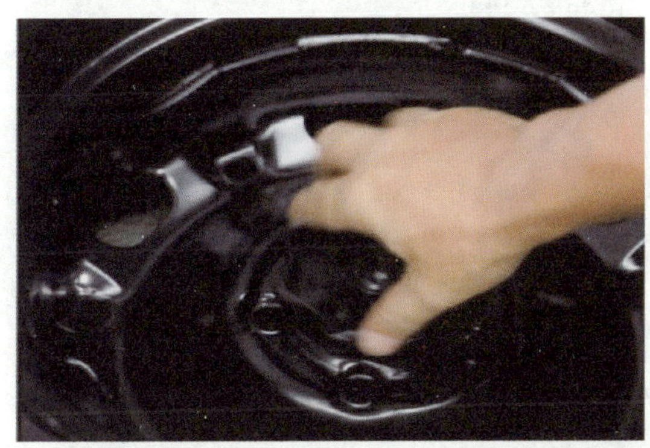
图 5-2-15　拧松备胎中部的固定螺母

图 5-2-16　撬下 5 个轮胎螺栓装饰帽

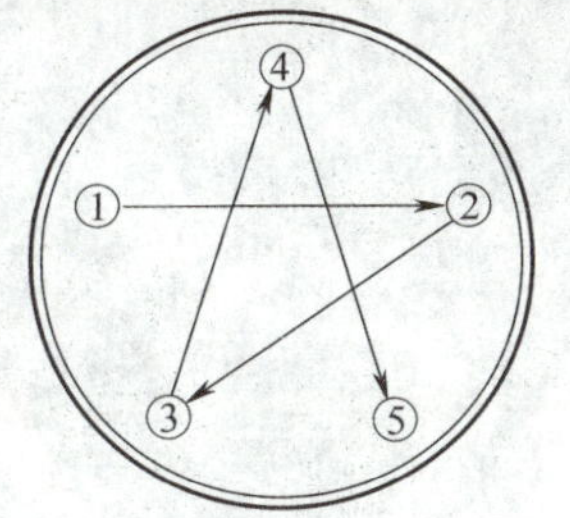

图 5-2-17　轮胎螺栓拧松或拧紧顺序

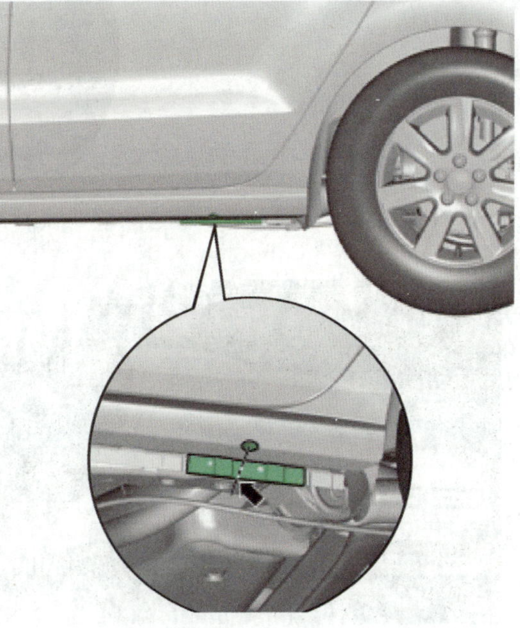
图 5-2-18　车辆下边梁后部的支撑点位置

11. 前部支撑点在下边梁前部标记区域的底板垂直加强件处，如图 5–2–19 所示。

12. 在标记区域的底板垂直加强件处，垂直放置专用支顶器，将车辆顶起至合适位置，然后按对角顺序卸下需要更换的轮胎螺栓，取下轮胎，如图 5–2–20 所示。

13. 换上备胎，按对角线顺序拧紧轮胎螺栓，然后松卸并取出支顶器，待轮胎着地后，按对角线顺序将轮胎螺栓再拧紧一遍。更换完毕，必须将工具及轮胎放回原位并固定好，如图 5–2–21 所示，以防车辆行驶时产生噪声及突然紧急制动时轮胎被抛起伤人。

备胎分为全尺寸备胎和非全尺寸备胎，由于非全尺寸备胎的规格、型号与正常轮胎都不相同，而且即便是全尺寸备胎，其气压、规格、型号、轮毂材料、生产日期、磨损程度也不一定与正常轮胎相同，所以一定要注意备胎是不能当作正常轮胎使用的，只能用于应急使用，应尽快用正常轮胎更换备胎。

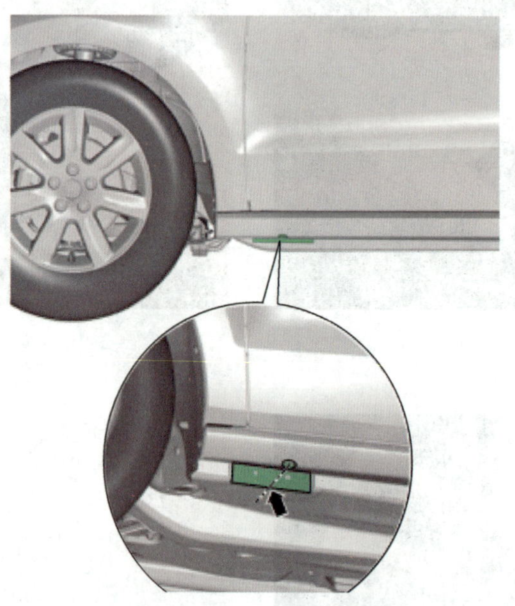

图 5–2–19　车辆下边梁前部的支撑点位置

图 5–2–20　垂直放置专用支顶器

图 5–2–21　工具及轮胎放回原位并固定

小提示：

使用备胎的车辆行驶时应注意以下几点。

1. 应以不超过备胎许用速度的车速行驶，一般不超过 80 km/h。
2. 应避免将加速踏板踩到底，避免紧急制动与急转弯。
3. 在前轴（驱动桥）上安装了备胎的情况下，行驶距离切勿超过 200 km。
4. 在备胎上不能使用防滑链。

五、延长轮胎寿命

驾驶操作技术与轮胎磨损、轮胎使用寿命有着密切的关系。急起步、紧急制动、急转弯、高速行驶及路面选择不当等，都会引起轮胎磨损加剧或异常磨损；越过障碍物时，如不注意，会使轮胎磨损加速或发生意外损伤。因此，应努力提高驾驶技术，尽量减少轮胎的磨损。

1. 做好轮胎的日常维护

在出车前、行车中和收车后，注意检视轮胎气压和有无不正常的磨损与损伤。

2. 平稳起步

起步时，缓抬离合器踏板，轻踏加速踏板，以减轻起步对轮胎的冲击，避免轮胎滑转产生剧烈磨损。

3. 尽量避免紧急制动

车辆紧急制动时，轮胎在路面上产生拖滑，造成轮胎面的剧烈磨损。

4. 合理控制车速，保持中速行驶

车速越高，轮胎所受的冲击越大，其变形的幅度越大，变形的频率也越高，易引起胎温升高，使轮胎的损伤加剧。因此，在行车中，应根据道路情况合理控制车速，尽量保持中速行驶。

5. 按规定载荷进行装载

汽车超载时，轮胎变形增大，容易造成帘线折断、松散和帘布脱层，同时与路面的接触面积增大，加剧了胎肩的磨损。

6. 合理选择行驶路面

（1）在无中心线的道路上行驶时，在保证安全的情况下，尽量保持在道路中央行驶，防止轮胎磨偏。

（2）在不良道路上行驶时，应尽量避开路上的尖利石块和其他障碍物，以防轮胎被刺破或撞爆。

（3）通过桥梁、铁路道口处，应提前减速，平稳行驶，避免高速通过而冲击轮胎。

（4）在河滩和便道地段行驶时，因路基不坚实，石块易嵌入双胎夹缝，通过后要停车检查，排出嵌石。

（5）若驱动轮陷入泥坑或打滑时，不可加速猛冲，避免轮胎滑转而加速磨损。

7. 防止轮胎温度过高

车辆行驶时，轮胎因承受负荷，会不断地扭曲变形而发热，导致轮胎温度升高，轮胎气压也随之升高，尤其在高温季节行车时。在此情况下，注意行驶途中适当停歇，使轮胎冷却。

小提示：

切不可用放气调压和泼水降温的方法降低轮胎气压和轮胎温度，最好在阴凉处停车，降温后再行驶。涉水或洗车时，应先停车降低轮胎温度后再进行。中途停车休息时，应选择阴凉处停放，防止轮胎受强烈阳光暴晒。

8. 做好经常性检查

经常检查和清除轮胎花纹中所嵌的石头、异物等，以防轮胎产生机械性破损。

9. 注意严寒气候

在严寒气候条件下，若汽车长时间停在野外，为防止轮胎在路面冻结，应在轮胎下面垫上木板、树枝、沙子等。重新起步时应平稳缓慢加速，低速行驶，待轮胎变热恢复弹性后再提升到正常速度。

§ 5–3　汽车磨合期的驾驶

学习目标

1. 熟知汽车磨合前、磨合中、磨合后部件的检查方法及驾驶操作要领。
2. 了解汽车磨合期驾驶的车速控制方法。

一、新车磨合的目的

新车或刚完成大修的车在初期行驶时，一是由于相对运动零件表面的接触面积小，接触压力大，使零件的磨损加快；二是由于相对运动零件凸起部分的相互撞击，会有金属屑被磨落，这些金属屑粒夹在零件的表面之间，会引起磨料磨损；三是由于相对运动零件的配合间隙较小，在初期行驶时，零件的温度较正常行驶时期要高，润滑油在高温条件下黏度降低，导致润滑不良；四是汽车各零件的连接，在初期使用中容易松动。

因上述原因，为保证汽车的使用寿命，新车、大修车以及装用大修发动机的汽车在投入使用时都应进行磨合，并经过磨合期的维护后，才可投入正常使用。

二、新车检查

汽车磨合期的行驶里程一般为 1 000 ～ 5 000 km。进口汽车按制造厂的磨合期规定进行，有些高级轿车按规定无磨合期。

在磨合期中，驾驶员要认真阅读使用说明书，了解汽车技术数据、磨合要求及注意事项。为确保行车安全，新车在投入使用前，应进行以下检查。

1. 检查冷却液是否充足，冷却系各部位有无滴漏现象。
2. 检查蓄电池液面高度，电气设备、灯光和仪表的工作是否正常。
3. 检查发动机、变速器、后桥、转向器、离合器、液压系统有无漏油现象。
4. 检查制动系统的工作是否正常，制动管路接头处是否漏油、漏气。
5. 检查轮胎气压是否符合标准。
6. 清洗车辆，检查各部位的连接及紧固情况。
7. 检查转向机构各部位有无松动和卡阻现象。
8. 检查变速器各挡位是否能正确接合。

三、磨合期的驾驶要求

1. 在最初 1 000 km 的磨合期内，发动机转速不允许超过最高转速的 3/4，应按规定选择优质燃料和润滑油。

2. 车辆在怠速、低速行驶、高速行驶时均应注意仪表上各报警灯及指示灯的指示状态，特别是发动机机油的压力与工作温度，发动机冷却液的温度应限制在正常范围内，若不正常，应找出原因并及时排除。

3. 在最初 1 000 km 的磨合期内，应选择路况较好的道路行驶，行驶中应按使用说明书上的规定严格控制车速，一般限制在各挡位最高车速的 70% ～ 75% 之内，避免高速行驶。

4. 磨合期内应选择路况较好的道路并适当减载。200 km 以内时，汽车不得装载；1 500 km 以内时，汽车装载量不得超过额定装载量的 70%，并禁止拖带挂车，半挂车按装载量标准减载 25% ～ 50%。

5. 严格执行驾驶操作规程，平稳接合离合器，轻踏缓抬，及时换挡，尽量避免突然加速及紧急制动。

6. 磨合期内认真做好车辆日常维护工作，经常检查、紧固各外部螺栓、螺母，注意各总成在运行中的声响和温度变化，特别要密切注意变速器、后桥、轮毂及制动器的温度，若发现过热，应找出原因并及时排除。

7. 严格遵守操作规程，冬季起动发动机应预热升温到正常再起步。

四、汽车磨合期的维护

驾驶员应认真做好车辆磨合期的日常维护，如发现发动机、变速器、制动器、驱动桥、轮毂和传动轴等处有异响、发热等现象，应查明原因并及时排除。

磨合期维护分磨合前、磨合中、磨合后三个阶段。

（一）磨合前

磨合前的维护主要是清洗汽车外部、检查轮胎气压、检查制动器的制动性能。

（二）磨合中

磨合中的维护是在汽车行驶一定距离后，按使用说明书中的要求，检查转向系、制动系各部件的连接情况并视情紧固，检查制动器的制动性能。

（三）磨合后

新车和刚完成大修的车辆在磨合期满后，应进行一次磨合维护。该维护一般由制造厂指定的维修厂家负责完成，其作业内容为清洁、检查、紧固和润滑工作，主要作业项目如下。

1. 更换发动机机油。

2. 更换机油滤清器。

3. 检查变速器和发动机的泄漏情况。

4. 检查发动机冷却系中的冷却液量、制动系的制动液量、风窗玻璃洗涤器的液面高度等。

5. 检查底盘各部件的工作状况，包括转向机、转向球头；检查传动轴及前、后悬挂系统；检查轮胎气压；检查制动系的制动性能。

五、磨合期的驾驶操作要领

1. 严格按照磨合期的要求进行操作。

2. 起动发动机后不要猛踏加速踏板，严格控制发动机转速。

3. 起步要平稳，以减少传动机件的冲击。

4. 行驶中，注意观察仪表显示是否正常，注意发动机及底盘部分是否有异响。

5. 严禁超载、超速，要控制车速，选择路面，不可急加速冲坡，避免紧急制动或长时间制动。

6. 收车后，注意清洁、润滑、检查、紧固及补给油、水、电解液等。

7. 磨合完毕后应按制造厂家《质量担保手册》的规定，到就近的技术服务中心（站）进行磨合维护。

§5-4　汽车维护基础

学习目标

1. 掌握车辆的日常维护与检查项目。
2. 熟知车辆出车前、行车中、收车后的维护与检查内容。

一、汽车日常维护内容

汽车日常维护是一级维护和二级维护的基础，属于预防性的作业，以清洁、检查为主，其要求包括：车容整洁，油、电、水、气无泄漏，附件齐全，螺栓、螺母无松缺，轮胎气压正常，制动可靠，转向灵活，润滑良好，灯光、喇叭有效等。

汽车日常维护的主要内容是坚持“三检”，即出车前、行车中和收车后检视车辆的安全机构及各机件连接部位的紧固情况；保持“四清”，即保持机油滤清器、空气滤清器、燃油滤清器和蓄电池表面的清洁；防止“四漏”，即防止漏油、漏水、漏气和漏电；以保持车容整洁、车况良好。

汽车日常维护是以清洁、补给和安全检视为作业内容，由驾驶员负责执行车辆的日常维护作业。驾驶员在每次出车前、行车中和收车后，均要进行车辆维护作业。

二、出车前的维护

（一）车辆外部检视

主要内容包括三个部分，如图 5-4-1 所示。

1. 检查车轮，包括检查轮胎气压是否正常，轮胎胎侧、胎冠、胎肩等处是否有裂纹、异物及异常磨损，如图 5-4-2 所示；检查轮胎胎面上的磨损指示标记磨损情况，如图 5-4-3 所示；检查轮辋有无变形、轮胎螺栓有无松动等。

检查车身及风窗玻璃
检查灯光、信号指示装置
检查轮胎气压及外观

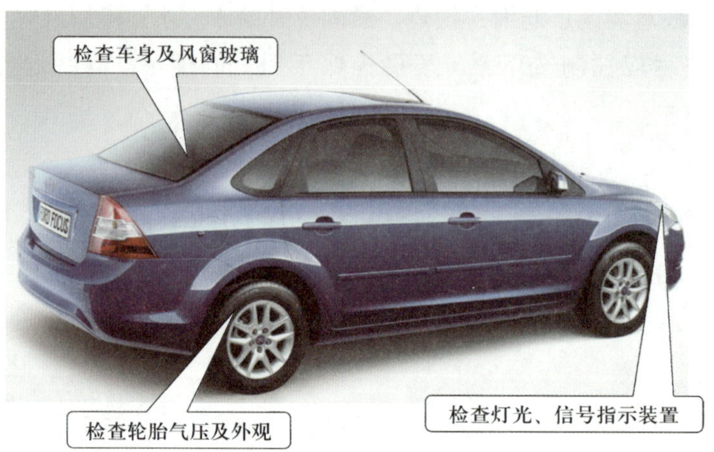

图 5-4-1　车辆外部检视的内容

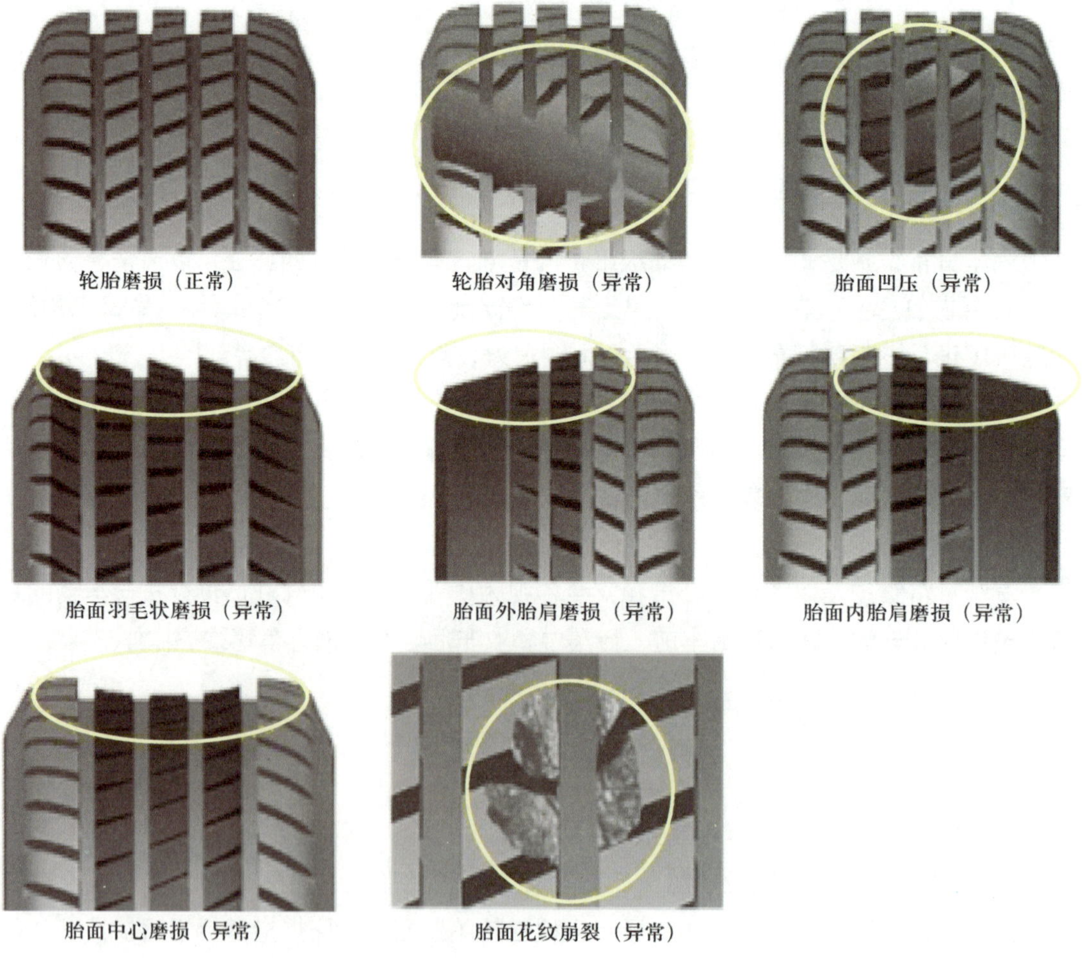
轮胎磨损（正常）
轮胎对角磨损（异常）
胎面凹压（异常）
胎面羽毛状磨损（异常）
胎面外胎肩磨损（异常）
胎面内胎肩磨损（异常）
胎面中心磨损（异常）
胎面花纹崩裂（异常）

图 5-4-2　轮胎正常磨损与异常磨损的比较

图 5-4-3 磨损指示标记的位置

小提示：

当胎面花纹磨损到磨损指示标记可见的程度时，说明轮胎已经达到法律规定的最小胎面花纹深度（1.6 mm），必须更换轮胎。轮胎产生异常磨损时，应及时联系专业维修人员查明磨损原因并维修，并视情况更换轮胎。

2. 检查各灯光、信号指示装置是否正常。

3. 检查车身及风窗玻璃是否完好等。

（二）驾驶室内部检视

驾驶室内部检视的主要内容如图 5-4-4 所示。

图 5-4-4 驾驶室内部检视的内容

1. 检查离合器踏板、制动踏板、加速踏板的间隙，检查其性能是否有效。

2. 检查驻车制动器的控制是否正常；变速器操纵杆是否灵活；转向盘的操纵控制及自由行程是否正常。

3. 检查各灯光开关、刮水器与风窗玻璃清洗的控制是否正常。

4. 检查仪表上各指示灯及报警灯的指示情况，如图 5–4–5 所示。

正常情况下，接通点火开关时，仪表上的红色指示灯及黄色报警灯应全部点亮，自检完成后，除驻车制动器指示灯及蓄电池指示灯外，其他灯均熄灭，发动机起动后蓄电池指示灯也会熄灭，驻车制动器指示灯应在松开驻车制动器后熄灭。若发动机起动后，仍然有灯不熄灭，表明相关的系统有故障，应及时检查或联系专业维修人员，查明故障原因并修复。

5. 检查发动机起动是否顺利、怠速运转是否平稳、加速是否正常，有无异响，轻踏加速踏板观察发动机转速表反应是否正常等。

6. 检查检验合格标志、保险标志、车辆行驶证、灭火器、三角警示牌、随车工具和备胎等是否齐全。

图 5–4–5　仪表上各指示灯及报警灯

（三）发动机舱内的检视

1. 检查发动机舱盖

检查发动机舱盖的打开、锁紧是否正常，检查舱盖支撑杆能否有效地支撑发动机舱盖，如图 5–4–6 所示。

2. 检查发动机舱

发动机舱内应干净整洁，无任何异物；发动机装饰盖应完好，无松动，无开裂；检查各类管路有无裂纹、脱落及卡箍松动；检查相关线束、插头是否连接可靠，各零部件外观是否正常等，如图 5–4–7 所示。

3. 检查发动机机油油位

（1）检查发动机机油油位时，应将车辆停放在水平地面上，并且保证发动机停止运转 10 min 以上，将机油尺拔出，如图 5-4-8 所示。

（2）用干净的抹布擦净机油尺，然后将机油尺完全插入导管，再次拔出机油尺检查，如图 5-4-9 所示。

（3）发动机机油尺的刻线如图 5-4-10 所示。

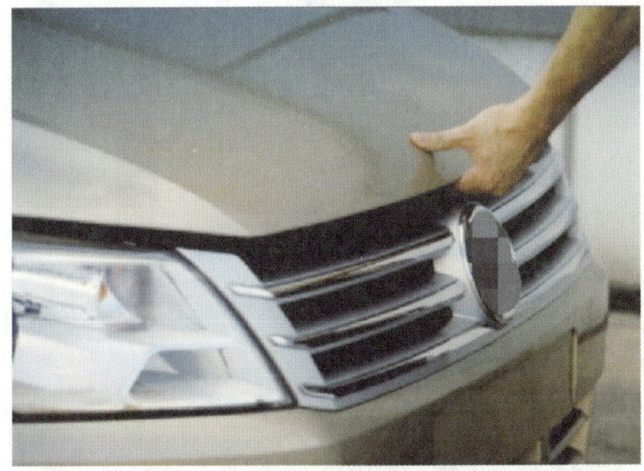

图 5-4-6　发动机舱盖的检查

图 5-4-7　发动机舱内的基本检查

图 5-4-8　发动机机油尺的位置

图 5-4-9　清洁机油尺

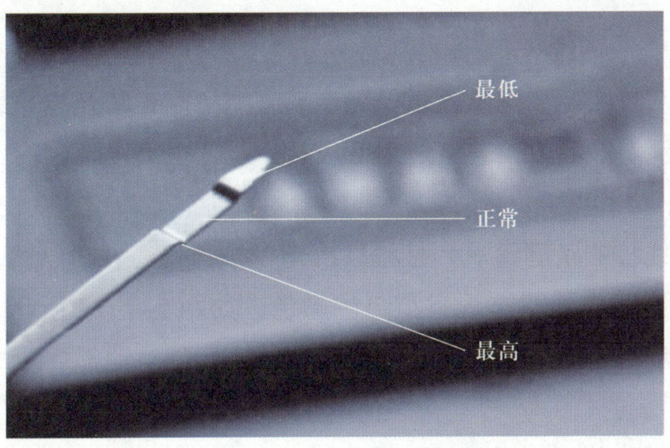

图 5-4-10　机油尺的刻线

最高——MAX（或 A）位置；

最低——MIN（或 C）位置。

（4）机油尺刻线的含义如图 5-4-11 所示。

A 位置——机油油位上限，若油位高于 A 位置，应及时排出多余的机油；

B 区域——可加注机油，加注后，油位不得超过 A 位置；

C 位置——机油油位下限，若油位低于 C 位置，必须及时加注机油，加注后，油位应至少为 B 区域的 2/3 处。

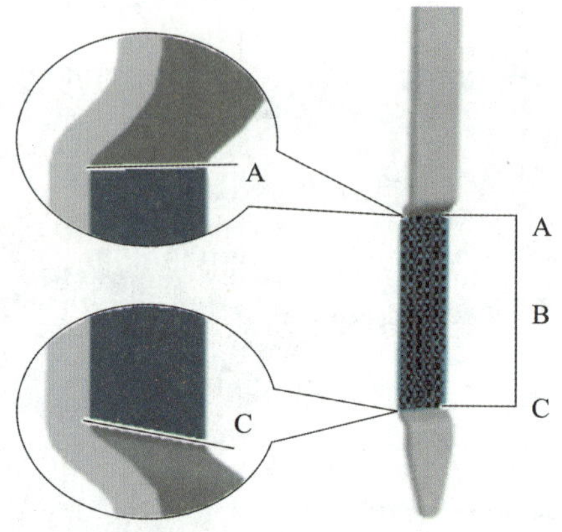

图 5-4-11　机油尺刻线的含义

4. 检查发动机冷却液液位

检查确认膨胀水箱中的冷却液液位，应在 max 与 min 标记之间。建议添加至 max 标记处，如图 5-4-12 所示。

图 5-4-12　发动机冷却液液位

5. 检查玻璃清洗液液位

（1）检查玻璃清洗液储液罐及盖子，确认无破损且能正常开启与关闭。

（2）检查玻璃清洗液液位，若液位太低应补充至适当高度，如图 5-4-13 所示。

6. 检查蓄电池

检查蓄电池接线柱的紧固情况，接线柱应无锈蚀；检查并确认蓄电池无泄漏；对于免维护蓄电池，观察蓄电池状态观察窗口的颜色，如图 5-4-14 所示，绿色表示蓄电池电量充足，黑色表示蓄电池电量低，白色或淡黄色表示蓄电池损坏。

7. 检查制动液液位

借助手电筒，查看制动液液位是否在规定的 MAX 与 MIN 标记之间，如图 5-4-15 所示。

图 5-4-13　玻璃清洗液加注口

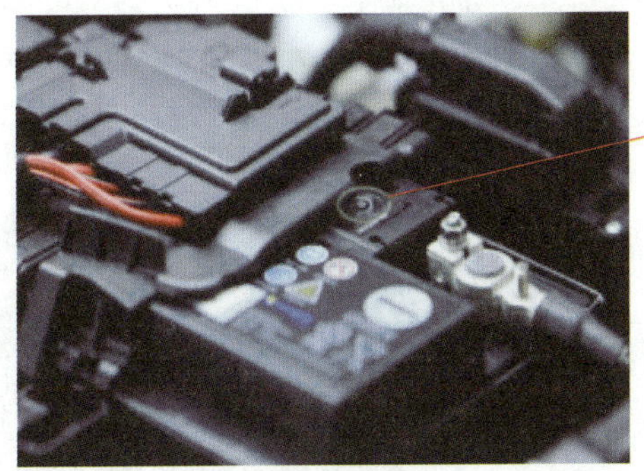

图 5-4-14　蓄电池状态观察窗口的位置

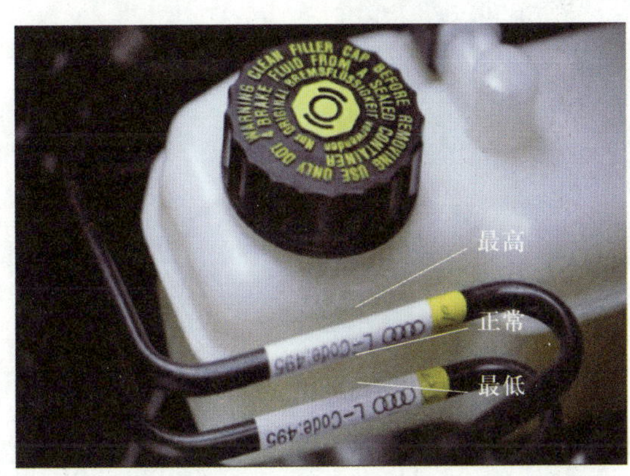

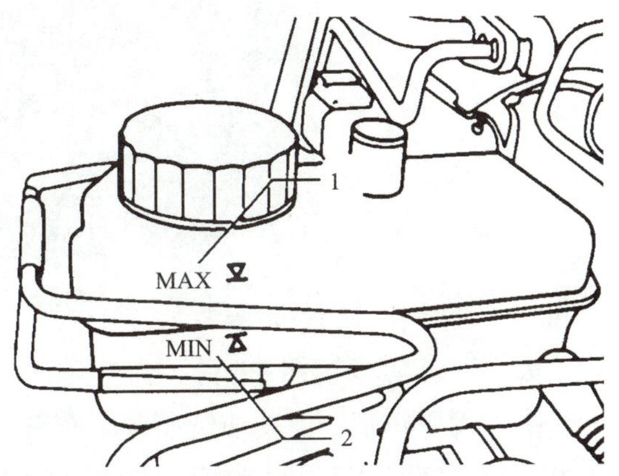

图 5-4-15　制动液液位

提示：

如果制动液液位低于 MIN 标记，查看制动液管路是否泄漏，在无泄漏的情况下，由专业维修人员添加制动液至规定液位高度范围内。

安全警告：

制动液液位过低会导致制动性能不良，甚至制动失灵，严重的情况下会影响行车安全。

8. 检查传动带、带轮、张紧器

（1）检查传动带在带轮上的安装是否错位、带轮轴是否弯曲。

（2）检查传动带是否断裂、磨损、分层，检查传动带带棱部分有无缺失或积屑。

（3）用手按压传动带感受传动带的松紧度，按压时张紧轮应摆动。

（4）检查传动带上有无机油或油脂痕迹，机油或油脂痕迹会引起传动带打滑。

（5）起动发动机，在发动机大负荷时（如开空调、前照灯），检查传动带是否异响。传动带、带轮、张紧器的位置如图 5-4-16 所示。

图 5-4-16　传动带、带轮、张紧器的位置

9. 检查自动变速器油

（1）驾驶车辆，使发动机和自动变速器达到正常工作温度，将车辆停放在水平地面上并驻车，同时踩下制动踏板，并将换挡杆依次换到每个挡位，且在每个挡位停 3 s，检查自动变速器下部是否漏油。

（2）抽出自动变速器油尺，如图 5-4-17 所示，用抹布擦净油尺上的油液，再完全插入油尺，停留片刻。再次抽出油尺，查看自动变速器油的液位是否处于上、下刻线之间，如图 5-4-18 所示。如果液位不在规定范围内，应及时添加或放出多余油液到规定液位。

图 5-4-17　自动变速器油尺的位置

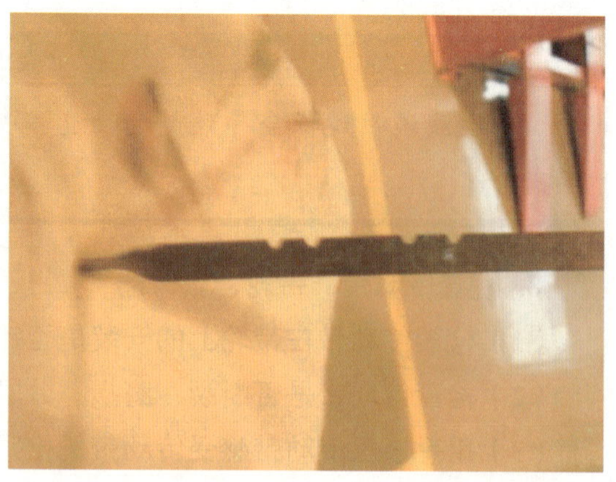

图 5-4-18　自动变速器油尺的刻线

（3）检查油质、颜色、气味和杂质，确认自动变速器油是否过热变质。正常油液为红色，油质清澈纯净。

（4）插回油尺，并可靠锁止。

10. 检查转向助力油液位

拧开转向助力油的储液罐盖，用干净的抹布将盖上油尺擦净，然后将储液罐盖装回并拧紧，再次取下储液罐盖，确认转向助力油液位位于油尺的 MAX 与 MIN 标记之间，如图 5–4–19 所示。

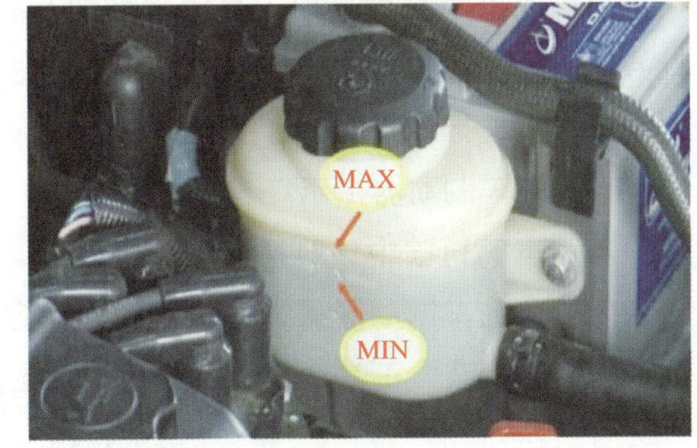

图 5–4–19 转向助力油液位

三、行车中的维护

（一）试验

开始行驶时，检查离合器的接合、分离功能，检查行车制动器和驻车制动器的制动性能，如图 5–4–20 所示。

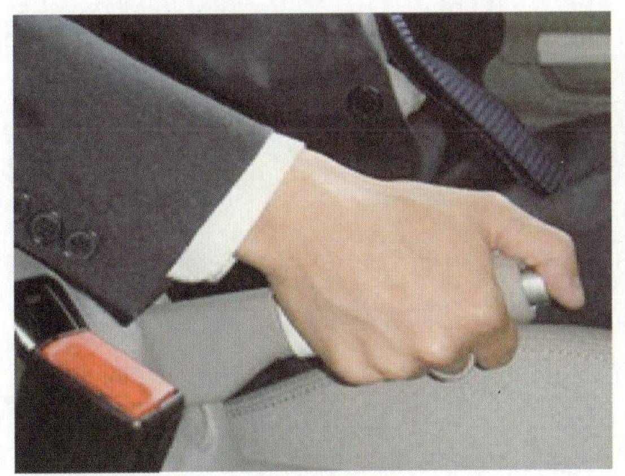
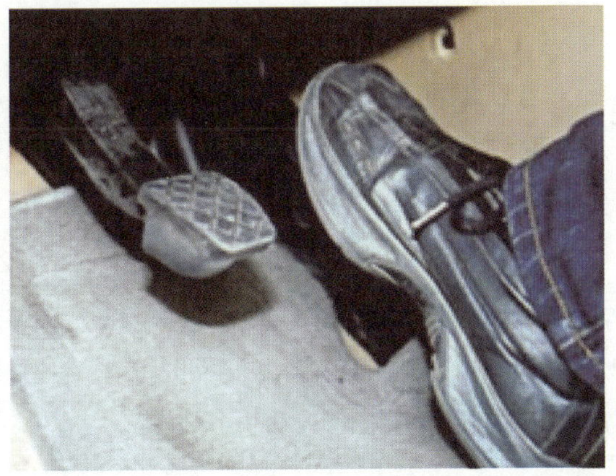

图 5–4–20 离合器、制动器的性能检查

（二）行车中的检查与观察

1. 在行车中，应随时注意各仪表、各指示灯、各故障报警灯的指示情况。

（1）冷却液温度指示灯

当冷却液温度指示灯点亮或闪亮时，如图 5–4–21 所示，应立即停车检查，先检查膨胀水箱中的冷却液液位是否过低，若液位过低，应检查冷却液是否泄漏，若无泄漏，有条件的话可添加相同型号的冷却液，若没有同型号的冷却液，也可用纯净水暂时代替，事后要及时更换新的冷却液。若是泄漏或其他原因造成冷却液温度高，应及时联系专业维修人员进行维修。

图 5–4–21 冷却液温度指示灯

（2）燃油指示灯

当燃油指示灯点亮或闪亮时，如图 5–4–22 所示，应及时添加燃油。若燃油表的指针异常下降，应立即停车检查燃油系统的油管或油箱是否破裂，若破裂，应及时联系专业维修人员进行维修。

（3）驻车制动器指示灯

若在车辆行驶中该灯亮起，如图 5–4–23 所示，应检查驻车制动器操纵杆是否没有松到底。若驻车制动器操纵杆已松到底，应立即停车检查制动液液位，若油液不足应添加；若制动液液位正常，应及时联系专业维修人员进行维修。

图 5–4–22　燃油指示灯

图 5–4–23　驻车制动器指示灯

（4）发动机指示灯

若在发动机运转时该灯亮起，如图 5–4–24 所示，说明发动机电控系统存在故障，应及时注意发动机的工作情况，并尽快将车驾驶到 4S 店进行维修。

（5）助力转向系统指示灯

若在车辆行驶中该灯亮起，如图 5–4–25 所示，说明助力转向系统有故障，可能出现转向失灵。若是液压助力转向系统，应立即停车检查转向系统的油液液位，若油液不足应添加；若液位正常，应及时联系专业维修人员进行维修。若是电动助力转向系统，应及时联系专业维修人员进行维修。

图 5–4–24　发动机指示灯

图 5–4–25　助力转向系统指示灯

（6）机油压力指示灯

若在车辆行驶中该灯点亮，如图 5–4–26 所示，说明润滑系统有故障，可能造成烧瓦、抱轴、拉缸等严重故障，应立即停车检查机油管路是否破裂漏油及机油油位高低，若油液不足应添加。否则，应及时联系专业维修人员进行维修。

（7）蓄电池指示灯

若在车辆行驶中该灯亮起，如图 5–4–27 所示，说明发动机充电系统有故障，发电机不能为蓄电池充电，此时正在消耗有限的蓄电池电能，当蓄电池电能消耗殆尽后，车辆将无法运行。故应尽快找到附近的 4S 店进行维修，或立即将车开到安全的地方，并联系专业维修人员进行维修。

图 5–4–26　机油压力指示灯

图 5–4–27　蓄电池指示灯

（8）EPC 指示灯

若在车辆行驶中该灯亮起，如图 5–4–28 所示，说明发动机电子稳定系统有故障，此时发动机将进入应急保护状态，车辆将会无法加速，只能以缓慢的速度行驶，应尽快找到附近的 4S 店检查原因。

（9）ABS 指示灯

若在车辆行驶中该灯亮起，如图 5–4–29 所示，说明 ABS 系统有故障，车辆在特殊情况下进行紧急制动时，ABS 系统将不能起到防抱死作用，但普通制动系统工作正常，故应放慢车速，避免高速行驶时紧急制动，尽快找到附近的 4S 店检查原因。

图 5–4–28　EPC 指示灯

图 5–4–29　ABS 指示灯

（10）电子车身稳定系统指示灯

该指示灯是指示电子车身稳定系统的工作状况的，其颜色通常为黄色，主要有 VSC（多为日系车型）、DSC、ESP、车辆滑动等图案，如图 5–4–30 所示。

通常情况下，该指示灯为熄灭状态。当指示灯点亮时，可能是驾驶员误操作，关闭了电子车身稳定系统的功能，此时驾驶员可重新开启电子车身稳定系统，成功后该指示灯将会熄灭。若该指示灯仍点亮，则表明电子车身稳定系统出现故障，此时驾驶员应减缓行车速度，避免过度的转向和转弯，尽快找到附近的4S店检查原因。

（11）安全气囊指示灯

安全气囊是被动安全系统，正常情况下，该指示灯在接通点火开关时点亮，发动机自检后熄灭。若该灯亮起，有如下几种情况：一是安全气囊出现故障时会亮起；二是车辆发生碰撞，安全气囊全部弹开后，安全气囊指示灯会点亮；三是车辆发电机不发电，蓄电池电量过低，这时安全气囊指示灯会点亮。安全气囊指示灯亮起后，如果发生交通事故，安全气囊将会不起作用，对车上人员的人身安全造成威胁。所以，如果该灯亮起，应尽快进行维修。安全气囊指示灯如图5–4–31所示。

图5–4–30 电子车身稳定系统指示灯（车辆滑动图案）

图5–4–31 安全气囊指示灯

2. 汽车在行驶中，应注意检查转向系统的操纵性，有无跑偏、摆头现象，如有异常现象，应停车检查；注意检查制动系统，应操作可靠，反应灵敏；注意发动机和底盘的工作状况，注意是否存在异响。

（三）途中停车时的检查

车辆停车时的检查，通常应在行驶2 h左右后进行。

1. 停车后立即检查有关总成部件的温度，检查的方法是用手摸试，例如检查轮毂应摸试靠近轴承处的外壳。在检查这些部位的温度时如用手贴上后感到难以忍受，属于温度过高，应进一步检查；在检查时如能忍受30 s以上，特别在炎热季节，则属于正常。检查中如果发现轮胎温度过高，应停车冷却后再行驶，温度过高会造成胎冠与帘布层脱离等现象。

2. 检查轮胎是否缺气、漏气，检查轮胎花纹间是否有较大体积的异物，轮胎螺栓应齐全、紧固可靠，备胎应固定可靠。

3. 检查全车有无漏油、漏水、漏气和漏电现象，如发现有渗漏现象时，应立即检查相关总成，有缺少时，应及时补充。

四、收车后的维护

如果停车前发动机曾在重负荷下工作，不要立即熄火，应使发动机怠速运转一段时间后再熄火。在车辆收车后或途中宿营时，除执行行车中的检查内容外，还需进行下列项目的检查。

（一）清洁全车外部和驾驶室、车厢内部

注意，冲洗车辆时，必须停止发动机运转，以防将水分溅到各电气部件上。避免将水直接冲溅到发动机空气滤清器的进气口处。

（二）检查补充燃油、机油、冷却液、制动液和转向助力油

按要求补充燃油、机油、冷却液、制动液和转向助力油。

（三）检查紧固情况

检查发动机、底盘和车厢各部位的连接螺栓并视情紧固，检查其安全锁止装置。

（四）检查全车的泄漏情况

检查各部位有无损伤、漏气、漏油、漏水和漏电现象，及时调整和修理存在的问题。

（五）检查轮胎情况

检查、补充轮胎气压，清除轮胎胎冠上的杂物。

（六）清洁蓄电池

清洁蓄电池外部，检查接线柱与线缆的连接情况。

打开蓄电池防护罩，用干布擦净外部的灰尘和脏物，对于免维护蓄电池要通过蓄电池状态观察窗口判断蓄电池的状态，充电正常时观察窗口应呈绿色。蓄电池应牢靠地固定在蓄电池箱架内，接线柱与线缆之间的连接应牢固，必要时，可在接线柱和线缆夹头的上、下接合端面涂一层凡士林油或润滑脂，以防氧化。